DAS AUFGEKLÄRTE BERLIN

Michael Bienert

DAS AUFGEKLÄRTE BERLIN

Literarische Schauplätze

vbb   verlag für berlin-brandenburg

1. Auflage 2022
© Verlag für Berlin-Brandenburg
Binzstraße 19, 13189 Berlin
www.verlagberlinbrandenburg.de

Umschlaggestaltung: Ralph Gabriel, Berlin, nach einer Idee von Michael Bienert
Umschlagabbildung vorn: Johann Georg Rosenberg, Ansicht des Schloßplatzes von Westen her, um 1784,
The Picture Art Collection/Alamy Stock Photo
Umschlagabbildung hinten: Schloßplatz, Foto von Michael Bienert, 2022
Frontispiz: Lessingdenkmal im Tiergarten, Foto von Michael Bienert, 2022
Satz und Gestaltung: Ralph Gabriel, Berlin
Druck und Bindung: Finidr, s.r.o., Český Těšín

ISBN 978-3-96982-054-4

Inhalt

Anhang

Die Königl. Residenz BERLIN, so wie selbige seit Ao: 1734 unter voriger Königl. Regierung ansehnlich erweitert, auch von Sr. jetzt regierenden Königl. Maj: noch mehr verändert, verbessert, und mit vielen prächtigen Gebäuden vermehrt worden. Nach dem Plan des Weil: Königl. Feld-Zeug-Meisters, Herrn v. Schmettau, aufs accurateste in diesem bequemen Format gebracht, die seitdem geschehenen Veränderungen aufs fleissigste angemerckt, u. mit den Prospecten der vornehmsten Gebäuden ausgezieret. Herausgegeben unter Aufsicht J. D. Schleuen, Kupferstecher in Berlin.

Der Stich aus dem Jahr 1757 beruht auf einer Neuvermessung der Stadt im Jahr 1748. Anders als spätere Pläne ist er noch nicht nach Norden ausgerichtet, sondern zeigt oben die südliche Stadtgrenze zwischen Schlesischem und Halleschem Tor im heutigen Kreuzberg.

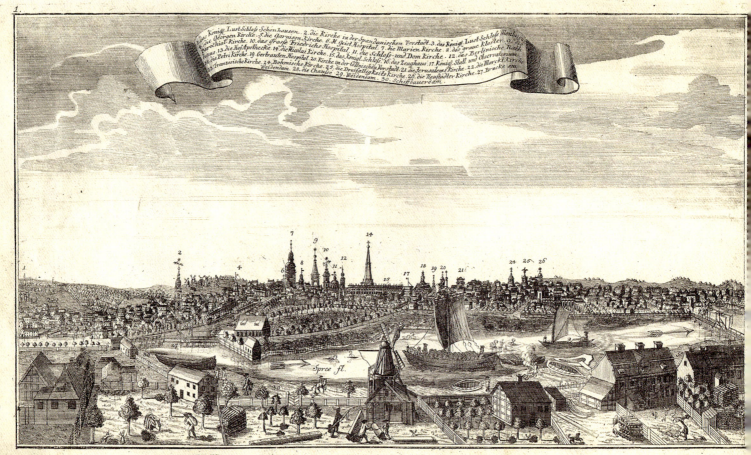

Spree fl.

Prospect der Königl. Preuß. Haupt- und Residentz-Stadt BERLIN.

GOTTHOLD EPHRAIM LESSING.

Prospect der Königl. Preuß. Haupt- und Residentz-Stadt Berlin, 1748. Der Kupferstich von Johann David Schleuen gibt eine perspektisch und topografisch fragwürdige Gesamtansicht der Stadt, zeigt dafür viele atmosphärisch wichtige Details. Schleuen arbeitete im Haus Am Königsgraben 10 (Foto um 1900), Gotthold Ephraim Lessing war bei ihm Mieter. Das Porträt Lessings wurde um 1770 in Schleuens Werkstatt gestochen.

Karte und Gedicht

Diese Stadt, da Preussens Ruhm
Sich den Königs-Sitz erwehlet,
Hat des Glückes Eigenthum
Ihr zum Braut-Schatz abgezehlet.
Sie gleicht einer kleinen Welt,
Die der grossen beste Schätze

Durch die wunderschönsten Sätze
Concentrirt beisammen hält.
Was Paris zum Wunder macht
Ist auch in Berlin zu finden.
Und der Tiber stoltze Pracht
Muss ietzt an der Spree verschwinden.

London sei so groß es will,
So darf ihm Berlin nicht weichen:
Denn, kanns ihm nicht gänzlich gleichen,
So gebricht ihm doch nicht viel.
Hier ist Griechenlands Athen
Hier sind Asiens Palläste.

Auf den meisten Gassen gehn
Weit entlegner Länder Gäste.
Hier ist ein berufner Thron
Welchen Macht und Klugheit stützet
Und der auf demselben sitzet
Ist ein weiser Salomon.[1]

Es ist nicht sicher, von wem diese Verse stammen. Ungewöhnlich ist der Ort ihrer Veröffentlichung. Prominent platziert steht das Berlin-Gedicht am oberen Rand eines 1757 gedruckten Stadtplans. Die perspektivisch gezeichneten Häuser entlang der Straßen verleihen der Karte die Anmutung einer Vogelschau aus großer Höhe. Ansichten der Hauptsehenswürdigkeiten rahmen den Stadtgrundriss: Kirchen und Paläste, Rathäuser und Gymnasien, das Opernhaus, die Sternwarte; das Kadetten- und Invalidenhaus sind abgebildet, außerdem wirtschaftlich wichtige Gebäude wie der Packhof, das Lagerhaus, die Börse, das Postgebäude und die Manufaktur für Gold- und Silberwaren sowie als herausragendes Kunstwerk im öffentlichen Raum Schlüters Reiterdenkmal des Großen Kurfürsten, das heute vor dem Schloss Charlottenburg steht.

Der Stadtplan beruht auf einer Neuvermessung der Stadt, mit der Friedrich II. 1748 den Generalfeldmarschall Samuel Graf von Schmettau beauftragt hatte. Über Jahrzehnte blieb Schmettaus Plan die maßgebliche Grundlage für Berlin-Stadtpläne. Der Kupferstecher Johann David Schleuen hat den Schmettauplan aktualisiert, ausgeschmückt und mit Versen versehen. Schleuen war in der Mitte des 18. Jahrhunderts der führende Hersteller und Verleger von Berliner Stadtplänen, mit denen er das Bild der damaligen Stadt weit über ihre Grenzen hinaus – und bis heute – prägte.[2] Vor 1761 wohnte er in der Nähe der Sophienkirche, dann verlegte er Wohnung und Betrieb in ein eigenes Haus am Königsgraben nahe der Königsbrücke, in der Gegend des heutigen Alexanderplatzes. Gotthold Ephraim Lessing war während seines letzten längeren Berlin-Aufenthalts von Mai 1765 bis Ende 1766 Mieter in Schleuens Haus.

Schleuens Inszenierung der Stadt Berlin im Kartenbild und im Gedicht zeugt vom wachsenden Selbstbewusstsein der preußischen Hauptstadt in der Mitte des 18. Jahrhunderts. Das Gedicht stellt Berlin in eine Reihe mit den modernen Weltstädten Paris und London sowie mit den antiken Metropolen Athen und Rom. Das war zum damaligen Zeitpunkt weit hergeholt: Berlin zählte um das Jahr 1750 etwa 90 000 Einwohner, Moskau 130 000, Venedig 149 000, St. Petersburg 150 000, Rom 165 000, Wien 175 000, Amsterdam 210 000, Neapel 305 000, Paris 576 000 und London 675 000 Menschen.[3]

Berlin war keine Hafenstadt und keine Kolonialmetropole, für Internationalität in den Gassen sorgten, wenn überhaupt, tausende im Ausland angeworbene Söldner für das preußische Heer. Eine hohe Verdichtung der Bebauung in der Stadtmitte, wie sie auf Stadtplänen von Paris aus dieser Zeit zu erkennen ist, gab es im weitläufigen Berlin mit seinen breiten Straßen und vielen unbebauten Gartengrundstücken nicht.

Einen ersten Anlauf, Berlin zu einer international beachteten Residenz und einem „Spree-Athen" zu machen, hatte bereits Friedrich I., der erste preußische König, um 1700 unternommen.[4] Kulturpolitisch und architektonisch setzte er starke Zeichen. Er gründete die Akademien der Künste und der Wissenschaften, holte renommierte Gelehrte wie Leibniz nach Berlin, ließ das prächtige Zeughaus errichten und die alte Hohenzollernburg in einen Barockpalast umgestalten. Unter seinem pragmatisch denkenden Nachfolger, dem „Soldatenkönig" Friedrich Wilhelm I., kam die kurze Kulturblüte zum Erliegen. Aber er hinterließ seinem Sohn – dem „großen" Friedrich – eine gut gefüllte Staatskasse und eine schlagkräftige Armee. Unter Friedrichs II. Führung expandierte Preußen ab 1740 mit militärischer Gewalt, zugleich rüstete der König die Hauptstadt kulturell auf. Der musisch und literarisch begabte Herrscher ließ umgehend ein riesiges Opernhaus in einer Stadt bauen, in der es bis zu dieser Zeit kaum nennenswertes Theater gab. Er lockte Gelehrte aus ganz Europa an seine neu formierte Wissenschafts- und Kunstakademie. Das entsprach einerseits den persönlichen Neigungen des Monarchen, andererseits erfüllte es auch propagandistische Zwecke.

Was sich in Berlin tat, das nun von einem Bewunderer der französischen Aufklärungsphilosophie regiert wurde, erregte europaweit Aufsehen. Dass es Friedrich II. durch beharrliches Werben gelang, eine europäische Berühmtheit wie Voltaire wenigstens für eine gewisse Zeit an seinen Hof zu binden, war ein Coup. Fürstlich entlohnt, verbesserte der französische Schriftsteller die Verse des Königs und feierte ihn als „Salomon des Nordens"[5].

Eine vergleichsweise liberale Zensurpraxis sorgte für einen großen Aufschwung des Presse- und Verlagswesens in Berlin. Über die berlinische Freiheit, sich kritisch zu äußern, schreibt 1779 ein britischer Reisender: „Nichts befremdete mich Anfangs, da ich nach Berlin kam, so sehr, als die Freymüthigkeit, womit viele Leute von den Maasregeln der Regierung und dem Betragen des Königs sprechen. Ich habe politische Sachen, und andere, die ich für noch kützlicher gehalten hätte, hier eben so frey und ungescheut als in einem Londner Caffeehause behandeln hören. Die nämliche Freiheit findet man auch in den Buchläden, wo Schriften aller Arten öffentlich verkauft werden. Die neulich herausgekommene Schrift über die Theilung Polens, worin der König gar nicht geschont wird, ist hier ohne Schwierigkeit zu haben; sowohl als andere Schriften, worin einige der vornehmsten Personen mit aller Bitterkeit der Satire angegriffen werden." Der Beobachter aus dem Ausland fügt allerdings auch hinzu, eine von einem derartig großen Militärapparat gestützte Regierung brauche „sich um die Tadeleyen einiger wenigen politischen Kannengießer und die Feder des Satirikers nicht zu bekümmern".[6]

Das beachtliche Ausmaß an Meinungs-, Glaubens- und Wissenschaftsfreiheit im absolutistischen preußischen Staat, die Etablierung rechtsstaatlicher Grundsätze in Justiz und Verwaltung, die öffentliche Debatte über eine rechtliche Gleichstellung der diskriminierten jüdischen Minderheit, die offenkundige Sympathie des ersten Mannes im Staat für die Ideen der Aufklärung – das alles ließ manche darauf hoffen, das Land befinde sich auf dem Weg zu einer liberalen Demokratie, wovon Preußen allerdings noch weit entfernt war. Immanuel Kant hat diesen Zwischenzustand in der *Berlinischen Monatsschrift* 1784 auf die Formel gebracht, man lebe keinesfalls in einem aufgeklärten Zeitalter, aber eben doch in einem Zeitalter der Aufklärung, in der die Menschen

Das 1735 errichtete Collegienhaus an der Lindenstraße 9–14 gehört heute zum Jüdischen Museum. Seit 2014 ist der Vorplatz nach dem Ehepaar Mendelssohn benannt, Foto von 2022.

den Mut fassten, sich ihres eigenen Verstandes kritisch zu bedienen.[7]

Als Friedrich II. im Jahr 1786 starb, war Berlin die gefürchtete und bewunderte Hauptstadt eines aggressiven Militärstaates und ein geistiges Zentrum der europäischen Aufklärung mit rund 150 000 Einwohnern. Unter Friedrichs Nachfolger erfuhren die deutschsprachige Literatur und das deutschsprachige Theater auch von staatlicher Seite eine Wertschätzung, die ihnen unter dem frankophilen Philosophen von Sanssouci versagt geblieben waren. Gleichzeitig wurde die Zensur erneut verschärft, sehr zum Leidwesen aufgeklärter Verleger.

Diese nachfriderizianische Phase der kulturellen Entwicklung Preußens wurde sehr stark von Männern geprägt, die im Reich des „großen" Friedrich sozialisiert worden waren. Der Begriff „Spätaufklärung" benennt diesen Umstand, beschreibt aber die komplexe Gemengelage der Großstadtkultur um 1800 nur unzureichend. Die Ideen der Aufklärung wirkten weiter, gleichzeitig verunsicherten die Französische Revolution und ihre Folgen die Gemüter. Weimarer Vorstellungen von humaner Bildung durch Kunst wurden in der Großstadtgesellschaft intensiv rezipiert. Die Generation der jungen Romantikerinnen und Romantiker war mit all dem vertraut und wagte ganz neue Kunst-

und Lebensexperimente. Für diesen Reichtum Berlins um 1800 hat die neuere Forschung den Begriff „Berliner Klassik" geprägt.[8]

Es ist nicht der Anspruch der folgenden Ortsbesichtigungen, in diesem Forschungsgebiet scharfe definitorische Grenzen zu ziehen. Sie folgen eher zwei Genres, die im 18. Jahrhundert besonders beliebt waren: Brief und Reisebericht. Die einzelnen Kapitel des Buches können wie Briefe, die aufklärerische Literatur betreffend, gelesen werden. Sie widmen sich Schauplätzen der Berliner Literatur des 18. Jahrhunderts und ihrer späteren Rezeption. Die Flanerien umkreisen das Phänomen, dass sich in der Mitte des 18. Jahrhunderts in Berlin erstmals eine deutschsprachige Literaturszene etablierte, die uns heute noch etwas zu sagen hat. Lessings *Minna von Barnhelm*, in einem Berliner Hotel des Jahres 1763 angesiedelt, wird heute noch gerne aufgeführt. Moses Mendelssohn und Friedrich Nicolai, Karl Philipp Moritz und Anna Louisa Karsch sind nicht bloß Mumien der Literaturgeschichte, sondern spielen im Kulturleben der Stadt weiterhin eine Rolle. Sie haben ihr Publikum so wie der Philosoph von Sanssouci seine Verehrer. Die Lektüre der Straßen knüpft Verbindungen zwischen diesen Gestalten der Aufklärung und der Stadt, durch die wir uns alltäglich bewegen.

Literarische Schauplätze und Adressen von Anna Louisa Karsch

1) Spree
2) Kastanienallee am Lustgarten
3) Zeughaus
4) Unter den Linden
5) Akademiegebäude (heute: Staatsbibliothek)
6) Weidendamm, heute: Straße am Weidendamm
7) Weidendamm, heute: Bode-Museum
8) Schloss Monbijou, heute: Monbijoupark
9) Sulzers Garten, heute: Alte Nationalgalerie

A) Brüderstraße 1, Wohnung der Karschin 1762 bis 1764, zerstört
B) Hackescher Markt, Wohnung um 1764/65 und eigenes Haus ab 1789
C) Sophienkirche mit Epitaph für Anna Louisa Karsch
D) Anna-Louisa-Karsch-Straße (seit 2001)

Ausschnitt aus Johann David Schleuen, Die Königliche Residenz Berlin, Berlin 1757.

Spaziergänge

Ich spaziere … ich gehe spazieren … ich mache einen Spaziergang – immer ist damit eine Bewegung gemeint. Im 18. Jahrhundert hatte das Wort Spaziergang noch eine weitere gängige Bedeutung. Sie entsprach dem französischen Lehnwort *Promenade*: Ein Spaziergang war nicht immer eine aktive Tätigkeit, sondern konnte ein Ort sein, der sich zum Promenieren oder Spazierengehen eignete. Also eine Wandelhalle, eine Pergola, eine Allee, ein Park, ein Flussufer oder ein Weg durch die Landschaft.[1]

Über Spaziergänge in Berlin schrieb der Berliner Aufklärer Friedrich Nicolai 1769 in seiner bis heute maßgeblichen Berlin-Topografie unter der Rubrik „Von Lustbarkeiten":

„Berlin hat in der Stadt selbst, und dicht vor der Stadt im Thiergarten, die schönsten Spaziergänge, die im Sommer bey angenehmen Wetter sehr stark besucht werden. Verschiedene Straßen und einige Plätze, z.B. der Dönhofische Platz, und der Willhelmsplatz sind mit Bäumen bepflanzt.

Die Kastanienallee im Lustgarten ist ein angenehmer Abendspaziergang. Die rundumher liegende[n] schöne[n] Gebäude, und der benachbarte Spreestrom, machen ihn noch reizender. Da diese Allee mitten in der Stadt liegt, so pflegt an schönen Sommerabenden die Anzahl der Spaziergehenden öfters sehr ansehnlich zu seyn."[2]

Unter den Spaziergehenden des 18. Jahrhunderts war die „preußische Sappho" Anna Louisa Karsch, die 1761, im Jahr ihrer Ankunft in Berlin, gleich drei Gedichte unter dem Titel *Die Spazier-Gaenge von Berlin* in Druck gab.[3] Das erste trägt den Titel *Die Castanien-Bäume*, womit nicht irgendwelche Kastanien gemeint waren, sondern die von Nicolai gerühmte Allee am Lustgarten[4]:

Euch, Zierden von Berlin! Und seines Volks Vergnügen,
Die ihr in seiner Mitte blüht!
Lieblingen gleich, die sanft im Schoos der Mutter liegen,
Euch, Bäume! Feyrt mein dankbar Lied.

Freundschaftlich nehmt ihr mich in eure stillen Schatten,
Wo mich ein kühler West erfreut.
Und krönet jeden Tag, eh' Ruh und Schlaf sich gatten
Mit Freuden und Geselligkeit.

Ich seh' des Flusses Gott, wie still mit Wohlgefallen
Sein träufelnd Haupt empor er hält:
Und schau sie lächelnd Hand in Hand vorüber wallen
Die junge und die schöne Welt.

Daniel Chodowiecki, Berliner Kopfputz- und Kleidermoden, 1781. Die Dame stellt vermutlich Anna Louisa Karsch dar. Sie schrieb auch Verse zu Bildern des Zeichners und Kupferstechers.

Promenade unter Kastanien am Lustgarten, im Hintergrund das Schloss und das Zeughaus (rechter Bildrand), Stich von Friedrich August Calau, 1815.

Das Zeughaus und die Spree, vom Lustgarten aus gesehen, Foto von 2022.

Im weiteren Verlauf des achtstrophigen Gedichts kommt am Spreeufer ein Tempel der Kriegsgöttin Bellona in den Blick; gemeint ist damit das Zeughaus, die Waffenkammer Preußens: „Ihr donnerndes Geschoß trägt schnell zu FRIEDRICHS Ruhme / Des Krieges Schrecken durch die Welt." Im Erscheinungsjahr des Gedichts war der Siebenjährige Krieg noch nicht zu Ende. Die Verse entwickeln sich dennoch nicht zu einem Heldengesang auf den Schlachtenlenker (wie bei dieser Autorin durchaus zu erwarten wäre), sondern schließen mit einer Anrufung der antiken Friedensgöttin Eirene. Die folgende Anspielung auf die fest verschlossenen Tore der Stadt dürfte in den Berlinerinnen und Berlinern frische Erinnerungen an den Oktober 1760 aufgerufen haben, als ihre Stadt für kurze Zeit von russischen Truppen besetzt war:

O möchten wir doch bald von deiner Hand Irene,
Die Thore fest verschlossen sehn!
Und friedlich denn mit uns, Bellona! deine Söhne
In dieser Bäume Schatten gehn.

Das zweite Gedicht des lyrischen Spaziergangs heißt *Die Linden* und behandelt die Hauptpromenade der Stadt. Sechs Reihen Linden säumten die Straße Unter den Linden seit der Zeit des „grosse[n] A[h]nherr[n], dem kein Herrscher zu vergleichen" – gemeint ist der „Große" Kurfürst Friedrich Wilhelm –, „bis er, sein grösserer Urenkel" kam, also Friedrich II. Der Mittelstreifen der Lindenallee, heute vom Autoverkehr umtost, war seinerzeit durch hölzerne Schranken eingefasst, damit die Flanierenden nicht durch Wagen und Reiter bedrängt wurden. Es gab Bänke zum Ausruhen und im Sommer ein Zelt auf dem Mittelstreifen, wo man Eis, Limonade und andere Erfrischungen kaufen konnte.[5] Das Gedicht *Die Linden* spielt zunächst auf die Entstehungsgeschichte der Allee an, um dann ein Gebäude in den Blick zu nehmen, aus dem das Licht der Aufklärung in die Welt strahlt:

> O immer müssen sich der Nachwelt zum Exempel,
> Hier Männer ganz dem Dienst der Weisheit weihn:
> Berlin was einst Athen, und dieser stille Tempel
> Ein Pharus, der die Welt erleuchtet, sein.

Diese Verse würden gut die Staatsbibliothek Unter den Linden charakterisieren, die im frühen 20. Jahrhundert an der bezeichneten Stelle errichtet wurde; zu Zeiten des Gedichts aber stand dort das Marstallgebäude, in dessen Obergeschoss die Akademien der Wissenschaften und der Künste tagten.

Das dritte und letzte Gedicht des Spaziergänge-Zyklus heißt *Der Weidendamm*. In der Nähe der Weidendammer Brücke trägt ein baumloses Straßenstück an der Spree heute noch den Namen. Im 18. Jahrhundert war das ein idyllischer Spazierweg am Ufer, der sich bis zur Friedrichsbrücke (damals Pomeranzenbrücke) erstreckte; er führte also auch am Nordufer der heutigen Museumsinsel entlang. Dort blockiert seit der Kaiserzeit das Bode-Museum den Weg, man muss auf die andere Spreeseite wechseln, in den Monbijoupark, um flussauf-

Die Straße Unter den Linden, Blick vom heutigen Bebelplatz in Richtung Brandenburger Tor. Im Marstallgebäude auf der rechten Seite waren im 18. Jahrhundert die Akademie der Wissenschaften und die Akademie der Künste untergebracht, Kupferstich nach einer Zeichnung von Friedrich August Calau, um 1800, und Foto von 2022.

wärts zu spazieren. Nicolai überliefert, dass der Weidendamm schon im 17. Jahrhundert als Uferpfad existierte; nach dem Brand der Petrikirche und der umliegenden

Blick auf Schloss Monbijou über die Spree hinweg, um 1750. Im Vordergrund ist der Weidendamm als Promenierstrecke dargestellt, Stich von Johann David Schleuen.

Johann Georg Sulzer, um 1770, Gemälde von oder nach Anton Graff.

Häuser habe man mit dem Schutt den Weg höher und breiter angelegt.[6] „Der Weidendamm, wird wegen der ungewöhnlich hohen und starken Weidenbäume mit denen er bepflanzt ist, wenig Spaziergänge seines gleichen haben. Ob er gleich mitten in der Stadt lieget, so giebt ihm doch die Aussicht über eine angenehme Wiese, ein gewisses ländliches Ansehen. Der benachbarte ziemlich breite und meist mit Schiffen bedeckte Spreestrom, die Aussicht in die disseits und jenseits der Spree liegende vortreffliche Gärten, sonderlich, in das Königl. Lustschloß Monbijou, geben diesem Spaziergange ungemein viel Annehmlichkeiten."[7]

Im Gedicht von Anna Louisa Karsch ist der Weidendamm ein Ort dichterischer und wissenschaftlicher Inspiration:

Die Muse flieht zu dir, einsamer Cranz von Weiden!
Wo ihr dein West in kühle Schatten winkt.
Ihr Bäume! die ringsum der Spree Gestade kleiden,
Wo oft mein Herz die Ruh in Ströhmen trinkt.

Seid ihr mein Lied! – Fern vom geschäftigen Getümmel
Wohnt die Natur, die das Einsame liebt

In euch, und rund umher wölbt sich ein heitrer Himmel
Von keinem Rauch der stolzen Stadt getrübt.

Auf euren Wipfeln spielt mit ihren letzten Strahlen
Die Abendsonn' eh' sie ins Meer sich senkt:
Noch will sie dich, o Spree, mit flüß'gem Golde mahlen,
Eh' sie der neuen Welt ihr Antlitz schenkt.

Mit dem Farbenspiel des Sonnenuntergangs verstummt der Gesang noch nicht. Letzte Station des poetischen Berlin-Spaziergangs ist ein „Elysium". Dort gibt sich ein Sohn der Musen seinen Forschungen hin. Sein Name wird im Gedicht genannt: Der Schweizer Aufklärungsphilosoph und Kunsttheoretiker Johann Georg Sulzer hatte sich 1749 auf dem Gelände der heutigen Museumsinsel ein Haus mit großem Garten gebaut, dessen Lage er selbst so beschrieb: „Ich bin auf allen Seiten mit Wasser und Bäumen umgeben, und Schwanen kommen in Heerden an meinen Garten. Daselbst kann ich zu Schiff gehen, und ohne gesehen zu werden, ausser der Stadt fahren. Längs der einen Seite des Gartens, ist einer der schönsten öffentlichen Spaziergänge [der Weidendamm], und mit dem allem bin ich in dem

Mittelpuncte der Stadt und habe drey Königl. Palläste in meinem Gesichtskreise."[8] Bei der Gartenarbeit erholte sich der Gelehrte von den Mühen des Schuldienstes und den Ränkespielen zwischen den Wissenschaftlern an der Berliner Akademie.[9]

Der gesellige Sulzer war seit 1747 Professor am Joachimsthalschen Gymnasium und seit 1750 Mitglied der philosophischen Klasse der Berliner Akademie. Er war ein „ungewöhnlich erfolgreicher Repräsentant der neuen Klasse der Gebildeten, die ihren Status nicht ihrer Geburt, sondern ihrer Erziehung verdankten, der ihnen dann erlaubte, die sozialen Schranken der Ständegesellschaft zu durchbrechen".[10] Sein Hauptwerk ist die erste große Kunstenzyklopädie in deutscher Sprache, die ab 1771 unter dem Titel *Allgemeine Theorie der schönen Künste* in vier Teilbänden erschien. Sulzer nannte seinen Garten am Weidendamm „Tusculum", in Anspielung auf die *Tusculanae disputationes* des Cicero. 1764 verkaufte er das Anwesen, weil er plante, nach dem Tod seiner Frau mit seinen beiden Töchtern in die Schweiz zurückzukehren. Auf Wunsch des Königs blieb er dann doch in Berlin und konnte ein größeres Haus mit Garten in Moabit beziehen.[11] Das neue Refugium lag ebenfalls an der Spree, sodass der Professor mit dem Boot in die Stadt fahren konnte; hinter dem Sommerhaus erstreckte sich ein Wald zum Spazierengehen. Als der Wahlberliner aus der Schweiz 1779 starb, verfasste Anna Louisa Karsch an seinem Schreibpult im Sterbezimmer ein Trauergedicht auf ihren Förderer und Freund, den „größten Sittenlehrer".[12]

Heute steht auf dem Grundstück von Sulzers erstem „Tusculum" am Weidendamm die Alte Nationalgalerie. Ein zum Spazieren und Verweilen einladender Skulpturengarten umgibt den Kunsttempel, aber ein Hinweis auf die Vorgeschichte des Ortes und die Antikenrezeption des 18. Jahrhunderts an dieser Stelle fehlt.

Die Spree mit dem Weidendamm an der Spitze der heutigen Museumsinsel (links) im Jahr 1821. Zu diesem Zeitpunkt waren die Spreeufer bereits dichter bebaut als im Jahr 1761. Rechts der Garten von Schloss Monbijou, der heutige Monbijoupark.

Blick von der S-Bahn-Brücke zwischen Monbijoupark (rechts) und Museumsinsel (links). Wo heute die Front des Bode-Museums bis ans Wasser reicht, befand sich früher ein Teil des Weidendamms, Foto von 2022.

Die Grafik aus der Werkstatt von Johann David Schleuen zeigt in der Mitte das Caroussel im Lustgarten, das Lessing und Voltaire im August 1750 besuchten. Am linken Bildrand ist die Tribüne für den königlichen Hof zu erkennen, auf dem freien Platz finden die Ritterspiele statt. Über dem Caroussel sind das Palais des Prinzen Heinrich und das Gebäude der Akademien der Wissenschaften und der Künste abgebildet, darunter der 1745 bis 1748 erbaute Dom im Lustgarten. Das Blatt ist nach 1755 entstanden.

Caroussel im Lustgarten

Bleiben wir noch einen Augenblick im Lustgarten! Der weite Platz wird seit dem Wiederaufbau der Schlossfassade wieder an allen vier Seiten von imposanten Gebäuden – dem barocken Zeughaus, dem Alten Museum, dem Dom – gerahmt, er ist von Promenierwegen durchzogen, und in der Mitte sprudelt ein Brunnen. Das entspricht im Wesentlichen den Vorstellungen Karl Friedrich Schinkels aus dem frühen 19. Jahrhundert. Wenn wir uns in die Zeit davor zurückversetzen wollen, müssen wir uns den Dom aus der Kaiserzeit und Schinkels Museumsfront wegdenken und uns einen kahlen Exerzierplatz auf der Rückseite des Residenzschlosses vorstellen.

Einen vorhandenen Küchen- und Blumengarten an dieser Stelle ließ Friedrich Wilhelm I. 1715 planieren, um seine langen Kerls dort paradieren zu sehen.[1] Dabei blieb es auch unter seinem Nachfolger, der seine Gartenträume lieber in Sanssouci verwirklichte. So stand der Lustgarten für Events zur Verfügung wie das Ritterspiel, das Friedrich II. im Jahr 1750 zu Ehren des Markgrafen Friedrich von Bayreuth und seiner Gattin Wilhelmine, einer Schwester des Königs, ausrichten ließ. Auf einem Stich von Johann David Schleuen ist das Spektakel dokumentiert.[2] Es gab getrennte Tribünenbereiche für die königliche Familie, den Adel und die Bürgerlichen. Kostümiert als Griechen, Römer, Karthager oder Gallier ritten Adlige gegen- und umeinander und versuchten sich im Ringstechen. Zu den Preisaufgaben gehörte es, „Mohren Köpf" mit der Lanze zu treffen oder sie von einem Pfahl zu hauen und vom Pferd aus mit dem Degen wieder aufzuheben. Die abendliche Szenerie wurde mit tausenden Lampions illuminiert. So ein Spektakel hieß damals „Carousel". Das hat durchaus mit unserem heutigen Begriff von einem Karussell zu tun, denn schon im Mittelalter trainierten Ritter das Ringstechen von einer Drehscheibe aus; seit der Mitte des 19. Jahrhunderts verbreiteten sich dann mechanische Karussells auf Jahrmärkten.[3]

Zwei Dichter waren am 25. August 1750 Augenzeugen des höfischen Vergnügens im Lustgarten: der längst in ganz Europa berühmte Voltaire in seiner Funktion als Kammerherr des preußischen Königs und der noch völlig unbekannte einundzwanzigjährige Berliner Zeitungsschreiber Gotthold Ephraim Lessing. Anders als die Adligen musste er als Bürgerlicher Eintritt zahlen, was ihn ärgerte und zu einem despektierlichen Gedicht inspirierte:

Auf ein Carussell

Freund, gestern war ich – wo? – Wo alle Menschen waren.
Da sah ich für mein baares Geld
So manchen Prinz, so manchen Held,
Nach Opernart geputzt, als Führer fremder Schaaren,
Da sah ich manche flinke Speere
Auf mancher zugerittnen Meere
Durch eben nicht den kleinsten Ring,
Der unter tausend Sonnen hieng,
(O schade, daß es Lampen waren!)
Oft, sag ich, durch den Ring
Und öfter noch darneben fahren.
Da sah ich – ach was sah ich nicht,
Da sah ich, daß beym Licht
Kristalle Diamanten waren;
Da sah ich, ach du glaubst es nicht,
Wie viele Wunder ich gesehen.
Was war nicht prächtig, groß und königlich?
Kurz dir die Wahrheit zu gestehen,
Mein halber Thaler dauert mich.[4]

Ansicht des Schloßplatzes von Westen her, Gemälde von Johann Georg Rosenberg, um 1784, und Foto von 2022. Links die Schlossfassade, in der Bildmitte geht der Blick über die Spree in die Königstraße, heute Rathausstraße. Auf dem Gemälde ist dort der Turm des alten Berliner Rathauses zu erkennen, auf dem Foto der Turm des Roten Rathauses.

Schlossdruckerei und Schlosstheater

Da steht sie nun wieder als Kopie im Originalmaßstab, die barocke Schlossfassade, noch unverwittert und derart unwirklich inmitten der profanen städtischen Umgebung, wie schon der Vorgänger auf Passantinnen und Passanten im frühen 18. Jahrhundert gewirkt haben mag. Die meisten Einheimischen lebten damals in vergleichsweise kleinen Häusern und mittelalterlich verwinkelten Straßen. Die jüngeren Stadtteile im Westen, die Dorotheen- und die Friedrichstadt, waren zwar weit großzügiger angelegt, aber zunächst nur spärlich mit niedrigen Häusern bebaut. „Wie eine Stadt, erhebt in ihrer Mitte / Der Königssitz sein Haupt, und ragt / Hoch über sie, wie über eine Hütte / Das kleinste unsrer Felsenhäuser ragt", heißt es in einem Gedicht von Karl Philipp Moritz.[1] Das wuchtige Barockschloss stach aus seiner Umgebung heraus wie eine Fata Morgana. Ein Effekt, der sich nun, nach jahrzehntelanger Abwesenheit des Schlosses und seinem modifizierten Wiederaufbau als Humboldt Forum, erneut einstellt.

Dem ersten preußischen König Friedrich I. genügten der Titel eines Kurfürsten und die alte Hohenzollernburg nicht für seine Repräsentationsbedürfnisse, deshalb ließ er um 1700 den imposanten Barockpalast auf der Spreeinsel errichten. Er lebte noch, als dort sein Enkel, der spätere „große" Friedrich Zwo, am 24. Januar 1712 geboren wurde. In dessen *Denkwürdigkeiten zur Geschichte des Hauses Brandenburg* findet sich eine scharfe Abrechnung mit der Geisteshaltung des Großvaters, die aus der Schlossfassade spricht: „Er verwechselte Eitelkeiten mit echter Größe. Ihm lag mehr an blendendem Glanz als am Nützlichen, das bloß gediegen ist. 30 000 Untertanen opferte er in den verschiedenen Kriegen des Kaisers und der Verbündeten, um sich die Königskrone zu verschaffen. Und er begehrte sie nur deswegen so heiß, weil er seinen Glanz für das Zeremonienwesen befriedigen und seinen verschwenderischen Prunk durch Scheingründe rechtfertigen wollte. Er zeigte Herrscherpracht und Freigebigkeit. Aber um welchen Preis erkaufte er sich das Vergnügen, seine Passionen zu befriedigen!" Diesem abschreckenden Porträt eines selbstverliebten Monarchen stellt der Enkel wenige Zeilen später das eigene Idealbild eines aufgeklärten Despoten gegenüber: „Ein Fürst ist der erste Diener und Beamte des Staates. Ihm schuldet er Rechenschaft über die Verwendung der Steuern. Er erhebt sie, um den Staat durch die Truppen, die er hält, zu schützen, die ihm anvertraute Würde aufrechtzuerhalten, Dienste und Verdienste zu belohnen, eine Art Ausgleich zwischen den Reichen und den Belasteten herzustellen, Unglücklichen jeder Art ihr Los zu erleichtern und endlich freigebig bei allem zu verfahren, was den Staatskörper im allgemeinen angeht. Hat der Herrscher einen aufgeklärten Geist und das Herz auf dem rechten Fleck, so wird er seine sämtlichen Ausgaben für das Staatswohl und die größtmögliche Förderung seines Volkes verwenden."[2]

Inwieweit der schöngeistige Autor in seinem Hauptberuf als Staats- und Schlachtenlenker diesem Anspruch immer gerecht wurde, steht auf einem anderen Blatt. Auch Friedrich II. war, wie er selbst eingestand, über die Maßen ruhmbegierig und als Kriegsherr nicht zimperlich. Den weitaus größten Teil des Staatshaushalts verschlang sein Militärapparat. Aber als dumpfer Tyrann wollte er nicht in die Geschichtsbücher eingehen, sondern als fürsorglicher Landesvater, was ihm am

Voltaire und Friedrich II. in Potsdam, Kupferstich von Pierre Charles Baquoy nach einer Zeichnung von Nicolas Monsiau, um 1795.

frau Elisabeth Christine, die dort Hof halten musste, und den Behörden, die im Schloss einquartiert waren. In einem der wenigen Briefe, die Friedrich II. aus dem Schloss an Voltaire geschrieben hat, heißt es über sein Leben in dieser Umgebung:

„Ich stelle mir vor, daß Gott Esel, dorische Säulen und uns Könige erschuf, damit wir die Last der Welt tragen, auf der so viele andere Geschöpfe leben, um ihre Gaben zu genießen. Derzeit bin ich damit beschäftigt, mich mit ungefähr zwanzig oder mehr gefährlichen Machiavellis herumzuschlagen. Die liebwerte Poesie wartet vor der Tür, ohne Audienz zu bekommen. Der eine redet mir von Grenzen, der andere von verbrieften Rechten; und noch ein dritter von Entschädigungen; dieser von Hilfstruppen, von Heiratskontrakten, von Schulden, die beglichen, von Schachzügen, die getan werden müssen, von Empfehlungen, von Maßnahmen etc. […] So ist die Welt, das sind en gros die Sachen, die mich beschäftigen. Haben Sie Lust, die Poesie gegen die Politik einzutauschen? Die einzige Ähnlichkeit, die sich zwischen beiden erkennen lässt, besteht darin, dass Politiker und Poeten Spielzeug der Öffentlichkeit und Gegenstand des Hohns ihrer Kollegen sind."[3]

Friedrich II. ist nicht müde geworden, sich über seine Verpflichtungen als Herrscher zu beschweren, gleichzeitig hat er sie mit eiserner Disziplin bis ins hohe Alter erfüllt – und sich so den Respekt der Nachwelt, selbst den seiner Gegner, gesichert.

Eine Veränderung am Berliner Schloss, die Friedrich II. sofort nach seiner Inthronisierung im Jahr 1740 befahl, war die Etablierung eines Hoftheaters in Berlin. Dafür ließ er den Alabastersaal herrichten und französische Schauspieler anwerben. Sie sollten den Hof und auch die Öffentlichkeit mit der verfeinerten Theaterkultur Frankreichs bekannt machen, in einer Zeit, als das deutschsprachige Theater noch in den Kinderschuhen steckte. Andere Könige missionierten ihr Volk durch den Bau von Kirchen, der aufgeklärte Friedrich verbrei-

Ende seiner langen Regentschaft auch gelang. Friedrichs Liebe zu den Künsten, seine Bewunderung für die Dichter und Philosophen der Antike und die Ideen der europäischen Aufklärung waren glaubwürdig. Er war zu intelligent, um Dummheit zu ertragen. Und so förderte er die Aufklärung in seinem Land, solange jedenfalls, wie sie seine eigenen Pläne und Machtbasis nicht störte.

Wenn Aufklärung heißt, Traditionen einer kritischen Prüfung zu unterziehen und Neues zu wagen, um die Menschheit voranzubringen – dann war mit dem Hohenzollernschloss in Berlin wenig Staat zu machen. Friedrich II. mied es, wo er konnte. Wohler fühlte er sich in Charlottenburg, im Potsdamer Schloss und schließlich in Sanssouci. Das mit unangenehmen Jugenderinnerungen belastete Berliner Schloss überließ er weitgehend seiner Familie, seiner ungeliebten Ehe-

tete den neuen Geist durch das Theater und die Oper. Auch die ersten Vorstellungen von ıtalienischsprachigen Opern des Hofkomponisten Carl Heinrich Graun gingen 1741 im Schlosstheater über die Bühne, denn der Baubeginn des Opernhauses an der Straße Unter den Linden verzögerte sich wegen des unsicheren Baugrundes.[4] Eine spitzzüngige Schilderung des Theaterbetriebs im Schloss findet sich 1750 in den von Lessing mitverfassten *Beyträgen zur Historie und Aufnahme des Theaters*:

„Der Schauplatz für die Comödien ist in dem alten Quergebäude des Schlosses angebracht, und oft für die Menge der Zuschauer viel zu klein. Wer hinein will, der muß ein Billet von dem Director der Schauspiele, Herrn Baron von Sweerts, haben: die Vornehmen des Hofes aber und alle Oberofficiers werden ohne Billet eingelassen. Se. Majestät, der König kommen des Jahres nicht leicht über 3 bis 4 mal in die Comödie; und man bemerket, daß dieses auch nur geschiehet, wenn ein besonders lustiges Stück vorgestellet wird: Trauerspiele lieben Se. Maj. gar nicht. Hingegen versäumen Ihro Maj. die Königinn, und die Königliche Frau Mutter, selten ein Trauerspiel, und machen sich auch gar oft das Vergnügen, Lustspiele anzuhören. Se. Königl. Hoheit, der junge Prinz von Preussen, Friedrich Wilhelm, besuchen die Schloßschaubühne am allerfleißigsten. Die Wahl der Stücke kömmt auf den Herrn Sweerts an, wenn Ihro Majestäten nicht ein anders befehlen."

Auf dem Spielplan standen Stücke von Corneille, Racine oder Molière, darunter etwa der *Tartuffe*. Einige der Komödianten, schrieb der Kritiker, seien „unverbesserlich; einige aber könnten viel besser seyn. Ueberhaupt geben sie sich sehr wenig Mühe, wenn der Hof nicht zugegen ist; und dann poltern sie alles so geschwinde heraus, daß öfters eine ordentliche Comödie von 5 Aufzügen, mit samt der Musik, kaum 5 Viertelstunden währet." Oft waren die Schauspielerinnen und Schauspieler dabei kaum zu verstehen: „Das laute Reden ist auf dem Berliner Theater besonders nöthig, weil, wenn Se. Maj, nicht zugegen sind, oft das Amphitheater und Parterre die spielenden Personen übertäubet."[5]

Ein weiteres Lieblingsprojekt Friedrichs war die Einrichtung einer eigenen Druckerei im alten Apothekenflügel des Berliner Schlosses. Als Liebhaber schön gestalteter Bücher wollte er seine Schriften in bibliophiler, wahrhaft königlicher Ausstattung gedruckt sehen. Die Bücher aus der Privatdruckerei trugen die Verlagsangabe „Au Donjon du Château" (im Schlossturm). Sie waren nicht zum Verkauf bestimmt, sondern sollten unter aufgeklärten Freunden und Gesprächspartnern des Königs zirkulieren. Von der ersten gedruckten Ausgabe der *Œuvres du Philosophe de Sanssouci* aus dem Jahr 1749 existiert wohl kein einziges Exemplar mehr. Sie enthielt ein satirisches Heldengedicht mit dem Titel *Das Palladion*, das der König nicht an die Öffentlichkeit kommen

Voltaire am Schreibtisch, Titelvignette von Daniel Chodowiecki zu einer Ausgabe von *Candide oder die beste Welt*, 1778.

lassen wollte, daher wurde die Erstauflage vernichtet. 1750 wurde eine veränderte Ausgabe der *Œuvres* gedruckt, 1752 eine weitere mit Korrekturen Voltaires, der auch die *Denkwürdigkeiten zur Geschichte des Hauses Brandenburg* stilistisch polierte.

Die im Schloss verlegten Privatdrucke von Werken des Königs mussten nach dem Tod oder Wegzug ihrer Empfänger zurückgegeben werden. Als Voltaire 1753 nach seinem Zerwürfnis mit dem König aus Preußen floh, ließ ihn Friedrich in Frankfurt am Main festsetzen, weil Voltaire ein Exemplar der *Œuvres* mitgenommen hatte; erst als er es aushändigte, durfte er weiterreisen.[6] Es ließ sich jedoch auf Dauer nicht vermeiden, dass Gedichte des Königs in fremde Hände gerieten und in Frankreich nachgedruckt wurden. Um die Kontrolle über sein Werk in der Öffentlichkeit wiederzuerlangen, ließ er 1760 im Berliner Verlag von Lessings Verleger Christian Friedrich Voß eine autorisierte Werkausgabe unter dem Titel *Poësies diverses* erscheinen, die unter anderem von Moses Mendelssohn rezensiert wurde. Von da an erschienen die Werke des Königs auch in deutscher Übersetzung und erzielten Bestsellerauflagen. Sofort nach seinem Tod kam eine Gesamtausgabe seiner Werke heraus, die auf Wunsch seines Nachfolgers im Berliner Schloss gedruckt wurde.[7]

Die Blüte der königlichen Privatdruckerei fiel in die Zeit, in der Voltaire als Kammerherr am Hof Friedrichs II. lebte. 1750 gab Voltaire dem jahrelangen Werben seines Briefpartners nach und übersiedelte nach Preußen. „Ich arbeitete täglich zwei Stunden mit seiner Majestät; ich korrigierte alle seine Werke und verfehlte nie, das Gute darin höchlichst zu loben, wenn ich alles, was nichts taugte, wegstrich. Ich begründete ihm alles schriftlich, und das ergab eine Rhetorik und eine Poetik zu seinem persönlichen Gebrauch. Er lernte daraus, und sein Genie kam ihm noch besser zustatten als mein Unterricht. Ich hatte keinerlei Hofdienst, brauchte keine Besuche abzustatten, keine Pflicht zu erfüllen. Ich hatte mir ein freies Leben geschaffen und konnte mir An-

genehmeres als diesen Zustand nicht denken.“[8] Meist hielt Voltaire sich in Potsdam für die Mußestunden des Königs bereit. „Wenn es aber nach Berlin ging, entfaltete er dort an den Galatagen großen Prunk. Es war für die Toren, also fast für jedermann, ein herrliches Schauspiel, ihn bei Tisch zu sehen, wie er, umringt von zwanzig Reichsfürsten, aus dem schönsten Goldgeschirr Europas bedient wurde und dreißig schöne Pagen und ebenso viele prächtig gekleidete Heiduken große Schüsseln aus Gold hereintrugen.“[9] Voltaire wohnte während solcher Anlässe im Berliner Schloss in Gemächern nicht weit entfernt von denen des Königs. Im Berliner Wintergrau sehnte er sich nach dem milderen Pariser Klima:

„Ich schreibe neben einem Ofen, mit schwerem Kopf und traurigem Herzen, die Blicke gerichtet auf die Spree, weil die Spree in die Elbe fließt und die Elbe ins Meer und weil in dieses Meer die Seine mündet, und weil unser Pariser Haus ganz nahe an dieser Seine liegt. Und ich sage, mir: Mein liebes Kind, warum bin ich in diesem Palast und nicht an unserem häuslichen Herd? Welche Vorwürfe mache ich mir! Wie ist mein Glück vergiftet! Wie kurz ist das Leben! Wie traurig, dass ich das Glück fern von Ihnen suchte!

Ich bin kaum wiederhergestellt; wie soll ich reisen? Der Wagen Apollos würde im Morast der Schneeschmelze der Brandenburger Straßen stecken bleiben. […] Ich brauche mehrere Sorten von Trost. Nicht die Könige geben diesen Trost, aber die schönen Wissenschaften.“[10]

Im Apothekenflügel des Schlosses war damals die auch für die Öffentlichkeit zugängliche Königliche Bibliothek untergebracht. Friedrich II. ließ für sie ab 1775 einen beeindruckenden Neubau am heutigen Bebelplatz errichten, von dem noch die Rede sein wird. Außerdem befand sich im Arbeitszimmer des Königs eine seiner sechs Privatbibliotheken.[11] Es gab solche Bibliotheken auch im Schloss Charlottenburg, im Potsdamer Stadtschloss, im Weinbergschloss und im Neuen Palais in Sanssouci sowie im Breslauer Stadtschloss. Die in rötli-

Das Schreibzimmer Friedrichs II. im Berliner Stadtschloss, Gouache von Paul Graeb aus dem 19. Jahrhundert.

ches Leder gebundenen Bände unterschieden sich durch einen mit Gold aufgeprägten Buchstaben, der anzeigte, an welchen Standort sie gehörten. Lieblingswerke des Königs waren mehrfach vorhanden, sodass er, wenn er das Schloss wechselte, in einem anderen Exemplar einfach dort weiterlesen konnte, wo er zuvor aufgehört hatte. Die größte Privatbibliothek mit 2288 Bänden ist im Sommerschloss Sanssouci zu besichtigen, die Bücher dort tragen den Buchstaben „V" wie „vigne" (Weinberg). Das mit Zedernholz verkleidete Rundkabinett ist der schönste Raum des ganzen Schlosses, ein goldfunkelndes Juwel mit einer großen Sonne – Symbol der

Aufklärung wie der absoluten Macht – an der Decke. Eine weitere Bibliothek hat sich im Neuen Palais erhalten. 440 Bücher aus dem Potsdamer Stadtschloss füllen heute die Bücherschränke im Neuen Flügel des Charlottenburger Schlosses. Ihn ließ Friedrich II. zwischen 1740 und 1745 an das Residenzschloss seiner Großmutter Sophie Charlotte anbauen, da es ihm dort viel besser gefiel als im Berliner Schloss. Nach schweren Zerstörungen im Zweiten Weltkrieg wurden die Bibliotheksräume in Charlottenburg mit Ausnahme der Deckengemälde rekonstruiert. Auch Wohn- und Prunkräume nach dem Geschmack des Königs wie der Weiße Saal und die Goldene Galerie sind dort zu besichtigen.

In einem Brief, den Friedrich II. kurz nach seiner Inthronisation aus Charlottenburg an Voltaire adressierte, spricht er von seiner „Metromanie", dem Zwang, sich in Poesie auszudrücken.[12] Auch als Dramatiker hat er sich versucht. Im November 1742 ließ er in der Orangerie von Schloss Charlottenburg ein Stück aus eigener Feder aufführen: *Le singe de la mode* (*Der Modeaffe*), eine einaktige Komödie. Die Titelfigur ist ein Marquis de la Faridondière, dessen Leben darin besteht, sich in Paris in allem der Mode anzupassen, zum Missfallen seines Onkels. Dieser möchte ihn gerne mit einem tugendhaften Mädchen verheiraten, das gerade aus dem Kloster entlassen wurde und sich für Mode nicht interessiert. Ein Freund des Onkels überlistet den Marquis, indem er ihm vorgaukelt, es sei gerade Mode, sich möglichst rasch zu verheiraten. Der Modeaffe geht in die Falle; er hofft, sowohl Libertinage als auch eheliche Treue ausleben zu können: „Dann werde ich erst recht an der Mode sein. Eine schöne Combination: Courmacherei, Treue, Liebe, Ehefrau, Geliebte! Das muß doch die wirkliche Mode sein: darin liegt Gegensatz und Leichtsinn, das schmeckt nach einem Philosophen, der sich durch nichts fesseln lässt, sondern alles genießt und sich an allem erfreut."[13] Friedrich II. brauchte keinen Hofnarren mehr. Als Dramatiker hielt er der verwöhnten Hofgesellschaft selbst den Spiegel vor.

VUE DE L'EGLISE CATHOLIQUE a Berlin.

Opernhaus

„Das Opernhaus ist ein ziemlich geraumes, und ansehnliches Gebäude. Es ist bey allen Portalen, auch über denselben, oben auf der Gallerie, mit Statuen gezieret, welche verschiedene von den alten theatralischen Dichtern, Comödianten und Tonkünstlern vorstellen. Die untern sind zwar nur von Leim, Gips, Stroh und Draht zusammen gesetzt: man hoffet aber doch, daß sie in ihren Schwiebögen, worinnen sie stehen, der Zeit und dem Wetter eine Weile widerstehen werden; obgleich einer und der andere schon einen Fuß oder Arm verlohren hat. Ueber der Colonnade, vor dem großen Eingange, stehen folgende Worte mit goldnen Buchstaben angeschrieben: FRIDERICUS REX APOLLINI ET MUSIS."

Glaubt man der Schilderung von 1750, die wohl von Lessing stammt, war der Lindenoper anzusehen, mit welcher Eile sie gebaut worden war.[1] Friedrich II. wollte möglichst rasch nach seiner Krönung ein Zeichen setzen und ließ das Haus am 7. Dezember 1742 eröffnen, obwohl es noch eine Baustelle war. Das erste freistehende Theatergebäude in Berlin verfügte über keinen Schnürboden, dafür über ein Windensystem, durch das der Boden des Parketts angehoben werden konnte. So war es auch als Ballsaal nutzbar. Der Zuschauerraum mit drei Rängen fasste bis zu 5 000 Personen.[2] „Dem ungeachtet ist dieser grosse Platz noch immer zu klein für die grosse Menge Menschen, welche die Oper sehen will. Niemand bekömmt Billets. Se. Majestät wollen, daß alle Leute, welche nicht zum niedrigsten Pöbel gehören, und besonders Fremde, eingelassen werden sollen. Aber diesem königlichen Willen wird schlecht nachgelebet. Man sieht die besten Logen von den nichtswürdigsten Weibsbildern einnehmen, indessen daß sich oft die angesehensten Leute vor der Thüre mit den brutalsten Begegnungen müssen zurückweisen lassen."[3] Der Eintritt war frei.

Opern wurden während der Karnevalssaison im Dezember und Januar aufgeführt, in der Regel komponiert von Carl Heinrich Graun, dem Flötenlehrer und Hofkapellmeister des Königs. Friedrich II. nahm Einfluss auf den Spielplan und Besetzungen, besuchte Proben und suchte bei Aufführungen die Nähe des Orchesters.[4] Höhepunkt seines Engagements war am 6. Januar 1755 die Uraufführung der Oper *Montezuma*, für die er ein französisches Libretto verfasst hatte. Den Aztekenkaiser Montezuma stilisierte Friedrich zu einem großmütigen, gerechten und beliebten Herrscher. Die spanischen Eroberer um Hernán Cortés lädt dieser gutgläubig zu seiner Hochzeit ein. Die skrupellosen Spanier aber nehmen Montezuma gefangen. Seine Braut Eupaforice versucht ihn zu befreien und zettelt einen Aufstand gegen die Eroberer an. Am Ende sterben beide den Liebestod, die Spanier übernehmen die Macht. In der Oper sind die Europäer die Barbaren, die ein zivilisiertes Volk in den Abgrund reißen.[5] Dem aufgeklärten Herrscher Montezuma mangelt es an Wahrnehmung der Bösartigkeit seiner Feinde und an Wehrhaftigkeit. Darin steckte eine politische Botschaft. Der Librettist Friedrich II. sah sich damals bedroht von einer österreichisch-französisch-russischen Allianz, die ihm das eroberte Schlesien wieder abjagen wollte. Wie Montezuma sollte er sich nicht abschlachten lassen. Bald nach der Premiere marschierte seine Armee in Sachsen ein und entfesselte den Siebenjährigen Krieg, der Preußen beinahe ruinierte.

Opernhaus und katholische Kirche, Kupferstich von Jean Laurent Legeay, 1747. Links hinter dem Baum ist das Berliner Schloss zu erkennen, im Vordergrund die hölzerne Absperrung zum Schutz der Fußgänger Unter den Linden. Die Skulptur an der Opernfassade stellt Sophokles dar, Fotos von 2022.

Das Forum Fridericianum, heute Bebelplatz, mit der ehemaligen Königlichen Bibliothek (links), dem Palais des Prinzen Heinrich (heute Universitätsgebäude, Mitte) und dem Opernhaus (rechts), Foto von 2022.

Entwurfsskizze Friedrichs II. zum Palais für seinen Bruder, Prinz Heinrich von Preußen, um 1747.

Beim Prinzen Heinrich

Das Palais des Prinzen Heinrich dient der Humboldt-Universität seit ihrer Gründung im Jahr 1810 als Hauptgebäude. Es trägt die Handschrift Friedrichs II., wie eine eigenhändige Zeichnung des Königs aus dem Jahr 1747 belegt.[1] Mit dem Bauplatz hatte er sich schon in seiner Kronprinzenzeit befasst. An der Straße Unter den Linden war ursprünglich ein neues Residenzschloss mit einer dreihundert Meter langen Straßenfront vorgesehen.[2] Die zugehörige Hofoper auf der anderen Straßenseite wurde tatsächlich realisiert, nicht aber der Königspalast, sondern – deutlich kleiner – ein Palais für den Bruder des Königs, den Prinzen Heinrich. Davor entstand ein großer rechteckiger Platz, der heutige Bebelplatz. Er wird von der Oper und der erst 1775 errichteten ehemaligen Königlichen Bibliothek flankiert. An der Platzecke auf der Rückseite der Oper stellte der König 1746 einen Bauplatz für die St.-Hedwigs-Kirche bereit, eine Geste der Toleranz an die Katholiken in der Stadt und im eroberten Schlesien, denn die heilige Hedwig gilt als Schutzpatronin Schlesiens. Diese Platzanlage, das Forum Fridericianum, lässt noch den ursprünglichen Plan des aufgeklärten Fürsten erahnen, ein enges Miteinander von Königsmacht, Kunst und Wissenschaft städtebaulich zu inszenieren. Das Interesse Friedrichs II. an dem Projekt ließ nach, als sich ab 1744 die Gelegenheit bot, seine Traumresidenz Sanssouci in Potsdam zu errichten, wo er freier schalten und walten konnte als in Berlin.[3]

Der Bau des Prinz-Heinrich-Palais zog sich bis 1766 hin. Der Bruder diente dem vierzehn Jahre älteren König als umsichtiger General und Diplomat. Die ungestümen Eroberungsfeldzüge Friedrichs II. hat er oft kritisiert. Dass Heinrich wie sein Bruder Männer

Prinz Heinrich von Preußen, Gemälde von Johann Heinrich Tischbein d. Ä., 1769.

liebte, war kein Geheimnis, der Kammerherr Ernst von Lehndorff schätzte die Zahl seiner „Favoriten" auf etwa fünfzig.[4] Doch der große Bruder kannte kein Erbarmen, die Interessen der Dynastie gingen vor: 1752 wurde der schwule Prinz im Schloss Charlottenburg mit Wilhelmine von Hessen-Kassel verheiratet. Diese Ehe blieb wie die seines Bruders kinderlos. Nach einer vermeintlichen Affäre der Gattin residierte das Paar getrennt voneinander in dem Palais Unter den Linden, das groß genug war, um sich aus dem Weg zu gehen. Was den Prinzen an Berlin reizte, davon berichtet ein Gedicht des königlichen Bruders:

Wilhelmine von Hessen-Kassel, Gemahlin des Prinzen Heinrich von Preußen, Gemälde von Johann Heinrich Tischbein d. Ä., 1755.

An meinen Bruder Heinrich

Wohin des Wegs? – „Nur fort! Ich flieh' das Land!
Will nicht ins Grab hier bei lebendigem Leibe;
Die Öde bringt mich schier um den Verstand.
Denn sterben heißt's, wenn ich allein hier bleibe.
Berlin ist meine Wonne, meine Welt!
Dort gibt es schöne Mädchen, Feste, Bälle,
Kurz, alles findest Du, was Dir gefällt.
Bist Du kein Tor: dort sitzt Du an der Quelle."
Gewiß, mein Bruder, kannst Du Dich vergnügen,
Mit allem ist Berlin ja wohl versehn;
Leicht sind auch unsre Schönen zu besiegen —
Was macht nur diese Freuden einzig schön?[5]

Darauf folgt die satirische Schilderung einer Berliner Abendgesellschaft mit etwa achtzig Gästen. Zuerst frönen sie dem Glücksspiel, dann versammelt man sich zu einem opulenten Festmahl. Während der Völlerei redet man übers Wetter und tauscht Klatsch über abwesende Personen aus. Nach dem Dessert stimmt eine Sängerin, ermutigt durch falsches Lob, in schrillen Tönen eine Opernarie an. Schließlich wird bis ins Morgengrauen getanzt. Mit einem Gefühl der Leere kehrt alles nach Hause zurück und redet sich ein, man habe sich göttlich amüsiert. Wie stumpfsinnig und öde sei dieses Gesellschaftsleben, schrieb der ältere dem jüngeren Bruder ins Stammbuch, verglichen mit einem kleinen, auserwählten Kreis von Freunden, in dem man sich geistreich austauschen könne![6]

Wenig Vergnügen an der Berliner Geselligkeit im Hause des Prinzen Heinrich hatte auch Goethe, der an einem Sonntag, am 17. Mai 1778, zur Tafel geladen war; nicht als Dichter, sondern als Geheimer Rat im Gefolge des Herzogs Carl August von Sachsen-Weimar-Eisenach. Preußen, mit dem der Herzog aus Weimar verbündet war, bereitete sich damals auf einen neuen Feldzug vor, den sogenannten Kartoffelkrieg. Der endete zum Glück schon, bevor der erste Schuss fiel. Beim Tafelgespräch ging es vor allem um Militärisches, doch war in Berlin schon bekannt, dass Goethe als Stürmer und Dränger mit seinem *Werther* und *Götz von Berlichingen* für Furore in der deutschsprachigen Literaturszene gesorgt hatte. Zumindest wusste ein Sitznachbar, der Kammerherr Lehndorff, Bescheid und versuchte den Dichter zum Sprechen zu bringen: „Aber er ist sehr lakonisch. Er dünkt sich augenscheinlich zu sehr Grandseigneur, um noch als Dichter zu gelten. Das ist im allgemeinen der Fehler der Deutschen von Bildung, dass sie, sobald sie die Stellung eines Vertrauten erlangten, unerträglich hochmütig werden. Prinz Heinrich fragt Herrn Göthe, ob sich in den Archiven von Weimar nicht Briefe des berühmten Bernhard von Weimar fänden. Der junge Herzog behauptet, dass es solche gäbe, dieser große Gelehrte weiß davon aber nichts. Das macht auf mich einen schlechten Eindruck."[7]

Goethe wirkte auf die Tafelgäste verschlossen und arrogant. Tatsächlich war er in Gedanken ganz woanders. Das hat er noch am selben Tag seiner Weimarer Seelenfreundin Charlotte von Stein berichtet: „Ich dacht heute an des Prinzen Heinrichs Tafel dran dass ich Ihnen schreiben müsste, es ist ein wunderbarer Zustand eine seltsame Fügung dass wir hier sind. Durch die Stadt und mancherley Menschen Gewerb und Wesen hab ich mich durchgetrieben." Unter den vielen Eindrücken welke „die Blüte des Vertrauens, der Offenheit, der hingebenden Liebe täglich mehr. Sonst war meine Seele wie eine Stadt mit geringen Mauern, die hinter sich eine Citadelle auf dem Berge hat. Das Schloss bewacht ich, und die Stadt lies ich in Krieg und Frieden wehrlos, nun fang ich auch an die zu befestigen, wärs nur indess gegen die leichten Truppen."[8]

Die Kriegsmetaphorik spiegelte Goethes Erleben einer Stadt, die sich im Zustand allgemeiner Mobilma-

Johann Wolfgang Goethe, Gemälde von Georg Oswald May, 1779.

chung befand. Der König war bereits zu den Truppen abgereist, während der kriegsmüde Prinz Heinrich zögerte und auf eine diplomatische Verständigung mit Österreich setzte. Goethe schrieb an Frau von Stein:

„Es ist ein schön Gefühl an der Quelle des Kriegs zu sizzen in dem Augenblick da sie überzusprudeln droht. Und die Pracht der Königstadt, und Leben und Ordnung und Überfluss, das nichts wäre ohne die tausend und tausend Menschen bereit für sie geopfert zu werden. Menschen, Pferde, Wagen, Geschüz, Zurüstungen, es wimmelt von allem. [...] Wenn ich nur gut erzählen kan von dem grosen Uhrwerck das sich vor einem treibt, von der Bewegung der Puppen kan man auf die verborgnen Räder besonders auf die grose alte Walze [Fridericus Rex] gezeichnet mit tausend Stiften schliesen die diese Melodieen eine nach der andern hervorbringt."[9] Und in einem späteren Brief heißt es: „Auch in Berlin war ich im Frühjahr, ein ganz ander Schauspiel. Wir waren einige Tage da, und ich guckte nur drein wie das Kind in Schön-Raritäten-Kasten. Aber Du weißt, wie ich im Anschaun lebe; *es sind mir tausend Lichter aufgegangen*. Und dem alten Fritz bin ich recht nah geworden, da hab ich sein Wesen gesehn, sein Gold, Silber, Marmor, Affen, Papageien und zerrissene Vorhänge, und *hab über den großen Menschen seine eigenen Lumpenhunde räsonniren hören*. Einen großen Teil von Prinz Heinrichs Armee, den wir passirt sind, Manoeuvres und die Gestalten der Generale, die ich hab halb dutzendweis bei Tisch gegenüber gehabt, machen mich auch bei dem jetzigen Kriege gegenwärtiger. Mit Menschen hab ich sonst gar Nichts zu verkehren gehabt und hab in preußischen Staaten kein laut Wort hervorgebracht, das sie nicht könnten drucken lassen. Dafür ich gelegentlich als stolz etc. ausgeschrien bin."[10]

Seine Antipathie gegen die große Kaserne Berlin hat Goethe nie überwunden. Er blieb bis zu seinem Lebensende immer gut informiert über das, was sich kulturell in der preußischen Hauptstadt tat. Aber betreten hat er die Stadt nie wieder.

Die ehemalige König-
liche Bibliothek,
Foto von 2022 und
Stich von 1780.

Bibliothek und Bücherverbrennung

„Ich habe in Berlin eine öffentliche Bibliothek bauen lassen. Voltaires Werke waren zuvor unzureichend untergebracht. Ein chemisches Laboratorium, das sich im Untergeschoß befand, drohte unsere ganze Sammlung in Brand zu setzen", schrieb Friedrich II. am 9. November 1777 an Voltaire: „Alexander der Große barg Homers Werke in den kostbarsten Schrein, den er unter den bei Darius erbeuteten Stücken gefunden hatte. Ich, der ich weder Alexander bin noch groß und auch niemanden ausgebeutet habe, habe nach meinen kleinen Fähigkeiten das schönstmögliche Behältnis bauen lassen, um darin die Werke des Homer unserer Tage aufzustellen."[1]

Der barocke Schwung der Fassade zum Bebelplatz hat dem Haus den Spitznamen „Kommode" eingetragen; es beherbergt heute die Juristische Fakultät der Humboldt-Universität. Kurioserweise handelt es sich um die Kopie eines Wiener Gebäudes, das viel später fertig wurde als die Königliche Bibliothek in Berlin. Um 1725 hatte der österreichische Architekt Joseph Emanuel Fischer von Erlach einen Entwurf für den Michaelertrakt der Wiener Hofburg gezeichnet, doch dieses Projekt blieb lange ungebaut. In Berlin entstand bereits zwischen 1775 und 1779 eine Bibliothek nach Erlachs Ideenskizze, in Wien nahm der Michaelertrakt erst 1893 Gestalt an.

Bis zum Umzug ans Forum Fridericianum war die Königliche Bibliothek im Spreeflügel des Berliner Schlosses untergebracht. Die Lage der Räumlichkeiten über der Schlossapotheke erklärt, warum der König in seinem Brief an Voltaire ein *laboratoire chimique* erwähnt. Seit 1661 war die kurfürstliche, später königliche Büchersammlung im Apothekenflügel des Schlosses für die Öffentlichkeit zugänglich. Dorthin bewarb sich Lessing, als 1765 die Stelle des Bibliothekars frei wurde – „das einzige, worauf ich so lange gehofft und worauf man mich so oft vertröstet"[2] –, was jedoch am Widerspruch Friedrichs II. scheiterte.

Friedrich II. versucht das letzte Exemplar der Satire *Akakia*, die Voltaire ins Feuer geworfen hat, zu retten, Kupferstich von Daniel Chodowiecki, 1788.

Auch das neue Prachtgebäude musste sich die Bibliothek mit anderen Nutzern teilen. Im Erdgeschoss befanden sich Militärdepots, sogenannte Montierungskammern.[3] Später nutzte die Oper die Räume als Magazin. Eine vom König erlassene Bibliotheksordnung von 1783 sah vor, dass die Bibliothek in den Sommermonaten täglich von sechs Uhr früh bis abends um sieben Uhr geöffnet sein sollte, im Winter von früh um acht bis abends um fünf Uhr. „Brennende Lichter werden in der Bibliotheque gar nicht gestattet, und wenn in den sechs Wintermonaten der Ofen geheizt wird, so muß das mit aller Behutsamkeit geschehen, und auch auf das Feuer genau Acht gegeben werden, damit dadurch kein Unglück entstehen kann." Bücher und Handschriften durften unter Aufsicht in einem Lesezimmer studiert werden: „Es ist Jedem erlaubt, daselbst die Bücher zu lesen, so viel sie wollen, auch Extracte daraus zu machen, oder Passagen auszuziehen: Aber Bücher mit nach Hause mitzunehmen, muß durchaus niemandem gestattet werden."[4] Die unterbezahlten Bibliothekare machten von dieser Regel gegen einen Obulus gerne eine Ausnahme. Sie waren gehalten, vor allem teure Nachschlagewerke anzuschaffen, die für Privatleute unerschwinglich waren. Jeder Verlag in Preußen musste zwei Pflichtexemplare von Neuerscheinungen abliefern. Im Todesjahr Friedrichs war der Bestand auf 150 000 Bücher angewachsen, auch dank großzügiger Schenkungen des Königs. Die Bibliothekskasse bezog Einkünfte aus Gebühren, die bei Verheiratungen und Kindstaufen anfielen und bei Dispensationen, das heißt, wenn sich Bürger gegen Geldzahlungen vom Militärdienst befreien ließen.[5]

Die Königliche Bibliothek zog 1914 in einen weit größeren Neubau – die heutige Staatsbibliothek Unter den Linden –, dort eröffnete im Sommer 2022 ein „Kulturwerk" genanntes Museum, das auch an die Verdienste Friedrichs II. um die Bibliothek und seine Bücherleidenschaft erinnert. Die „Kommode" wurde nach dem Auszug der Königlichen Bibliothek von der Universität übernommen. Im Zweiten Weltkrieg brannte das Gebäude aus und wurde von 1963 bis 1969 innen stark verändert wiederaufgebaut. Zwischen der „Kommode" und der Oper, mitten auf dem Forum Fridericianum, fällt der Blick durch eine Glasscheibe im Boden auf eine unterirdische, erleuchtete Bibliothek mit leeren weißen Regalen an den Wänden. Seit 1995 erinnert das Kunstwerk *Bibliothek* von Micha Ullman an die nationalsozialistische Bücherverbrennung am 10. Mai 1933 auf diesem Platz.

Dokumentation zum Akademiestreit des Jahres 1752, der in der Verbrennung eines Buches von Voltaire in Berlin gipfelte; die Übersetzungen stammen von Luise Adelgunde Gottsched.

Auch in der Regierungszeit Friedrichs II. gab es eine Bücherverbrennung in Berlin, die europaweit Aufsehen erregte. Am Heiligen Abend des Jahres 1752 ließ der König ein Buch seines Freundes und Kammerherrn Voltaire durch den Henker verbrennen – nach einigen Quellen auf dem Gendarmenmarkt, nach anderen an verschiedenen Orten in der Stadt.[6] Hintergrund war ein Plagiatsstreit in der Akademie der Wissenschaften. Der Schweizer Mathematiker Samuel König behauptete 1751, nicht der Akademiepräsident Pierre Louis Moreau de Maupertuis habe das mathematisch-physikalische Prinzip der kleinsten Wirkung entdeckt, sondern der längst verstorbene Philosoph Gottfried Wilhelm Leibniz. Samuel König stützte sich dabei auf die Abschrift eines Briefes von Leibniz. Da das Original nicht aufzufinden war, kam die von Maupertuis geleitete Akademie am 13. April 1752 zu dem Schluss, der Leibniz-Brief sei eine Fälschung. Der Mathematiker König trat darauf aus der Akademie aus und machte die Angelegenheit publik, was dem Ansehen der Institution in der Öffentlichkeit schadete.

In diesen Streit mischte sich Voltaire ein. Er verfasste eine Satire auf Maupertuis, die Fabel *Akakia*, über die sich Friedrich königlich amüsiert haben soll. Voltaire musste jedoch versprechen, dieses Pamphlet nicht drucken zu lassen. Er hielt sich nicht daran, und als Exemplare auftauchten, ließ Friedrich II. den Drucker ausfindig machen und verhören. Um seine Autorität und die seines Akademiepräsidenten wiederherzustellen, statuierte der König ein Exempel und ließ die Bücher öffentlich verbrennen. Christlob Mylius, der Voltaires Satire auf Moreau de Maupertuis ins Deutsche übersetzte, kommentierte den Vorgang:

Auf die Verbrennung Akakias

Dem kleinsten Teil der Stadt
War Moreaus Schimpf bekannt.
Nun liest ihn alle Welt,
Seitdem man ihn verbrannt.[7]

In einer Anekdote um Friedrich II. und Voltaire heißt es, der König habe Voltaire nach der Bücherverbrennung zu sich eingeladen, der Autor sei mit dem letzten erhaltenen Exemplar erschienen und habe es zornig in den Kamin geworfen, worauf der König sich alle Mühe gegeben habe, es aus den Flammen zu retten; dabei habe er sich die Manschetten verbrannt und sich anschließend mit Voltaire versöhnt.[8] Tatsächlich führte die Auseinandersetzung zum Bruch zwischen Friedrich II. und Voltaire, der im März 1753 Preußen den Rücken kehrte. Der Briefkontakt zwischen beiden bestand allerdings fort und riss bis zu Voltaires Tod im Jahr 1778 nicht ab.

Die Bücherverbrennung des Jahres 1752 blieb ein ungewöhnlicher und wohl einmaliger Vorgang im Preußen Friedrichs II. Die Stadt zog liberale Geister an, da man sich freier äußern durfte als in anderen deutschen Staaten, trotz der Zensur. Hingegen signalisierte die Bücherverbrennung im Jahr 1933 aller Welt, dass freies Denken in der Tradition der Aufklärung im „Dritten Reich" unerwünscht war. Daran erinnert das Denkmal auf dem Bebelplatz.

Zu Lebzeiten Friedrichs II. war dort etwas ganz anderes geplant; eine Art Bürgerinitiative setzte sich damals für ein Aufklärungs-Denkmal auf dem Friedrichsforum ein und fand dafür anfangs sogar die Zustimmung des Königs.

In der Diskussion war zunächst ein gemeinsames Monument für die Gelehrten Gottfried Wilhelm Leibniz, Johann Heinrich Lambert und Johann Georg Sulzer. Alle drei waren der Akademie der Wissenschaften eng verbunden, die ihren Sitz im Marstallgebäude hatte, dort, wo heute die Staatsbibliothek Unter den Linden steht. Die Aufklärer Moses Mendelssohn und Friedrich Nicolai gehörten zu den Initiatoren des Vorhabens.

Nach Moses Mendelssohns Tod im Januar 1786 wurde daraus das Projekt eines „Monuments der vier Weltweisen"[9]. Spenden aus dem gesamten deutschsprachigen Raum kamen für einen von Carl Gotthard Langhans entworfenen Obelisken mit vier Porträts der Philosophen zusammen – wobei die nunmehr vorgesehene Ehrung Moses Mendelssohns einerseits neuen Schwung in das Vorhaben brachte, andererseits antisemitische Reflexe weckte.

3 000 Taler Spenden reichten jedoch für ein angemessen großes Monument auf dem weiten Platz zwischen Opernhaus und Bibliothek nicht aus. Die Hoffnung erfüllte sich nicht, der neue König Friedrich Wilhelm II. werde die Finanzierungslücke schließen. Nach der Französischen Revolution beteiligte der sich an den Koalitionskriegen gegen Frankreich. Schließlich gingen 1798 alle Spenden für das Monument durch den Bankrott des Bankiers Daniel Itzig, der das Geld verwaltete, verloren und das Vorhaben wurde für immer begraben.

Kant Unter den Linden

„Eilt, ihn in Erz den Enkeln aufzustellen", forderte der Dichter Karl Wilhelm Ramler schon 1759 die Berliner auf,[1] doch erst 1851 wurde das Reiterdenkmal für Friedrich II. von Christian Daniel Rauch an der Straße Unter den Linden eingeweiht, in Sichtweite des Forum Fridericianum. „Bist endlich da, / Gott sei's geklagt / Hast lange warten lassen; / Nun lehr' uns wieder, unverzagt / Den Feind beim Schopfe fassen", jubelte Theodor Fontane in einer Hymne zur Enthüllungsfeier des Monuments.[2] Weniger hurrapatriotisch liest sich ein Gedicht, das Fontane zwanzig Jahre später aus Anlass des Einzugs der siegreichen Truppen nach dem Deutsch-Französischen Krieg von 1870/71 schrieb. Fontane lässt die dezimierten Regimenter vom Brandenburger Tor in Richtung Schloss ziehen, dabei fließen Tränen wegen der vielen Toten. Am Ende wendet sich der altersweise Dichter den Invaliden und dem Friedrichsdenkmal zu:

> Hunderttausende auf den Zehenspitzen!
> Vorüber, wo Einarm und Stelzfuß sitzen,
> Jedem Stelzfuß bis in sein Bein von Holz
> Fährt der alte Schlachtenstolz.
> Halt,
> Vor des Großen Königs ernster Gestalt!
>
> Bei dem Fritzen-Denkmal stehen sie wieder,
> Sie blicken hinauf, der Alte blickt nieder;
> Er neigt sich leise über den Bug:
> „Bon soir, Messieurs, *nun* ist es *genug*."[3]

Friedrich II. hatte sich Denkmäler zu seinen Lebzeiten verboten. Die Karschin und Ramler besangen seinen Schlachtenruhm, doch es gab auch Zweifel an Friedrichs militärischem Geschick. In Goethes Lebenserinnerungen ist nachzulesen, wie frühe Begeisterung für den Preußenkönig angesichts des Leidens der Zivilbevölkerung im Siebenjährigen Krieg erkaltete: „Ein wahrhaft großer Mann und Heerführer wäre mit seinen Feinden viel geschwinder fertig geworden."[4] Friedrich selbst nannte es ein „Mirakel", dass ihn die Gegner nicht restlos besiegt hatten.[5]

Hätte also die Nachwelt nicht besser daran getan, dem Philosophen von Sanssouci ein Denkmal zu setzen, statt ihn hoch zu Ross auf ewig in die Schlacht reiten zu lassen? Es gab auch Denkmalentwürfe, die in eine andere Richtung gingen: So hat Johann Gottfried Schadow, als ihn 1786 in Rom die Nachricht vom Tod des Königs erreichte, einen Sarkophag entworfen, auf dem Friedrich II. in antikischer Pose hingestreckt ruht, umringt von trauernden Musen. Ein dorischer Tempel sollte die Skulptur aufnehmen.[6] Doch in der Mitte des 19. Jahrhunderts war ein Sinnbild militärischer Unbezwingbarkeit gefragt. Der stolze Reiter Unter den Linden ist umringt von einem Schwarm aus Militärpersonen. Vertreter von Literatur, Kunst und Philosophie finden sich nur auf der Rückseite des Denkmalsockels, exakt unter dem Pferdeschweif, dort also, wo die Pferdeäpfel hinfallen würden, wäre der Gaul nicht aus Erz.

> Hat man ihn wieder? Mich freut's. Der Alte Fritz
>   hoch zu Rosse.
> Hat doch auch Lessing zugleich wieder sein Denkmal,
>   am Arsch.[7]

Mit diesem *Berlinischen Epigramm* feierte Volker Braun die Wiederaufrichtung des Denkmals in der DDR des Jahres 1980. Und was spielt sich dort unterm Pferdeschwanz ab? Neben Friedrichs Hofkomponisten Carl Heinrich Graun sieht man zwei Männer im Gespräch, mit denen der König nichts anzufangen wusste: Lessing und Kant. Beide sind sich im Leben nie begegnet. Die Figurenkonstellation unter dem Pferdeschwanz ist eine Geschichtsklitterung. Daran ändert auch eine Inschriftentafel nichts, die Namen weiterer gelehrter Zeitgenossen des Königs nennt: die Philosophen Christian Wolff, Christian Garve und Pierre Louis Moreau de Maupertuis, den Altertumsforscher Johann Joachim Winckelmann, die Dichter Christian Fürchtegott Gellert, Karl Wilhelm Ramler, Ewald Christian von Kleist und Johann Wilhelm Ludwig Gleim.

Den Aufklärungsphilosophen Christian Wolff hat Friedrich II. immerhin gelesen, geschätzt und sogar rehabilitiert. Sein Vater hatte den Professor an der Hallenser Universität wegen Atheismusvorwürfen seines Amtes enthoben und in die Verbannung geschickt. „Die Philosophen sollen die Lehrer der Welt und die Lehrmeister der Fürsten sein. Sie sollen folgerichtig denken und folgerichtig handeln. Sie sollen die Welt durch ihre Urteilskraft belehren und wir durch unser Beispiel. Sie sollen entdecken und wir in die Praxis umsetzen. Seit langem lese und studiere ich Ihre Werke und bin überzeugt, daß alle, die sie gelesen haben, den Verfasser bewundern müssen", heißt es 1740 in einem Brief des Kronprinzen Friedrich an den aus Preußen verjagten Philosophen.[8]

Immanuel Kant hingegen ließ der König vierzehn Jahre auf eine Professur für Logik und Metaphysik an der preußischen Universität in Königsberg warten. Erst 1770 billigte er einen Berufungsvorschlag des Ministers Karl Abraham Freiherr von Zedlitz. Zum Mitglied der Berliner Akademie der Wissenschaften wurde Kant erst nach dem Tod des Königs im Jahr 1786. Dem verständigen Minister Zedlitz, nicht seinem König widmete Kant 1781 die *Kritik der reinen Vernunft*. Drei Jahre später skizzierte der Philosoph in der *Berlinischen Monatsschrift* unter dem Titel *Idee zu einer allgemeinen Geschichte in weltbürgerlicher Absicht* eine Alternative zur kriegerischen Außenpolitik Friedrichs II. und seiner Widersacher. Ziel der Geschichte, so Kant, müsse ein Zustand der Menschheit

sein, in dem sich die menschliche Vernunft voll entfalten kann. Zu erreichen sei das nur durch einen Rechtsstaat und einen Völkerbund, der den Frieden zwischen den Staaten garantiere. „So lange aber Staaten alle ihre Kräfte auf ihre eiteln und gewaltsamen Erweiterungsabsichten verwenden und so die langsame Bemühung der inneren Bildung der Denkungsart ihrer Bürger unaufhörlich hemmen, ihnen selbst auch alle Unterstützung in dieser Absicht entziehen, ist nichts von dieser Art zu erwarten: weil dazu eine lange innere Bearbeitung jedes gemeinen Wesens zur Bildung seiner Bürger erfordert wird."[9] Kant hofft dennoch auf die Kraft der Vernunft, die sich gegen die selbstsüchtigen „Weltregierer" durchsetzen werde. Prophetisch spricht er von notwendigen „Revolutionen der Umbildung", um dadurch zu einem „allgemeinen weltbürgerliche[n] Zustand, als der Schooß, worin alle ursprüngliche[n] Anlagen der Menschengattung entwickelt werden", zu gelangen.[10]

Die Hauptstadt hat Kant nie betreten, aber die *Berlinische Monatsschrift* intensiv genutzt, um seine Ideen unter die Leute zu bringen.[11] Herausgegeben wurde dieses Forum bürgerlicher Aufklärer von 1783 bis 1796 von dem Juristen Johann Erich Biester, der zuvor als Staatssekretär im preußischen Kultusministerium tätig gewesen war und später die Königliche Bibliothek leitete. Man darf annehmen, dass Kants Beiträge in Biesters Dienstwohnung in der „Kommode" am heutigen Bebelplatz redigiert wurden. In der *Berlinischen Monatsschrift* spekulierte Kant über den Ursprung der Mondkrater, räsonierte *Über den Gemeinspruch: Das mag in der Theorie richtig sein, taugt aber nicht für die Praxis* und bemühte sich um die *Beantwortung der Frage: Was ist Aufklärung?* Dieser berühmteste Aufsatz Kants enthält eine kritische Würdigung der Verdienste Friedrichs des Großen:

„Wenn denn nun gefragt wird: Leben wir jetzt in einem aufgeklärten Zeitalter? so ist die Antwort: Nein, aber wohl in einem Zeitalter der Aufklärung. Daß die Menschen, wie die Sachen jetzt stehen, im Ganzen genommen, schon im Stande waren, oder darin auch nur gesetzt werden könnten, in Religionsdingen sich ihres eigenen Verstandes ohne Leitung eines Andern sicher und gut zu bedienen, daran fehlt noch sehr viel. Allein, daß jetzt ihnen doch das Feld geöffnet wird, sich dahin frei zu bearbeiten, und die Hindernisse der allgemeinen Aufklärung, oder des Ausganges aus ihrer selbst verschuldeten Unmündigkeit, allmälig weniger werden, davon haben wir doch deutliche Anzeigen. In diesem Betracht ist dieses Zeitalter das Zeitalter der Aufklärung, oder das Jahrhundert Friederichs."

Mit dem religiösen Toleranzgebot, so Kants Hoffnung, breite sich „der Geist der Freiheit auch außerhalb aus, selbst da, wo er mit äußeren Hindernissen einer sich selbst mißverstehenden Regierung zu ringen hat. Denn es leuchtet dieser doch ein Beispiel vor, daß bei Freiheit, für die öffentliche Ruhe und Einigkeit des gemeinen Wesens nicht das mindeste zu besorgen sei. Die Menschen arbeiten sich von selbst nach und nach a[u]s der Rohigkeit heraus, wenn man nur nicht absichtlich künstelt, um sie darin zu erhalten." Dazu trügen auch die Künste und Wissenschaften bei, die sich weitgehend frei von staatlicher Bevormundung entfalten könnten. Besonders hoch rechnet Kant es dem König an, dass man in Preußen die Gesetzgebung kritisieren und Gegenvorschläge machen dürfe, ohne sich dadurch in Gefahr zu begeben. „Aber auch nur derjenige, der, selbst aufgeklärt, sich nicht vor Schatten fürchtet, zugleich aber ein wohldisciplinirtes zahlreiches Heer zum Bürgen der öffentlichen Ruhe zur Hand hat, – kann das sagen, was ein Freistaat nicht wagen darf: räsonnirt so viel ihr wollt, und worüber ihr wollt; nur gehorcht! So zeigt sich hier ein befremdlicher nicht erwarteter Gang menschlicher Dinge; so wie auch sonst, wenn man ihn im Großen betrachtet, darin fast alles paradox ist. Ein größerer Grad bürgerlicher Freiheit scheint der Freiheit des Geistes des Volks vortheilhaft, und setzt ihr doch unübersteigliche Schranken; ein Grad weniger von jener verschaft hingegen diesem Raum, sich nach allem seinen Vermögen auszubreiten. Wenn denn die Natur unter dieser harten

Immanuel Kant, Gemälde von Gottlieb Doebler, 1791.

Hülle den Keim, für den sie am zärtlichsten sorgt, nämlich den Hang und Beruf zum freien Denken, ausgewickelt hat; so wirkt dieser allmählig zurück auf die Sinnesart des Volks, (wodurch dieses der Freiheit zu handeln nach und nach fähiger wird), und endlich auch sogar auf die Grundsätze der Regierung, die es ihr selbst zuträglich findet, den Menschen, der nun mehr als Maschine ist, seiner Würde gemäß zu behandeln."[12]

Dass ausgerechnet im preußischen Militärstaat ein hohes Maß an Gedankenfreiheit möglich war, musste dem Philosophen paradox erscheinen. Kants Bild vom zarten Keim der Freiheit in der harten Hülle der Subordination war getragen von der Zuversicht, dass die aufblühende Aufklärung diesen entwürdigenden Gesellschaftszustand im Preußen des großen Friedrich überwinden werde.

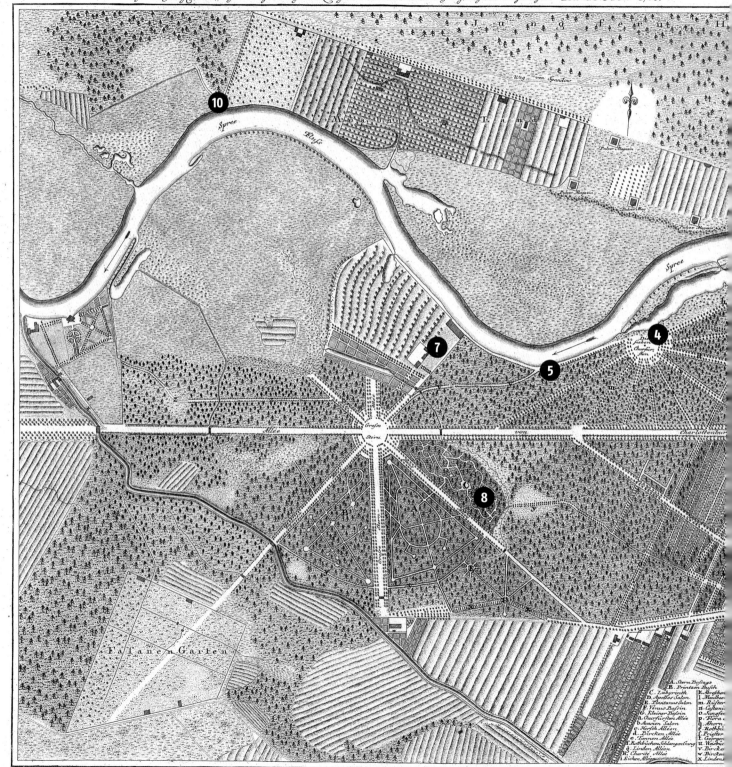

GEOMETRISCHER PLAN DES KOENIGLICHEN THIERGARTENS VOR

nach dermaliger Beschaffenheit, auf Veranstaltung der Königlichen Academie der Wissenschaften verfertiget. Berlin Anno 1765.

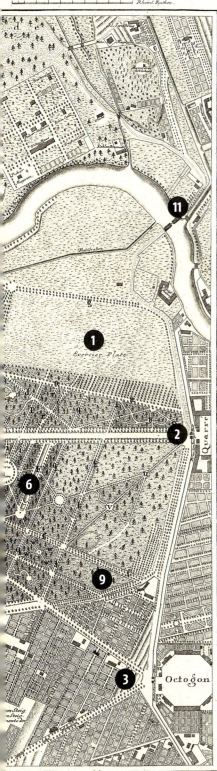

Jakob Philipp Hackert, *Das Venusbassin im Tiergarten*, 1765, und der Goldfischteich im Jahr 2022.

Plan des Königlichen Tiergartens, 1765.

1) Exerzierplatz (heute Platz der Republik)
2) Brandenburger Tor
3) Potsdamer Tor
4) Zirkel oder Kurfürstenplatz (heute Zeltenplatz)
5) Poetensteig
6) Venusbassin (heute Goldfischteich)
7) Maulbeerplantage, seit 1785 Schloss und Park Bellevue
8) Rousseauinsel (seit 1792)
9) Lessingdenkmal (seit 1890)
10) Lessingbrücke (seit 1904) „Haus Lessing" (seit 1912)
11) Lessingtheater (1885–1945)

Das alte Brandenburger Tor stand von 1734 bis 1788, danach wurde es abgerissen und durch das heute bekannte Tor ersetzt, Zeichnung von Daniel Chodowiecki, 1764, und Foto von 2022.

Tiergarten

Herkulesfigur vor dem Brandenburger Tor, Foto von 2022.

Kaum jemand nimmt Notiz von dem Herkules vor dem Brandenburger Tor. Das weltberühmte Bauwerk stiehlt der Skulptur die Schau. Außerdem fehlen ihr eine Hand und die Leier, die Herkules als Führer der Musen auswies. Verschwunden ist auch sein Gegenstück, eine Apollonfigur. Beide zusammen schmückten früher unübersehbar den Eingang in den Tiergarten. Der um 1745 geschaffene Herkules des Bildhauers Georg Franz Ebenhecht war eigentlich für Potsdam bestimmt. 1765 ließ Friedrich II. die Skulptur in den Tiergarten verfrachten und vor dem Brandenburger Tor aufstellen. Bei näherem Hinsehen erkennt man, dass dort heute nicht mehr das Original aus Marmor steht, sondern eine Kopie aus Beton.[1]

Wie das Brandenburger Tor markiert die Figur die Grenze zwischen dem Stadtgebiet des 18. Jahrhunderts und dem Tiergarten, dem ersten Naherholungsgebiet der Berliner. Als die Skulptur aufgestellt wurde, sah das Tor noch nicht so prächtig aus, wie wir es kennen. Der bescheidene Vorgängerbau stammte aus dem Jahr 1734. Damals war die Stadtgrenze Berlins neu gezogen und die Straße Unter den Linden bis zum Quarré, dem heutigen Pariser Platz, verlängert worden. Das erste Brandenburger Tor war nur ein enger Durchlass in der Stadtmauer, markiert durch zwei Schmuckpfeiler, kaum eine Sehenswürdigkeit und schon gar kein Symbol von nationaler Bedeutung. Es diente ganz praktisch der Kontrolle der Reisenden, die nach Berlin hineinwollten, und ihres Gepäcks. Hatten sie zollpflichtige Waren dabei, wurden sie umgehend zum Packhof geschickt, um dort die Akzise, eine Verbrauchssteuer, zu entrichten. Dort lernten die Ankömmlinge die preußische Bürokratie in Gestalt von Buchhaltern, Estimateurs und Visitatoren kennen, die akribisch alles beschnüffelten und registrierten.[2]

Das alte Brandenburger Tor wurde 1788, zwei Jahre nach dem Tod Friedrichs II., abgerissen. Das neue Tor verkörperte den Übergang von der friderizianischen Epoche zu einer neuen Zeit. So wie Friedrich II. nach seiner Inthronisierung darauf gedrängt hatte, möglichst schnell das Opernhaus zu errichten, um ein kulturpolitisches Zeichen zu setzen, so drängte sein Nachfolger Friedrich Wilhelm II. auf den Bau des Brandenburger Tores. Vorbild dafür waren die Propyläen, der Eingang zum Tempelbezirk des antiken Athen. Der preußische Klassizismus verdrängte das friderizianische Barock, den sogenannten Zopfstil.

Die Umgestaltung des Tiergartens zu einem öffentlichen Park geschah auf Initiative Friedrichs II. Zwischen Berlin und Charlottenburg lag ein Wald, der im 17. Jahrhundert noch bis fast zum Berliner Schloss reichte. Er diente als Jagdgebiet, Wildgehege und Holzwald und wurde durch die Berliner Stadterweiterungen entlang der Achse Unter den Linden immer weiter dezimiert. 1741 beauftragte Friedrich II. seinen Baumeister Knobelsdorff mit der Umwandlung in einen großen Park. 6 000 aus Hamburg herangeschaffte Lindenbäume wurden an der Straße nach Charlottenburg gepflanzt, neue Alleen für Spaziergänger durch den Wald geschlagen, Labyrinthe und Wasserläufe angelegt und Skulpturen aufgestellt. Alles zu dem Zweck, „daß die Bewohner der Hauptstadt hier eine bequeme und schmucke Promenade finden, wo die Reize der Kunst nur unter den ländlichen Reizen der Natur auftreten", so der königliche Auftrag.[3]

Die großen Straßen, die den Tiergarten heute durchschneiden, lassen das Gefühl eines unüberschaubaren Gartenlabyrinths nicht mehr aufkommen, wie es Friedrich Nicolai 1786 in seiner Berlin-Topografie geschildert hat: „Es ist nicht möglich, die ungemein große Anzahl von einigen hundert Alleen, die sich auf mannigfaltige Art durchkreuzen und durchschlängeln, anzuzeigen. Noch weniger ist es möglich, die großen Schönheiten dieses vortreflichen Gartens und seiner mannigfaltigen Anlagen und die glückliche Vermischung von verschiedenen Bäumen und Stauden zu beschreiben. Es sind darin Alleen und Salone von Linden, Kastanien, Ulmen, Buchen, Birken, Fichten, Tannen, alten und jungen Eichen, Akacien, Abreschen, Lerchenbäumen, Eibenbäumen, Pappeln, Erlen, Eschen, Platanus und Ahorn, und andern Bäumen so mannigfaltig und so glücklich vermischet, daß die Kunst beständig Natur zu seyn scheinet. Man kann in demselben gewiß einige Wochen lang spazieren, ohne daß man alle Gänge desselben, und alle einzelne angenehme Partien wird aufgefunden haben. In den breiten Alleen des Thiergartens

darf man fahren und reiten; die schmalen aber sind bloß zum Gehen. Niemand darf außer den Alleen gehen, oder etwas daran beschädigen, auch darf Niemand einen Hund bey sich haben, noch weniger schießen."[4]

Vieles von der barocken Anlage und Ausstattung des Parks ist bereits im 19. Jahrhundert durch die Umgestaltung zum Landschaftspark verloren gegangen. Eine Ahnung von der ursprünglichen Parkgestaltung geben noch lange Achsen wie die Bellevueallee und die Große Sternallee, der halbsternförmige Zeltenplatz, der Floraplatz und der Goldfischteich. Er wurde Venusbassin genannt, nach einer Venusstatue, die ungefähr an der Stelle des „Musikerofens" stand, des 1904 eingeweihten Denkmals für die Komponisten Haydn, Mozart und Beethoven.[5]

Ein besonders schöner Weg mit dem Namen Poetensteig führte im 18. Jahrhundert an der Spree entlang vom heutigen Haus der Kulturen der Welt bis zum Schloss Bellevue, das 1785/86 für den jüngsten Bruder Friedrichs II., den Prinzen Ferdinand, errichtet wurde. In der Nähe wurde 1792 erstmals eine Partie des Tiergartens in der Art eines englischen Landschaftsgartens gestaltet. Dabei entstand in einem Wasserlauf eine kleine Insel. Nach dem Vorbild von Jean-Jaques Rousseaus (erster) Ruhestätte im Park von Ermenonville bei Paris wurde dort etwa 1797/98 eine Urne unter Bäumen aufgestellt. Seither war die sogenannte Rousseauinsel eine Pilgerstätte für die Berlinerinnen und Berliner, die mit den naturverbundenenen Ideen des radikalen Aufklärers sympathisierten.[6]

Der absolute Lieblingsplatz des Publikums aber war immer der „Zirkel" oder Kurfürstenplatz, der heutige Zeltenplatz – denn dort durften seit 1745 Erfrischungen verkauft werden, und das sorgte für regen Betrieb. Da der Parkplaner Knobelsdorff eine dauerhafte Bebauung an diesem Ort ablehnte, waren zunächst nur zwei Leinwandzelte für den Ausschank in den Sommermonaten genehmigt worden. Darauf geht die bis heute übliche Ortsbezeichnung „In den Zelten" zurück.[7] Später

Platz bei den Zelten, Stich von Daniel Chodowiecki, 1772.

wurden aus den Zelten Bretterbuden und schließlich stabile Wirtshäuser. Von diesem Schauplatz ausgehend, entwirft Friedrich Nicolai 1775 in seinem Roman *Das Leben und die Meinungen des Herrn Magister Sebaldus Nothanker* ein Panorama der Berliner Gesellschaft:

„Sie kamen endlich Nachmittags gegen drey Uhr auf den Platz bey den Zelten, den, weil es Sonntag war, eine Menge Spaziergänger anfüllete. Zwar war noch nicht die modische sechste Stunde da, welche die schöne Welt in den Zirkel zusammen bringt, um zu sehen, und gesehen zu werden. Die Excellenzen und die gnädigen Damen hatten sich nicht längst erst zur Tafel gesetzt. Die Kenner im Essen kaueten noch an den reichgewürzten Frikasseen, schmeckten die zusammenkoncentrirten Säfte der feinen Ragouts, in Schüsseln mit Asa Fötida gerieben, und zogen im voraus das Fümet des raren Wildes in

Lessingdenkmal im Tiergarten, Foto von 2022.

sich, das ihrer Zähne wartete. Die reichen Kapitalisten, waren eben vom Burgunder und sechs und zwanziger Rheinweine gesättigt, und fiengen an, beim Desserte, den Peter Semeyns, Syrakuser, Rivesaltes und Capwein aus kleinen Gläsern zu schlürfen. Die schönen Damen bürgerliches Standes, waren eben im Begriffe zu Kaffeevisiten zu fahren, und ordneten die Geschichte des Tages, so wie sie sie erzählen wollten, in ihrem Kopfe zusammen, und die französische Kolonie war noch in der Vesperpredigt.

Kurz, es war halb vier Uhr, und es war also von der schönen Welt noch wenig zu sehen; hingegen wimmelte der Platz von den glücklichen Söhnen der Erde, die alle Sorgen der Woche am Sonntage völlig vergessen, und

sich und ihr Leben, bey einem Spaziergange, und bey einem geringen Labetrunke, herzlich genießen. Arbeiter auf Weberstühlen und in Schmiedeessen, füllten die Zelter an, und ließen ihren Groschen unter lautem Gelächter aufgehen, oder steckten ernsthaftiglich über das gemeine Beste ihre Köpfe zusammen, weißagten neue Auflagen, und fällten Urtheile über Gerüchte von bevorstehenden Kriegen.

Der Zirkel, der nach drey Stunden der Schauplatz der Schönen, vornehmen Standes, seyn sollte, war itzt vom gemeinen Manne, im besten Anputze und voll fröhliches Muthes, angefüllt."[8]

Nicht nur der Lokalpatriot Nicolai, auch zeitgenössische Reisebeschreibungen rühmten den Tiergarten als eine der größten Sehenswürdigkeiten der preußischen Hauptstadt. Er vermittelte ein Gefühl von Berliner Freiheit, weil er jedem offenstand und tatsächlich von Angehörigen aller Stände besucht wurde. Er war ein Ort für die Liebe und ein Ort, an dem es weniger soziale Kontrolle gab als anderswo: „Man spielt, verirrt sich mit Damen und Mädchen in einsame Gebüsche, verabredet Zusammenkünfte, und es steht hier nicht wie zu Wien immer ein Polizeidiener auf dem Sprung, einem verirrenden Paar auf den Fuß nachzuschleichen."[9]

Ein Monument für den Kreis der Berliner Aufklärer um Nicolai wurde am 14. Oktober 1890 in der Nähe des Potsdamer Platzes am Tiergartenrand eingeweiht. Das Lessingdenkmal ehrt nicht nur den Dichter, an seinem Sockel sind auch Bronzereliefs seiner Freunde Friedrich Nicolai, Ewald Christian von Kleist und Moses Mendelssohn angebracht. Vorangegangen waren diesem Denkmalprojekt die Aufstellung des Schillerdenkmals auf dem Gendarmenmarkt (1871) und des Goethedenkmals im Tiergarten (1880). Den Wettbewerb für das Lessingdenkmal gewann ein Urgroßneffe des Dichters, der Bildhauer Otto Lessing. Entrückt steht die

Lessinghaus und Lessingbrücke in Moabit. Ein Relief an der Brücke zeigt eine Szene aus dem Stück *Miss Sara Sampson*, Fotos von 2022.

drei Meter hohe, marmorweiße Dichterfigur auf einem ausladenden Sockel aus rotem Granit. Dabei wirkt sie ungemein lebendig mit den weichen Gesichtszügen, den naturalistischen Falten auf Hose, Weste und Rock des zeitgenössischen Kostüms. Lässig stützt Lessing die rechte Hand in die Hüfte. Ein Finger der linken Hand klemmt in einem Buch, als sei der bibliophile Autor und Kritiker eben beim Studieren überrascht worden.

Überladen mit symbolischer Bedeutung wirkt hingegen der Sockel. Ein fast nackter „Genius der Humanität", eine geflügelte Jünglingsfigur, blickt zu Lessing auf. In der einen Hand hält der Genius eine Feuerschale, ein Symbol für das Licht der Aufklärung, mit der anderen stützt er sich auf eine Texttafel, die Lessings Ringparabel aus *Nathan der Weise* zitiert. Gegenstück zu dieser Figur auf der Rückseite ist eine geißelschwingende „Allegorie der Kritik" unter dem Reliefporträt von Friedrich Nicolai.[10]

Vom Lessingdenkmal führt der Weg quer durch den Tiergarten zur Lessingstraße und Lessingbrücke. Stadt-baurat Ludwig Hoffmann ließ sie in Zusammenarbeit mit dem Ingenieur Friedrich Krause zwischen 1901 und 1904 über die Spree schlagen. Vier große Bronze-reliefs an den Sandsteinpfeilern zeigen letzte Szenen der Dramen *Miss Sara Sampson*, *Emilia Galotti*, *Minna von Barnhelm* und *Nathan der Weise*. Auch sie hat der Bild-hauer Otto Lessing entworfen. Die originalen Reliefs wurden im Zweiten Weltkrieg zu Rüstungsgut umge-schmolzen und in den 1980er-Jahren nach Fotos rekon-struiert.[11]

Am nördlichen Ende der Brücke steht weithin sicht-bar ein Gebäude mit der Aufschrift „Haus Lessing", ein 1912 errichtetes Wohnhaus. Bis zum Zweiten Weltkrieg war von der Spree aus auch das 1888 eröffnete Lessing-Theater zu sehen. Es stand am Nordufer des Spreebo-gens unweit der Kronprinzenbrücke. In der Kaiserzeit konnte es gar nicht genug Lessing-Erinnerungsorte in Berlin geben, sodass heute trotz Verlusten immer noch reichlich Anlaufpunkte für Lessing-Spaziergänge aufzu-finden sind.

Pulver Magazin

Hospital

Oranienburger Thor

Kleinburger Thor

Charlotten Graben

Stadt

Mau

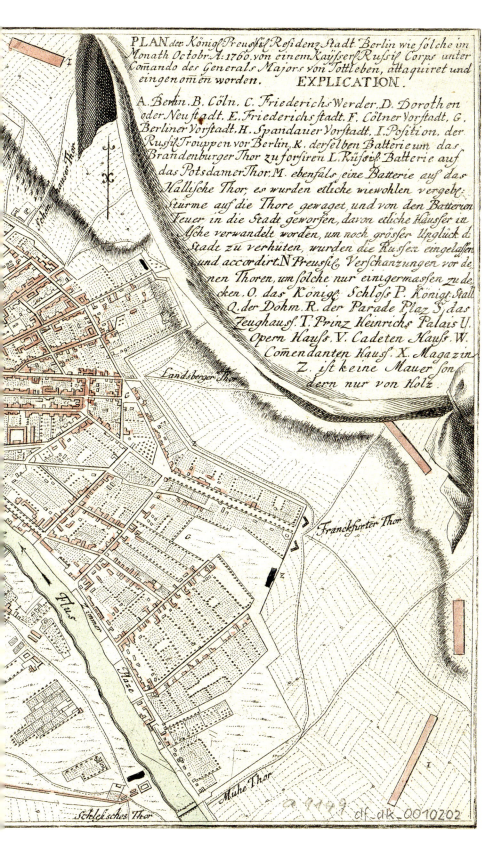

PLAN der Königl. Preussl. Residenz Stadt Berlin wie solche im Monath Octobr. A: 1760. von einem Kaysserl. Russl. Corps unter Comando des Generals Majors von Tottleben, attaquiret und eingenomen worden. EXPLICATION.

A. Berlin. B. Cöln. C. Friederichs Werder. D. Dorothen oder Neustadt. E. Friederichs stadt. F. Cölner Vorstadt. G. Berliner Vorstadt. H. Spandauer Vorstadt. I. Position. der Russl. Trouppen vor Berlin. K. derselben Batterie um das Brandenburger Thor zu forsiren L. Rüssisl. Batterie auf das Potsdamer Thor. M. ebenfals eine Batterie auf das Hallische Thor. es wurden etliche wiewohlen vergebl: sturme auf die Thore gewaget, und von den Batterien Feuer in die Stadt geworfen, davon etliche Häusser in Asche verwandelt worden, um noch grösser Unglück d. stadt zu verhüten, wurden die Russen eingelassen und accordirt. N. Preussl. Verschanzungen vor denen Thoren, um solche nur einigermassen zu decken. O. das Königl. Schloss. P. Königl. Stall. Q. der Dohm. R. der Parade Plaz. S. das Zeughaus. T. Prinz Heinrichs Palais. U. Opern Hauss. V. Cadeten Hauss. W. Comendanten Hauss. X. Magazin. Z. ist keine Mauer son dern nur von Holz.

Gabriel Nikolaus Raspe,
Plan der Einnahme von
Berlin durch russische
Truppen im Oktober 1760,
Karte von 1780.

Friedrich II. nimmt die Parade seiner Truppen ab, Stich von Daniel Chodowiecki, 1777. Rechts hinter dem Monarchen erkennt man von links nach rechts: den Prinzen von Preußen (ab 1786 König Friedrich Wilhelm II.), General Friedrich Ehrenreich von Ramin (seit 1767 Gouverneur von Berlin), den General Hans Joachim von Zieten sowie einen Adjutanten des Königs.

Exerzierplatz

Der weite Platz der Republik vor dem Reichstagsgebäude wäre noch immer ein idealer Startpunkt für eine Ballonfahrt. Am 27. September 1788 hob hier der französische Flugpionier Jean-Pierre Blanchard ab und steuerte seinen Wasserstoffballon sicher bis nach Karow. Dort erinnert der Ballonplatz an den ersten bemannten Ballonflug über Berliner Gebiet. Für Blanchard war ein solches Spektakel bereits Routine: Vier Jahre zuvor war ihm in Paris der erste Rundflug und 1785 die Überquerung des Ärmelkanals gelungen. Blanchard war auch der Erste, der sich per Fallschirm aus einem abstürzenden Ballon retten konnte. Als Schausteller auf Touren durch Europa vermarktete er seinen Ruhm bis zu seinem Tod im Jahr 1809. Danach übernahm seine junge Frau das Geschäft. Sie kombinierte die Aeronautik mit akrobatischen Übungen und Feuerwerk, dabei ging ihr Ballon eines Tages über Paris in Flammen auf, was sie das Leben kostete.

Das preußische Militär stellte dem tollkühnen Lufteroberer Blanchard 1788 seinen wichtigsten Übungsplatz in Berlin für die Demonstration französischer Luftüberlegenheit zur Verfügung. Auf Stadtplänen des 18. Jahrhunderts ist der heutige Platz der Republik als Exerzierplatz eingetragen. Um 1730 hatte ihn der „Soldatenkönig" Friedrich Wilhelm I. vor dem Brandenburger Tor großflächig anlegen lassen. Der britische Mediziner und Schriftsteller John Moore lernte hier in den 1770er-Jahren die preußische Manneszucht kennen:

„Als wir eines Morgens im Park spazirten, sahen wir einen armen Kerl derb abprügeln, und zwar blos, weil er den Ladestock nicht so geschwind als das übrige Peloton in sein Gewehr stieß. Ich kehrte mich vor Unmuth vom Anblicke weg. – Der Officier bemerkte dieß, und sagte: Nicht wahr, Sie halten die Strafe zu groß für das Verbrechen? – Da war ja kein Verbrechen, sagte ich: – Der Ladestock schlüpfte ihm zufälligerweise durch die Finger, und man kann sich unmöglich einbilden, daß der Mann den

Ballonfahrt von Jean-Pierre Blanchard am 27. September 1788, zeitgenössische Farblithografie.

geringsten Vorsatz gehabt, diese wichtige Bewegung weniger geschwind als seine Mitsoldaten zu verrichten. Ein Soldat, versetzte mein Preußischer Bekannter, muß alles, was sein Officier ihm befiehlt, für wichtig halten. Allem Vermuthen nach war sein Versehen unvorsetzlich: man kann aber unmöglich unvorsetzliche Fehler allezeit von Fehlern der Unachtsamkeit unterscheiden. Um jedem die Hoffnung, daß ihm sein Versehen als unvorsetzlich

Rekonstruiertes Stück der Akzisemauer an der Stresemannstraße in Kreuzberg, Foto von 2022.

möchte verziehen werden, zu benehmen, werden alle Fehler, von welcher Ursache sie auch herrühren mögen, bestraft. Die Folge davon ist, jeder Mann ist deswegen aufmerksamer und flinker als er sonst seyn würde. Ich erinnere mich, setzte er hinzu, daß es an Feldtagen etwas sehr gewöhnliches war, daß der Wind den Dragonern ihre Hüte wegwehete. Niemand hatte sie im Verdacht, als ob sie den Wind bestochen hätten, ihnen diesen Streich zu spielen: und doch, da ein General sich über diese häufigen Zufälle ärgerte, und Befehl gab, einen jeden, dem er begegnen würde, dafür abzustrafen, und dieser Befehl strenge vollzogen wurde, sind die Hüte seit derselben Zeit viel seltener vom Winde weggewehet worden."[1]

Soldaten exerzierten und paradierten auch auf öffentlichen Plätzen innerhalb der Stadtmauer wie dem Lustgarten (damals „Paradeplatz") und dem Wilhelmplatz (auf dem ab 1779 Denkmale für gefallene Generäle Friedrichs II. aufgestellt wurden). Für größere Manöver und die jährliche Musterung der Regimenter stand eine Hochebene südlich der Stadtmauer, das heutige Tempelhofer Feld, zur Verfügung. Im Spätsommer 1756 nahm der Schweizer Musketier Ulrich Bräker an Militärübungen in Berlin teil:

„Da gieng's nun alle Tag vor die Thore zum Manövriren; links und rechts avanziren, attaquiren, retiriren,

ploutons und divisionsweise schargieren, und was der Gott Mars sonst alles lehrte. Endlich gedieh es zur Generalrevüe; und da gieng's zu und her, daß dieß ganze Büchelgen nicht klecken würde, das Ding zu beschreiben; und wenn ich's wollte, so könnt ich's nicht. [...] Da waren unübersehbare Felder mit Kriegsleuthen bedeckt; viele tausend Zuschauer an allen Ecken und Enden. Hier stehen zwey grosse Armeen in künstlicher Schlachtordnung; schon brüllt von den Flanken das grobe Geschütz auf einander los. Sie avanziren, kommen zum Feuer, und machen ein so entsetzliches Donnern, daß man seinen nächsten Nachbar nicht hören und vor Rauch nicht mehr sehen kann: Dort versuchen etliche Bataillons ein Heckenfeuer; hier fallen's einander in die Flanke, da blokiren sie Batterien, dort formiren sie ein doppeltes Kreutz. Hier marschieren sie über eine Schiffbrücke, dort hauen Küraßiers und Dragoner ein, und sprengen etliche Schwadrons Husaren von allen Farben auf einander los, daß Staubwolken über Roß und Mann emporwallen. Hier überrumpeln's ein Lager; die Avantgarde, unter deren ich zu manövriren die Ehre hatte, bricht Zelten ab, und flieht. – Doch noch einmal: Ich müßte ein Narr seyn, wenn ich glaubte, hier eine Preußische Generalrevüe beschrieben zu haben."[2]

Der Autor Ulrich Bräker stammte wie die meisten Soldaten aus einfachen Verhältnissen. In Schaffhausen war der zwanzigjährige Bauernsohn aus der Schweiz von dem preußischen Werbeoffizier Johann Markoni mit falschen Versprechungen für das preußische Militär angeworben worden. Bräker hielt Markoni für einen polnischen Edelmann und hoffte, als Diener bei ihm unterzukommen. Als er aber am 8. April 1756 in der Krausenstraße in Berlin eintraf, erkannte er mit Schrecken, dass er Rekrut geworden war. Bis zum 22. August 1756 wurde Bräker in Berlin zum Musketier ausgebildet, dann ging es durch das Köpenicker Tor Richtung Sachsen. In der Schlacht von Lobositz gegen die Österreicher gelang es Bräker zu desertieren; er kehrte zu seiner Familie in die Schweiz zurück, wurde Kleinbauer und veröffentlichte 1789 seine *Lebensgeschichte und natürliche Ebentheuer des Armen Mannes im Tockenburg*. Aus der Innenperspektive eines einfachen Soldaten schildert er die ganze Brutalität des Alltags im preußischen Heer.

Unter Friedrich II. wuchs die Armee von 76 000 auf 190 000 Mann an, darunter 110 000 angeworbene Ausländer. Landeskinder konnten sich vom Militärdienst freikaufen. Bei der Rekrutierung der Söldner waren die Werber nicht wählerisch, es waren viele gescheiterte Existenzen und Kriminelle darunter, die sich so vor dem Zuchthaus retteten. Sie wurden zu willenlosen Kriegsmaschinen abgerichtet. Von einer „soldatischen Sklaverey" spricht John Moore, schlimmer als die Unterdrückung von Afrikanern in den Kolonien.[3] „Unter diesen Umständen waren alle Disciplinareinrichtungen so getroffen, als ob das ganze Heer aus Menschen bestände, welche nur durch barbarische, härteste Strafmittel nothdürftig in Ordnung zu halten seien, und diese Strafen wurden mit Unbarmherzigkeit angewandt, weil man überzeugt war, daß nur die furchtbarste Mannszucht imstande sei, den Soldaten zu zügeln", schrieb Karl Friedrich von Klöden, der als Sohn eines Unteroffiziers in der Berliner Artilleriekaserne in der Friedrichstraße 107 (heute steht dort der Friedrichstadtpalast) aufwuchs. Täglich versuchten Soldaten zu desertieren oder sich das Leben zu nehmen: „Manche ergriffen den Ausweg und tödteten ein Kind in der Verzweiflung, um als Mörder ergriffen und hingerichtet zu werden, und dies gehörte nicht zu den ungewöhnlichen Fällen, ja ich selber bin einmal, wie mir meine Mutter erzählt hat, einer solchen Gefahr kaum entgangen."[4]

Über die Strafe des öffentlichen Spießrutenlaufens schrieb Ulrich Bräker: „Bald alle Wochen hörten wir nämlich neue ängstigende Geschichten von eingebrachten Deserteurs, die, wenn sie noch so viele List gebraucht, sich in Schiffer und andre Handwerksleuthe, oder gar in Weibsbilder verkleidt, in Tonen und Fässer versteckt, u. d. gl. dennoch ertappt wurden. Da mußten wir zusehen, wie man sie durch 200. Mann, achtmal

die lange Gasse auf und ab Spießruthen laufen ließ, bis sie athemlos hinsanken – und des folgenden Tags aufs neue dran mußten; die Kleider ihnen vom zerhackten Rücken heruntergerissen, und wieder frisch drauf losgehauen wurde, bis Fetzen geronnenen Bluts ihnen über die Hosen hinabhingen."[5]

Die etwa vier Meter hohe Stadtmauer, die das Berliner Stadtgebiet seit 1734 umschloss, sollte das Desertieren der Soldaten erschweren. An der Stresemannstraße, unweit der Ruine des Anhalter Bahnhofs, sind 1987 Fundamente freigelegt worden, außerdem wurde ein Stück Mauer wiederaufgebaut. Zur Verteidigung der Stadt war sie zu schwach, im Winter 1744/45 jedoch wurde sie mit Gräben, Erdwällen und Gerüsten provisorisch verstärkt, da eine Einnahme der Stadt durch österreichische Truppen drohte.

Spießrutenlaufen und Stäupen, Illustration von Daniel Chodowiecki aus dem *Elementarwerk* von Johann Bernhard Basedow, 1774.

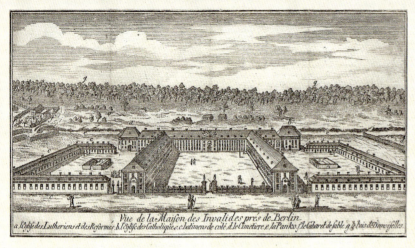

Das Invalidenhaus aus der Vogelschau, Druckgrafik um 1785. Das Foto von 2022 zeigt den nördlichen Seitenflügel an der Scharnhorst-straße, auf dem Stich ist dieser Gebäudeteil rechts von der Mitte (über dem Wort „Berlin") abgebildet.

Von direkten Kriegshandlungen blieb Berlin weitgehend verschont. Am 16. Oktober 1757 besetzten österreichische Truppen die Stadt für einen Tag und zogen sich nach Zahlung einer Kontribution rasch wieder zurück. Am 3. Oktober 1760 ließ dann der russische General Heinrich von Tottleben Berlin von Süden mit Haubitzgranaten und Feuerkugeln beschießen. Letztere hatte er „mit langen Pech- und Schwefelkränzen versehen lassen, um dadurch desto eher die Gebäude in Brand zu setzen. Eine davon zündete auch sogleich ein Haus in der Lindenstraße neben dem Kammergerichte an, wodurch eine allgemeine Furcht vor Gefahr und einer großen Feuersbrunst entstand. Allein, da eine außerordentliche Windstille war, und die Anstalten zum Löschen in gehöriger Bereitschaft standen, so brannte nur ein Haus ab, und die mehresten Kugeln fielen ohne Wirkung in die Straßen oder Gärten nieder."[6] Eine Kanonenkugel traf sogar eine Ecke des Schlosses, was den Dichter Karl Wilhelm Ramler zu einer Ode *Auf ein Geschütz* inspirierte: „O du, dem glühend Eisen, donnernd Feuer / Aus offnem Aetnaschlunde flammt, / Die frommen Dichter zu zerschmettern, Ungeheuer, / Das aus der Hölle stammt!"[7]

Auch „in den Linden- und Markgrafenstraßen hatten viele Häuser an den Dächern, Giebeln, Schornsteinen,

Fenstern und anderen Theilen gelitten, so daß sie nachmals stark ausgebessert werden musten. Außerdem war der Schade, welchen die Bewohner der Friedrichsstadt erlitten, sehr beträchtlich, denn da sich dieselben in denen dem Thore zunächst gelegenen Häusern nicht lebensicher zu seyn glaubten, so nahmen sie in Eil von ihren Haabseeligkeiten dasjenige zusammen, was sie nur fortschleppen konnten, und eilten mit Weib und Kind nach dem anderen Ende der Stadt. Der Anblick davon war äußerst traurig. Während diese armen Menschen mit Wehklagen einen Zufluchtsort suchten, sahe man die Luft durch die Feuerkugeln erleuchtet, wozu denn noch das Läuten der Glocken, das Lärmen der Feuertrommeln und das Hörnerblasen der Nachtwächter hinzu kamen, und dadurch diese Szenen noch schauderhafter machten."[8]

In der folgenden Nacht wurden die russischen Angreifer dreimal von den schwachen preußischen Verteidigern zurückgeschlagen. In den Tagen danach kam es immer wieder zu Scharmützeln vor der Stadtmauer. Für den 7. Oktober 1760 erwarteten die Bürgerinnen und Bürger eine Entscheidungsschlacht um Berlin – doch diese fiel ins Wasser, da „gegen acht Uhr Morgens sich ein entsetzlicher Sturm erhob, der mit Platzregen untermischt war, und den ganzen Tag über anhielt, so daß nichts vorgenommen werden konnte, und es bloß bei einer Kanonade ohne Würkung blieb".[9] Die erschöpften und zahlenmäßig unterlegenen preußischen Truppen in der Stadt nutzten die Gelegenheit, sich in Richtung Spandau aus dem Staub zu machen. Am 8. Oktober 1760 übergab der Magistrat die Stadt kampflos. Gegen die Zahlung von zwei Millionen Talern, sogenannten Brandschatzungsgeldern, zogen die Russen und Österreicher vier Tage später wieder ab. Während sie das Eigentum der Bürger verschonten, plünderten sie alle königlichen Magazine, das Zeughaus und den Marstall, zerstörten die Öfen in der königlichen Eisengießerei, die königliche Münze und die Pulvermühlen. Auch die Schlösser in Charlottenburg, Schönhausen und Friedrichsfelde wurden verwüstet. Von den Höfen und Gütern um Berlin raubten die feindlichen Soldaten 9 000 Rinder und 15 000 Schafe, das Dorf Schöneberg setzten sie in Brand. Die Plünderungen und die mangelhafte Bestellung der Felder führten zu einer Verknappung und Verteuerung der Lebensmittel, die vor allem die ärmere Stadtbevölkerung hart traf.

Um die Not der unversorgten Kriegsinvaliden zu lindern, hatte der König bereits 1746/48 das Invalidenhaus in der Nähe der Charité errichten lassen. Durch Landwirtschaft und Handwerk sollten sich die ausgedienten und versehrten Soldaten selbst ernähren und so dem Staatshaushalt nicht zur Last fallen. Das Leben im Invalidenhaus war militärisch organisiert. Nord- und Südflügel der Anlage sind heute Teil des Bundesministeriums für Wirtschaft und Klimaschutz an der Invaliden- und Scharnhorststraße. Mit dem Invalidenhaus wurde der benachbarte Invalidenfriedhof angelegt, auf dem im 19. und frühen 20. Jahrhundert zahlreiche namhafte Militärs bestattet wurden. Aus dem 18. Jahrhundert haben (rechts vom Eingang an der Scharnhorststraße 25) die repräsentativen Grabmale der Invalidenhauskommandanten Ernst Otto von Reineck und Michael Ludwig von Diezelsky (nach einem Ent-

Grabmal des Invalidenhauskommandanten Michael Ludwig von Diezelsky, Foto von 2022.

wurf des Malers Bernhard Rode) die Zeit überdauert. Das Grab für den preußischen General Hans Karl von Winterfeldt wurde erst 1857 eingeweiht, hundert Jahre nach der Schlacht bei Moys, bei der er einen Säbelhieb abbekommen hatte, den er nicht überlebte. Als die Gebeine auf den Invalidenfriedhof umgebettet wurden, schmückte man den Grabstein mit zwei Friedrich II. zugeschriebenen Zitaten: „Gegen die Menge meiner Feinde hoffe ich noch Rettungsmittel zu finden, aber einen Winterfeld [sic!] finde ich nicht wieder", soll der König gesagt haben, und: „Er war ein guter Mensch, ein Seelenmensch, er war mein Freund."

Die preußische Königin Elisabeth Christine, im Hintergrund ihr Sommersitz Schloss Schönhausen, Gemälde von Frédéric Reclam, um 1765.

Schönhausen

„Den 8ten des Vormittags kam ein Wachtmeister mit 8 Husaren welche gleich mit der hessigsten Bedrohung, das Köngl. Silber haben wolten, visitirten das Schloß und alle Häuser durch und durch rißen die attlaßnen grünen Tapeten, Gardienen, Stühle, Canapées und Ihro Köngl. Majestät attlaßen Bett mit aller Gewalt ab, schlugen Spinde und Commoden auf, nahmen alles weg, was ihnen anstand, ließen sich dabey mit eßen und trinken wohl bewirthen, und begaben sich nachgehends bey dem Castellan in's Hauß, brachten ihm in eine Stube und seine Frau in die andre, zogen beyde gantz nackend aus, peitschten ihm mit Kantschus und Ladestöcke auf das grausamste, sowie sie seine Frau nackend zu Boden warffen und mit 6 Ruthen (welche sie dazu aus seinem Garten geschnitten) von unten bis oben auf das allerunbarmherzigste geißelten, und nachdem sie ihre Schandthaten nicht weiter treiben konten, kniffen sie beyde mit glüenden Zangen und strichen die Rücken damit auf und nieder. Nach diesen Mördereyen rief einer von ihnen den Castellan alleine, forderte Geld und erhielt von ihm noch 20 Thlr. Diese thaten auch die Würkung, daß er den andern zurief: Die Preußen kommen, fort! fort! Worauf sie sich alle zu Pferde setzten und davon jagdten." So lebhaft schilderte der Kastellan des Schlosses Schönhausen einen Überfall marodierender Soldaten in der Zeit vom 7. bis 12. Oktober 1760, als österreichische und russische Truppen Berlin einkesselten und die Gegend unsicher machten. Im schutzlosen Pankow und Schönhausen wurden Männer, Frauen und Kinder „auf eine recht viehische Art gemißhandelt", vergewaltigt und ermordet.[1]

Nach dem Ende des Siebenjährigen Krieges ließ Königin Elisabeth Christine das geplünderte Sommerschloss nicht nur wiederherstellen, es wurde vergrößert und erhielt so seine heutige Gestalt. Schloss Schönhausen war das Pendant zu Sanssouci, dem Sommeraufenthalt des Königs. Wie dort öffneten sich die Rokoko-Säle mit ihren Blumengirlanden aus Gold und Silber ebenerdig zu einem weitläufigen Barockgarten, der aber in Schönhausen verloren gegangen ist. Ihn teilt heute eine Mauer, die in den DDR-Jahren um den inneren Schlossbezirk gezogen wurde, als das Haus Amtssitz des Präsidenten und Gästehaus der DDR-Regierung war. Aus der Zeit Elisabeth Christines erhalten sind die prächtige Barocktreppe im Schloss und ein heller Rokoko-Festsaal, der einzige original erhaltene Raum dieser Art in Berlin. Wie zu Zeiten der Königin schaut man von dort auf ein kreisrundes Wasserbecken, umgeben von vier imposanten Platanen. Diese alten Bäume reichen höher als das Schloss. Tapfer kämpfen die Schlossgärtner darum, diese vier Riesen aus dem 18. Jahrhundert in Zeiten des Klimawandels am Leben zu erhalten.

Schon dem prunkliebenden ersten Preußenkönig Friedrich I. gefiel es in Schönhausen. Um 1700 ließ er ein bestehendes Haus ankaufen, zum Lustschloss ausbauen und einen Barockgarten anlegen. Unter der Regentschaft seines Sohnes Friedrich Wilhelms I. verfiel beides. Friedrich II. schenkte das Schloss 1740 der Königin, die ihn danach nur noch selten zu Gesicht bekam. Am 15. Mai 1745 schrieb sie ihrem Bruder Ferdinand von Braunschweig-Wolfenbüttel: „Schönhausen ist mir nie so schön vorgekommen wie jetzt [...], das erste junge Grün macht mir so viel Freude zu sehen. Wir gehen den

Die Gartenseite von Schloss Schönhausen, Foto von 2022.

ganzen Tag spazieren; diesen Morgen erging ich mich mit meiner Schwester, gefolgt von mehreren meiner Damen, und wir nahmen den Kaffee in einer der neuen Lauben ein, die ich vor kurzem am Ende des Gartens errichten ließ, wo man den Gesang der Nachtigallen hört und das Murmeln des Wassers. […] Wenn es nicht zu heiß ist, nehme ich ein Buch und setze mich in das kleine Gehölz. Ich bin meist allein und finde, dass die Gesellschaft der Bücher besser ist, als die meines Gefolges, das doch nur tut was ihm beliebt, und sich meinetwillen gar nicht darin stören lässt […]."[2]

Um mehr Platz für ihren Hofstaat und Gäste zu gewinnen, ließ Elisabeth Christine das Schloss 1764 erheblich vergrößern. Üblicherweise herrschte hier eine friedliche und spielerisch-heitere Stimmung. Der englische Reisende John Moore berichtete 1779 über den „Courtag" der Königin, der einmal in der Woche stattfand:

„Die Prinzen, der Adel, die fremden Gesandten und Ausländer, machen ihr bey dieser Gelegenheit um fünf Uhr des Abends ihre Aufwartung. Wenn Ihre Majestät den Kreis herum spazirt ist, und einem jeden ein paar

Worte gesagt hat, setzt sie sich zum Kartenspiele nieder. Die Königin hat ihren eigenen Spieltisch, und jede von ihren Prinzeßinnen hat einen. Jede unter ihnen wählt sich ihre eigene Gesellschaft. Die übrige Gesellschaft zeigt sich ein paar Minuten lang an jeder von diesen Spieltafeln; sodann ist die Aufwartung für denselben Tag vorüber, und sie spatziren darauf im Garten, oder formiren Spielgesellschaften in den andern Zimmern, wie ihnen beliebt, und kehren in der Abenddämmerung nach Berlin zurück. An gewissen besondern Abenden ladet Ihre Majestät eine ansehnliche Zahl von der Gesellschaft zum Nachtessen ein, und diese bleiben sodann bis um Mitternacht dort.

Der Hof der Königin gleicht den andern Europäischen Höfen; der zu Sans-Souci hingegen ist nach einem ganz neuen Plane eingerichtet. Dort werden keine Fremde, und auch sonst keine Personen aufgenommen, als nur diejenigen allein, die wirkliche Geschäfte beym Könige haben. […]

Die Assembleen von Schönhausen sind die einzigen eingeführten öffentlichen Versammlungen der Berlinschen Frauenzimmer von Stande, während des Sommers: man bekömmt aber die Hofdamen oft in den Häusern der fremden Gesandten zu sehen."[3]

Anders als für Friedrich II. spielte für die Königin die Religion eine zentrale Rolle in ihrem Leben. Sie verfasste 1776 eine eigene Schrift *De l'amour pour dieu* und übersetzte mehrere theologische Werke ins Französische, darunter eine Abhandlung des Berliner Predigers Johann Joachim Spalding über die Bestimmung des Menschen. Nicht weniger als vierzehn schriftstellerische Arbeiten werden ihr zugerechnet, für die sich ihr Ehemann jedoch kein bisschen interessierte. Nach Friedrichs Tod ließ die Königin geistliche Oden des geschätzten deutschen Dichters Christian Fürchtegott Gellert drucken, die sie in französischer Sprache nachgedichtet hatte.[4]

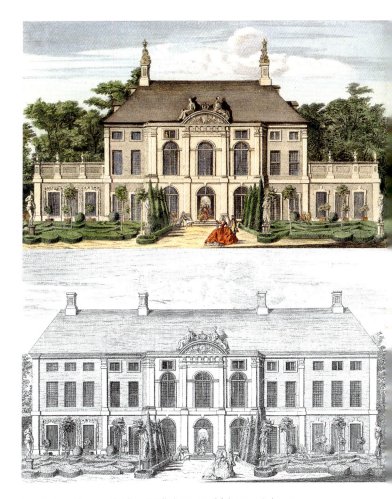

Die Gartenseite von Schloss Schönhausen, Stiche von Johann David Schleuen, vor und nach der Erweiterung im Jahr 1764.

War es also doch mehr als ein reiner Höflichkeitsbesuch, den Goethe am 20. Mai 1778 der preußischen Königin in Schloss Schönhausen abstattete, hatte sie vielleicht von den *Leiden des jungen Werthers* zumindest gehört? Goethe hat sich dazu nicht geäußert. Der abwesende preußische König hätte es allerdings als Affront empfunden, wenn der mit ihm verbündete Herzog Carl August von Sachsen-Weimar-Eisenach und sein Minister Goethe die Landesmutter bei ihrer Berlinvisite ig-

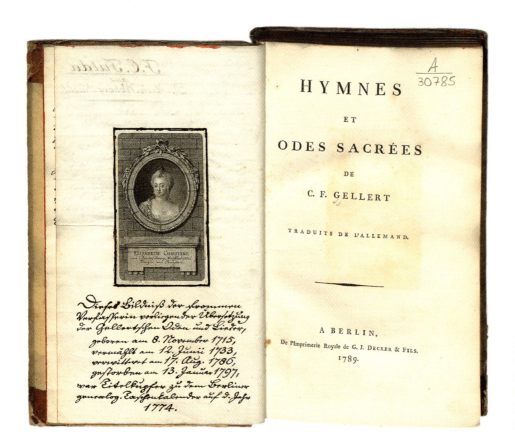

HYMNES

ET

ODES SACRÉES

DE

C. F. GELLERT

TRADUITS DE L'ALLEMAND.

A BERLIN,
De l'Imprimerie Royale de G. J. DECKER & FILS.
1789.

Elisabeth Christines Übersetzung von Oden Christian Fürchtegott Gellerts erschien 1789 beim Hofbuchdrucker Decker in Berlin.

noriert hätten.[5] Friedrich II. lebte seit seiner Krönung zwar strikt getrennt von der Königin, ihr fiel jedoch die Aufgabe zu, ihn von lästigen Repräsentationspflichten zu entbinden, sei es nun im Sommer in Schönhausen oder im Winter im Berliner Schloss.

Hoch angesehen am Hof Elisabeth Christines war Anna Louisa Karsch. „Mich hören die Königin, die Prinzen und Prinzeßinen" schrieb die Dichterin stolz in ihrem Lebensabriss.[6] 1761 war sie der Königin erstmals in Magdeburg vorgestellt worden, im folgenden Jahr schrieb sie das Libretto für eine Passionskantate, die Prinzessin Amalie, eine Schwester Friedrichs II., komponierte, und erhielt dafür 100 Taler.[7] Etliche Huldigungsgedichte auf die Herrscherfamilie wurden mit Wohlwollen registriert und mit Geldgeschenken bedacht. Dass die Karschin auch ins Sommerschloss der

Königin gerufen wurde, belegt ein auf den 4. September 1769 datiertes Gedicht mit dem Titel *Sr. Hochfürstl. Durchlaucht dem Herzog Ferdinand von Braunschweig-Wolfenbüttel im Königl. Garten zu Schönhausen unterthänigst gewidmet*: „Du großer Ferdinand, ich brannte Dich zu sehn / Dort wo die Koeniginn jezt wohnet / [...] / Ich fand mich stark genug, und flog dem Garten zu / Wo Deine Schwestern Dich genossen; [...]."[8]

Es führt sogar eine Spur von der Königin zur Haskala, der jüdischen Aufklärung in Berlin, nämlich zu dem Arzt Marcus Élieser Bloch, der als Naturforscher über die Stadt hinaus berühmt war.[9] Blochs Fischpräparatesammlung umfasste mindestens 1 363 Exemplare, von denen noch rund 800 Exemplare im Museum für Naturkunde vorhanden sind.[10] Weitgehend auf eigene Kosten publizierte der Forscher zwischen 1782 und 1795 in

Marcus Élieser Bloch, Gemälde von Johann Christoph Frisch, um 1775/80.

Goldschlei aus Schönhausen, Abbildung in Marcus Élieser Blochs *Naturgeschichte der Fische*, 1784.

zwölf Bänden die *Allgemeine Naturgeschichte der Fische*.[11] Diese erste fischkundliche Enzyklopädie in Deutschland war mit 432 handkolorierten Kupferstichen ausgestattet. Während sich König Friedrich II. nicht sehr für Naturwissenschaft interessierte, förderte Königin Elisabeth Christine Blochs Buchprojekt. Im Kapitel über den Goldschlei schreibt Bloch: „Den hier abgebildeten habe ich der Gnade Ihro Majestät unserer Königin zu verdanken. – Allerhöchstdieselben ließen vor dreizehn Jahren dreißig Stück davon aus Schlesien kommen und solche in Ihrem Karpfenteich zu Schönhausen einsetzen […]. Der Schlei lebt gewöhnlich, wie die übrigen dieses Geschlechts, von Grundkräutern und Würmern; in Schönhausen füttert man ihn, wie den Karpfen, im Sommer mit Brodt, im Winter aber, weil die Fische nur selten an die Oberfläche kommen, mit gekochten Erbsen und Bohnen, welche bald auf den Grund fallen. Merkwürdig ist es indessen, daß der Goldschlei, wenn durch eine Glocke das Zeichen zur Fütterung gegeben wird, sich nicht mit dem Karpfen zugleich einfindet, sondern nur erst alsdann erscheint, wenn, nach bereits eingeworfenem Futter, die Karpfen dadurch, daß sie es sich einander weg zu haschen suchen, ein Geräusch verursachen."[12]

Zur Freude der Kinder, die mit ihren Eltern Schönhausen besuchen, schwimmen auch heute wieder kapitale Goldschleie träge im trüben Wasser des runden Bassins auf der Gartenseite des Schlosses. Füttern verboten! Der Forscher Bloch durfte sogar einen königlichen Goldschlei mit nach Hause nehmen: „Diesen Fisch erhielt ich eine geraume Zeit im Brunnenwasser, welches ich von Zeit zu Zeit erneuern und etwas Brodt hinein werfen ließ und er befand sich hierbei eben so munter, als im fließenden Wasser, womit er die erste Zeit versehen wurde. Sein Leben ist überaus zähe, denn er überlebte den Gründling, die Güster, die Plötze, das Rothauge und auch so gar den gemeinen Schlei, welche ich nach und nach zu ihm in das Gefäß setzen ließ."

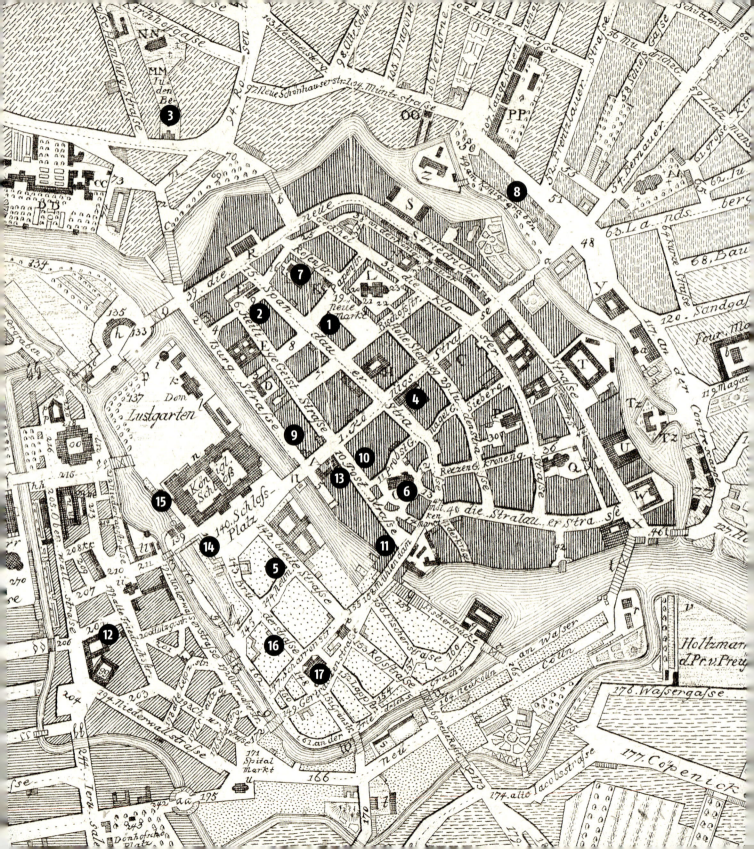

Das Berliner Rathaus mit dem 1692 bis 1695 errichteten barocken Anbau an der Spandauer Straße 55, Stich von 1796 und Foto des Roten Rathauses von 2022.

Das Berliner Rathhaus
von der Seite in der Spandauer Strasse

46

Bey Simon Schropp et Compf. in Berlin 1796.

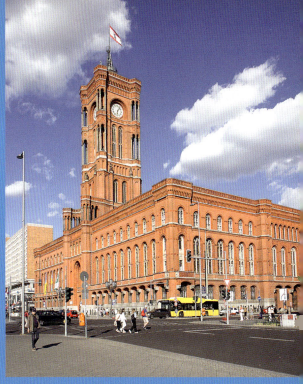

Adressen von Mendelssohn, Lessing und Nicolai

1) Spandauer Straße 68, zerstört, seit 2016 Bodendenkmal. Zeitweise Wohnort von Johann Wilhelm Ludwig Gleim, Karl Wilhelm Ramler, Christlob Mylius, Gotthold Ephraim Lessing, Friedrich Nicolai und Moses Mendelssohn (dort wohnhaft 1762 bis 1786)
2) Synagoge in der Heidereutergasse (seit 1714), zerstört, Gedenktafel und Bodendenkmal
3) Alter jüdischer Friedhof mit Grabstein für Moses Mendelssohn und Jüdisches Gymnasium mit Gedenktafel, Große Hamburger Straße 26 und 27
4) Berliner Rathaus (Neubau), 1721 bis 1767 Geschäftsadresse der *Berlinischen privilegirten Zeitung* (*Vossische Zeitung*)
5) Verlag von Christian Friedrich Voß, Breite Straße 9, seit 1763
6) Nikolaikirchhof 10, abgetragen, seit 1986 Nikolaikirchplatz 7 (rekonstruiert), Wohnung Lessings 1752 bis 1755
7) Heiligegeiststraße 52, zerstört, heute DomAquarée, Wohnung Lessings 1758 bis 1760
8) Am Königsgraben 10, zerstört, Wohnung Lessings (1765/66) und Lessing-Museum (1908 bis 1910)
9) Burgstraße 12, zerstört, ehemals Hotel „König von Portugal", Schauplatz von *Minna von Barnhelm*
10) Poststraße 30, zerstört, Hotel „Zum Schwarzen Adler", Postadresse von Lessing im Jahr 1766
11) Palais Ephraim, Poststraße 16, 1766 errichtet, 1936 abgetragen, 1987 rekonstruiert
12) Königliche Bank im Jägerhof, seit 1765, zerstört, Infostele
13) Poststraße 4, zerstört, Geburtshaus Friedrich Nicolais
14) An der Stechbahn, abgetragen, Verlagsbuchhandlung Nicolais 1763 bis in die 1780er-Jahre
15) Schloßfreiheit, abgetragen, Verlagsbuchhandlung Nicolais in den 1780er-Jahren
16) Brüderstraße 13, seit 1788 Wohnort Nicolais und Sitz seines Verlags, Buchhandlung bis 1891. Zweite Adresse des Lessing-Museums (1910 bis 1936)
17) Petrikirche, 1809 abgebrannt, Bauplatz des „House of One"

Planausschnitt aus Karl Ludwig von Oesfeld, Grundriss der Königlichen Residenzstädte Berlin, Berlin 1778.

IN DIESEM HAUSE
LEBTE UND WIRKTE UNSTERBLICHES
MOSES MENDELSSOHN
GEB. IN DESSAU 1729. GEST. IN BERLIN 1786.

Bodendenkmal von
Micha Ullman an der
Spandauer Straße,
im Hintergrund die
Marienkirche, Foto
von 2017.

Spandauer Straße 68

Die weite Fläche zwischen Fernsehturm und Humboldt Forum, Rotem Rathaus und Marienkirche war im 18. Jahrhundert mit zahllosen kleinen Bürgerhäusern bebaut. Sie reichten von allen Seiten dicht bis an die mittelalterliche Kirche heran, die heute als Solitär frei im Raum steht. Bischofstraße, Papenstraße, Heiligegeiststraße, Burgstraße und Neuer Markt, früher stadtbekannte Adressen, sind ausgelöscht. Kürzlich erst wurden die Grundrisse einiger Häuser um die Marienkirche farblich im Straßenpflaster markiert. Ein Tastmodell des Marienviertels, für Blinde gedacht, hilft gleichermaßen Sehenden, sich die verschwundene Altstadt vorzustellen.

Um die Marienkirche lebten im 18. Jahrhundert viele jüdische Familien. Einen Steinwurf entfernt, in der Heidereutergasse, durfte die Gemeinde 1714 eine von außen unscheinbare, im Inneren umso prächtigere Synagoge einweihen. In einer Grünanlage ist der Grundriss des zerstörten „Judentempels", wie er auf Stadtplänen hieß, mit Steinen im Rasen markiert.

Der berühmteste Berliner Jude des 18. Jahrhunderts, der Philosoph Moses Mendelssohn, lebte nur ein paar Schritte entfernt an der Spandauer Straße 68.[1] Die ehemalige Fassade seines schmalen Wohnhauses zeichnet sich seit 2016 schattenhaft im grauen Pflaster an der Spandauer, Ecke Liebknechtstraße ab. Der Entwurf für diesen Gedenkort stammt von Micha Ullman, der auch das Bücherverbrennungsdenkmal auf dem Bebelplatz gestaltet hat.

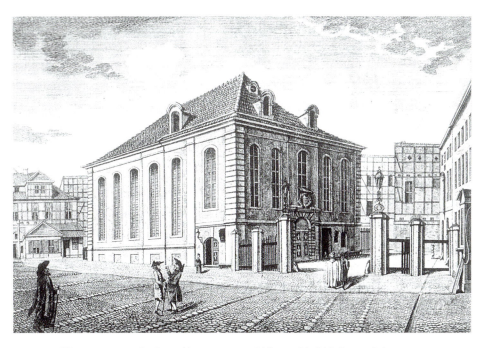

Die 1714 eröffnete Synagoge in der Heidereutergasse, Stich von Friedrich August Calau, um 1795.

Spandauer Straße 68 vor dem Abriss, 1886. Rechts neben dem Schriftzug „Wilhelm Stein" ist die Gedenktafel für Moses Mendelssohn zu erkennen, der von 1762 bis 1786 im Haus wohnte.

Der dezente Erinnerungsort wird neuerdings gerne als kostenloser Stellplatz für Elektroroller in quietschbunten Farben genutzt. Kreuz und quer stehen und liegen die blinkenden und piependen Dinger auf der Bodenskulptur. Nichts gegen Elektromobilität in der Innenstadt, doch Respekt hätte der Ort schon verdient.

Nicht alleine Mendelssohns wegen, zu dessen Andenken seit 1829 am verschwundenen Haus eine gut zwei Meter breite Marmortafel mit vergoldeten Buchstaben hing:

IN DIESEM HAUSE
LEBTE UND WIRKTE UNSTERBLICHES
MOSES MENDELSSOHN
GEB. IN DESSAU 1729, GEST. IN BERLIN 1786

Diese Inschrift findet sich nun in originaler Größe und Typografie im Straßenpflaster an der Spandauer Straße wieder. Als das schmale Haus mit der Nummer 68 um 1886/87 abgerissen und durch einen Neubau ersetzt wurde, brachte man die Gedenktafel im Hof, später im Treppenhaus an. Nach der Zerstörung der Adresse im Zweiten Weltkrieg war sie verschollen, bis sie 1988 im Heizungskeller des Gebäudes der Jüdischen Gemeinde in der Oranienburger Straße 28–30 wieder auftauchte.[2]

Die Bodenmarkierung macht den Ort wieder kenntlich, sie wird seiner Bedeutung aber nur teilweise gerecht. Denn ehe Mendelssohn 1762 mit seiner Frau Fromet frisch verheiratet in das handtuchschmale Haus einzog, hatten sich dort schon andere Autoren der Aufklärung die Klinke in die Hand gegeben. So stieg seit 1740 der Jurist und Dichter Johann Wilhelm Ludwig Gleim bei Besuchen in Berlin und Potsdam in der Spandauer Straße 68 ab. 1746 überließ er das Zimmer Karl Wilhelm Ramler, einem ehemaligen Kommilitonen. Der von Lessing und Goethe geschätzte Odendichter wohnte in der Spandauer Straße vermutlich bis zum Antritt einer Stellung als Lehrer an der Berliner Kadettenschule im Jahr 1748.[3]

Um diese Zeit zog der Journalist, Schriftsteller und Übersetzer Christlob Mylius in das Haus ein. Mylius redigierte damals die *Berlinische privilegirte Zeitung*, die 1721 bis Anfang 1767 ihre Geschäftsadresse im Berliner

Rathaus hatte. Dreimal in der Woche wurde die neueste Ausgabe in einem vermieteten Ladenlokal im Erdgeschoss des Rathauses an der Spandauer Straße ausgeliefert.[4] Heute hat man von der Bodenskulptur am ehemaligen Wohnhaus des Redakteurs einen freien Blick auf den Nachfolgebau, das Rote Rathaus.

Im November 1748 tauchte bei Mylius ein neunzehnjähriger Verwandter aus dem sächsischen Kamenz auf und quartierte sich bei ihm ein. Der Pfarrerssohn Gotthold Ephraim Lessing wollte wie der „Vetter" Mylius in Berlin vom Schreiben leben. Mylius verschaffte dem Bücherwurm eine Beschäftigung in der Bibliothek seines Verlegers Johann Andreas Rüdiger. Als Mylius sich mit dem Verleger zerstritt, trug dieser Lessing an, die Leitung der Zeitung zu übernehmen. Der lehnte jedoch zunächst ab. Seinem beunruhigten Vater in Kamenz teilte Lessing am 2. November 1750 mit:

„Ich bin der Mensch nicht, der andern Leuten seine Projecte gern zu Schanden macht. Der jüngre Mylius ist mit dem ältern Rüdiger zerfallen, und schreibt also die Zeitungen nicht mehr. Ich bin mehr als einmal darum angegangen worden, sie an seiner Statt zu schreiben, wenn ich mit solchen politischen Kleinigkeiten meine Zeit zu verderben Lust gehabt hätte. […] Wer Ihnen geschrieben hat, dass es mir sehr schlecht ginge, weil ich bey H. Rüdiger nicht mehr den Tisch und andre Einnahme hätte, der hat Ihnen eine große Lügen geschrieben. Ich habe mit diesem alten Manne nie länger etwas wollen zu thun haben, als bis ich mir seine große Bibliothek recht bekannt gemacht hätte. Dies ist geschehen, und wir waren also geschiedne Leute. Der Tisch bekümmert mich in Berlin am allerwenigsten. Ich kann für 1 Gr[oschen], 6 Pf[ennig] eine starke Mahlzeit tun."[5]

Im Jahr darauf starb der Verleger. Der sechsundzwanzigjährige Buchhändler Christian Friedrich Voß erbte das Privileg, eine Zeitung herauszugeben und zu drucken; mit ihm verstand sich Lessing gut. Als Redak-

teur brachte er ab Februar 1751 frischen Wind in das seit dem Abgang von Mylius verwaiste Feuilleton („Von Gelehrten Sachen") und die achtseitige Monatsbeilage („Das Neueste aus dem Reich des Witzes"). Als Lessing Ende 1751 für ein Jahr nach Wittenberg ging, um sein Studium abzuschließen, vertrat ihn wiederum Mylius auf dem Redakteursposten in Berlin.

In dieser Zeit hielt sich auch Voltaire in Berlin auf. Lessing erhielt Übersetzungsaufträge von Voltaires Sekretär Richier de Louvain. Dieser überließ ihm Korrekturbögen von Voltaires neuem Buch *Le Siècle de Louis XIV*. Als Lessing das ungedruckte Werk mit nach Wittenberg nahm, schickte Voltaire ihm einen Brief hinterher, in dem er seinen Sekretär des Diebstahls bezichtigte und die Rückgabe forderte. Seit dieser Affäre war Lessing beim Kammerherrn des Königs unbeliebt, und möglicherweise hat ihn das auch bei Friedrich II. selbst in Verruf gebracht, sodass er nie mit königlicher Protektion rechnen durfte.

Zurück in Berlin, redigierte Lessing erneut das Feuilleton der *Berlinischen privilegirten Zeitung* von Dezember 1752 bis Oktober 1755. Während dieses zweiten längeren Berlinaufenthaltes wohnte er in einem Haus neben der Nikolaikirche (heute Nikolaikirchplatz 7) und schloss Freundschaft mit Moses Mendelssohn und dem Schriftsteller und Verleger Friedrich Nicolai. Dieser wiederum lebte von 1755 bis 1757 als freier Autor in der Spandauer Straße 68, bevor er die Leitung des väterlichen Verlages übernahm.[6] Alle drei Leitgestirne der bürgerlichen Aufklärung in Berlin – Lessing, Nicolai und zuletzt Mendelssohn – haben also im selben Haus gewohnt, wenn auch zu verschiedenen Zeiten.

Moses Mendelssohn versuchte nach seinem Einzug im Jahr 1762, das Haus zu kaufen. Das war für ihn als Juden nicht einfach. Denn die Zahl der Häuser, die Juden in Berlin besitzen durften, war durch einen königlichen Erlass beschränkt.[7] Zum Mitbesitzer des Hauses wurde

Sie haben in der Spandauer Straße 68 gewohnt und geschrieben: Johann Wilhelm Ludwig Gleim (1750), Karl Wilhelm Ramler (1749), Gotthold Ephraim Lessing (1765), Friedrich Nicolai (1783) und Moses Mendelssohn (1771).

Mendelssohn, indem er Hypothekenbriefe der Hauseigentümerin erwarb. Nach außen trat er nur als Mieter in Erscheinung. Erst nach seinem Tod konnte Mendelssohns Witwe Fromet das Haus offiziell erwerben.[8]

Moses Mendelssohn war 1743 mittellos nach Berlin gekommen; ein vierzehnjähriger Talmudschüler, der seinem Lehrer David Fränkel aus Dessau in die preußische Hauptstadt folgte. 1750 wurde Mendelssohn Hauslehrer in der Familie des Seidenfabrikanten Isaak Bernhard und wohnte in dessen Haus in der Spandauer Straße 30. Als Buchhalter, später Geschäftsführer und Teilhaber der Bernhardschen Seidenmanufaktur brachte es der fleißige Mendelssohn zu einigem Wohlstand. Die Fabrik befand sich in der Bischof-

straße 14/15, Ecke Spandauer Straße, ein paar Schritte von seiner späteren Wohnadresse entfernt. Im Fall einer Entlassung durch seinen Arbeitgeber hätte Mendelssohn sofort aus Berlin ausgewiesen werden können. Denn als Jude war er im Preußen Friedrichs II. kein vollwertiger Bürger. Er hatte den Rechtsstatus eines geduldeten Ausländers, der jederzeit abgeschoben werden konnte. Ein 1750 novelliertes Judenreglement des Königs zielte darauf ab, die Zahl der Juden in Preußen und seiner Hauptstadt möglichst klein zu halten. Demnach sollten selbst sogenannte Schutzjuden, die über eine Aufenthaltsgenehmigung verfügten, nicht mehr als ein Kind zur Welt bringen; allen weiteren Nachkommen drohte die Ausweisung, es sei denn, die Eltern zahlten 1 000 Taler an die Staatskasse. Wenigstens 10 000 Taler Eintrittsgeld mussten auswärtige Juden mit ins Land bringen, wenn sie sich in Berlin niederlassen wollten.

Erst 1763 erhielt Mendelssohn das Privileg eines außerordentlichen Schutzjuden, nachdem der Marquis d'Argens, ein Gesellschafter des Königs, sich für den mittlerweile berühmten Philosophen jüdischer Abstammung eingesetzt hatte; der Schutz vor Ausweisung galt jedoch nur für Mendelssohn selbst, nicht für seine Kinder.[9]

„Die bürgerliche Unterdrückung, zu welcher uns ein zu sehr eingerissenes Vorurteil verdammt, liegt wie todte Last auf den Schwingen des Geistes, und macht sie unfähig, den hohen Flug des Freygebohrnen jemals zu versuchen", klagte Mendelssohn 1762 in einem Brief.[10] Umso erstaunlicher war sein philosophischer und literarischer Höhenflug. 1764 gewann der Autodidakt mit einer Abhandlung über den Begriff der Evidenz in Metaphysik und Mathematik den ersten Preis in einem Wettbewerb der Berliner Akademie der Wissenschaften. Sein 1767 erschienenes Werk *Phaidon oder über die Unsterblichkeit der Seele*, eine gemeinverständliche Abhandlung über verschiedene Gottesbeweise, wurde sofort nach Erscheinen in viele Sprachen übersetzt und in ganz Europa gelesen. 1771 schlug die Berliner Akademie der Wissenschaften daher vor, den Autor des philosophischen Bestsellers als Mitglied aufzunehmen, was der König verhinderte.

Eine Universität hat der Philosoph, Schriftsteller, Übersetzer und Kritiker Moses Mendelssohn nie besucht. Seine ganze Bildung musste er nach eigenen Worten „durch Anstrengung und äußeren Fleiß erzwingen".[11] Als bildungshungriger junger Mann fand er in der Jüdischen Gemeinde Berlins einige Förderer, vor allem gelehrte Ärzte wie Aaron Solomon Gumpertz. Doch seine Hinwendung zu weltlicher Bildung stieß auch auf heftige Ablehnung bei Rabbinern und konservativen Juden. So wurde ein Freund Mendelssohns in den 1740er-Jahren aus Berlin ausgewiesen, nachdem er von einem jüdischen Armenvorsteher auf der Straße mit einem deutschsprachigen Buch erwischt worden war, das er Mendelssohn überbringen sollte.[12] Orthodoxe jüdische Schriftgelehrte sahen in Mendelssohns Eintreten für ein aufgeklärtes, weltzugewandtes Judentum eine Bedrohung ihrer Autorität und befürchteten einen Zerfall der jüdischen Gemeinschaft. Von Widerständen in den eigenen Reihen ließ sich der gläubige Jude Mendelssohn indes so wenig einschüchtern wie von antisemitischen Vorurteilen der Mehrheitsgesellschaft.

Mendelssohns Übersetzung der jüdischen Bibel, die in hebräischen Lettern gedruckt wurde, eröffnete vielen Juden einen neuen Zugang zur modernen deutschen Sprache – und deutschen Gelehrten einen leichteren Zugang zur jüdischen Tradition. Auch die Psalmen hat Mendelssohn übersetzt. Er wurde zum Brückenbauer und Stammvater eines Judentums, das sich von der christlichen Mehrheitsgesellschaft nicht länger abschottete, sondern aktiv an ihrem Geistes- und Kulturleben teilnahm. Womit im Gegenzug die Akzeptanz von Juden zumindest im aufgeklärten Teil der Mehrheitsgesellschaft wuchs. Moses Mendelssohn gab den Anstoß zu der Denkschrift *Über die bürgerliche Verbesserung der Juden*, worin der nichtjüdische Verwaltungsbeamte Christian Wilhelm Dohm 1781 die vollen Menschen- und Bürgerrechte für die jüdische Minderheit forderte, ein Meilenstein in der Geschichte der Judenemanzipation in Europa.

Mit seiner gewinnenden Persönlichkeit und seiner Toleranz gegenüber Andersdenkenden wurde der Netzwerker Mendelssohn zur Integrationsfigur für jüdische und nichtjüdische Anhänger der Aufklärungsbewegung. Ab 1750 wuchs um ihn ein kleiner Kreis jüdischer Dissidenten, die ähnlich wie die christlichen Aufklärer die Allmacht der religiösen Überlieferung und ihrer Vertreter infrage stellten. Sie nannten sich Maskilim und

Berlinische Monatsschrift.
1784.
Neuntes Stük. September.

I.

Ueber die Frage: was heißt aufklären?

Die Worte Aufklärung, Kultur, Bildung sind in unſrer Sprache noch neue Ankömmlinge. Sie gehören vor der Hand bloß zur Bücherſprache. Der gemeine Haufe verſtehet ſie kaum. Sollte dieſes ein Beweis ſein, daß auch die Sache bei uns noch neu ſei? Ich glaube nicht. Man ſagt von einem gewiſſen Volke, daß es kein beſtimmtes Wort für Tugend, keines für Aberglauben habe; ob man ihm gleich ein nicht geringes Maaß von beiden mit Recht zuſchreiben darf.

Indeſſen hat der Sprachgebrauch, der zwiſchen dieſen gleichbedeutenden Wörtern einen Unterſchied angeben zu wollen ſcheint, noch nicht Zeit gehabt, die Grenzen derſelben feſtzuſetzen. Bildung, Kul-

B. Monatsſch. IV. B. 3. St.   N   tur

Aufsatz Moses Mendelssohns in der *Berlinischen Monatsschrift*, 1784.

forderten die gleichberechtigte Teilhabe von Juden an der deutschen und europäischen Aufklärung. Die Maskilim setzten sich für Religions- und Gewissensfreiheit im Staat, aber auch innerhalb von Kirche und Synagoge ein. Ihr Ziel war eine gleichberechtigte Mitwirkung und Anerkennung von Juden in der nichtjüdischen Mehrheitsgesellschaft. Voraussetzung dafür war der Zugang zu deren Institutionen und Bildungseinrichtungen, zu Bibliotheken, Schulen und Universitäten.[13] Diese Anhänger der jüdischen Aufklärung trafen in Berlin auf bürgerliche Gebildete christlicher Religion, die ebenfalls von einer durch Vernunft regierten Gesellschaftsordnung träumten. Jüdische und christlich geprägte Aufklärungsbewegung traten in der Stadtgesellschaft Berlins in einen Dialog und förderten sich gegenseitig. So wurde Berlin in der zweiten Hälfte des 18. Jahrhunderts der Ort, „von dem die kulturelle Emanzipation der Juden ausging und von dem aus die Juden in die säkulare westliche Welt eintraten".[14]

Als Urmodell dieser Entwicklung gilt die herzliche Freundschaft und produktive Arbeitsbeziehung zwischen Mendelssohn, Lessing und Nicolai, die in ein weitläufigeres Netz von Kontakten eingebettet war. Die gelehrte Jugend traf sich in Kneipen und Kaffeehäusern. Lessing und Mendelssohn lernten sich beim Schachspiel kennen. Im Sommer verabredete man sich zu gemeinsamer Lektüre in Privatgärten. Lessing und Nicolai eröffneten ihrem jüdischen Gesprächspartner Mendelssohn die Möglichkeit, in deutscher Sprache zu publizieren und damit eine breite öffentliche Wirkung zu erzielen. Aus dem jüdischen Freizeitphilosophen ohne verbrieftes Aufenthaltsrecht wurde ein bewunderter deutschsprachiger Publizist und Zeitschriftenherausgeber, ein Buchautor und öffentlicher Gelehrter. Mit den seit 1759 wöchentlich erscheinenden *Briefen, die neueste Litteratur betreffend*, brachte das Trio einen ganz neuen, frischen Ton in die damalige Literaturkritik: „Wir haben so oft gesagt, man sollte schreiben, was wir sagen. Wir wollen also in Briefen niederschreiben, was wir in unseren täglichen Unterredungen sagen, wollen uns keinen bestimmten Zweck vorstellen, wollen anfangen, wenn es uns gefällt, aufhören, wenn es uns gefällt, reden, wovon es uns gefällt; gerade so wie wir es machen, wenn wir zusammen plaudern", so umriss Nicolai die Idee des verlegerischen Start-ups, in dem der Jude Mendelssohn es wagte, die Gedichte seines Königs kritisch zu rezensieren.[15]

Über die herausragende Bedeutung des Hauses in der Spandauer Straße 68 für das geistige Leben der Stadt berichtet Henriette Herz, die mit Mendelssohns Tochter Brendel gut befreundet war und als Begründerin des ersten jüdischen Salons in Berlin gilt: „Nur von einem Gelehrten Berlins läßt sich sagen, daß er ein Haus machte, wenn man es nämlich als Kennzeichen eines solchen betrachtet, daß Freunde und Eingeführte auch ungeladen gastlichen Empfanges sicher sind, und dieser Eine gehörte seinem äußeren Berufe nach dem Kaufmannsstande an. Es war Moses Mendelssohn. Das Haus dieses trefflichen Mannes, dessen Einkünfte als Disponent in einer Seidenwarenhandlung im Verein mit dem Ertrage seiner schriftstellerischen Arbeiten immer noch wenig bedeutend waren, und welchem die Sorge für sechs Kinder oblag, war dennoch ein offenes. Selten berührte ein fremder Gelehrter Berlin, ohne sich bei ihm einführen zu lassen. Seine und der Seinigen Freunde kamen ungeladen, daher auch die geistreichen Freundinnen der Töchter des Hauses. Fehlten alte orthodoxe Juden ebenfalls nicht, gegen welche Mendelssohn sich stets als ein freundlich gesinnter Glaubensgenosse erwies, so waren es doch die intelligentesten der Stadt. Und Mendelssohn übte diese ausgedehnte Gastfreundschaft, ungeachtet die Familie sich ihrethalben große Beschränkungen auferlegen mußte, wobei dennoch die materiellen Genüsse, welche sein Haus den Gästen bot, die Grenzen strengster Mäßigkeit nicht überschreiten

durften. Ich wußte, als genaue Freundin der Töchter, daß die würdige Hausfrau die Rosinen und Mandeln, damals ein Naschwerk de rigueur, in einem bestimmten Verhältniß je nach der Zahl der Gäste in die Präsentierteller hineinzählte bevor sie in das Gesellschaftszimmer gebracht wurden."[16] Henriette Herz schrieb von einer Lesegesellschaft im Haus Mendelssohns, zu der ihr Mann, der Arzt und Kant-Schüler Marcus Herz, der jüdische Unternehmer David Friedländer und der Schriftsteller Karl Philipp Moritz gehörten. Dass die literaturinteressierten Frauen und Töchter von solchen familiären Lese- und Diskussionszirkeln nicht ausgeschlossen blieben, war wenigstens ein kleiner Schritt in Richtung weiblicher Emanzipation.

Vierundzwanzig Jahre hat Mendelssohn mit seiner Frau Fromet, die er in Hamburg kennengelernt und aus gegenseitiger Zuneigung geheiratet hatte, in der Spandauer Straße gewohnt. Eine derartige Liebesehe war in jüdischen Familien damals so wenig selbstverständlich wie der Umstand, dass die Ehefrau von dem Philosophen als vollwertige Gesprächspartnerin ernst genommen wurde. Fromet brachte zehn Kinder zur Welt, von denen sechs überlebten. Sie stand ihrem Mann bei, als er 1770 von einer schweren Nervenkrankheit heimgesucht wurde und ihm die Ärzte das spekulative Philosophieren untersagten. „Das von Moses geknüpfte und im ersten Mendelssohn-Salon unter Fromets Fittichen geknüpfte Netzwerk der Berliner Aufklärung ist ein Lebenswerk von historischer Bedeutung", schreibt Thomas Lackmann in seiner Familienbiografie und erfasst damit auch das Verdienst der Ehefrau.[17] Die in diesem Umfeld aufgewachsene literaturbegeisterte Tochter Brendel brach später aus ihrer Ehe mit dem jüdischen Kaufmann Simon Veit aus, um mit dem romantischen Feuerkopf Friedrich Schlegel durchzubrennen. Unter dem Namen Dorothea Schlegel wurde sie selbst Schriftstellerin und Übersetzerin wie ihr Vater.

„Wir träumten von nichts als Aufklärung, und glaubten durch das Licht der Vernunft die Gegend so aufgehellt zu haben, daß die Schwärmerey sich gewiß nicht mehr zeigen werde. Allein wie wir sehen, steiget schon, von der andern Seite des Horizonts, die Nacht mit allen ihren Gespenstern wieder empor. Das Fürchterlichste dabey ist, daß das Uebel so thätig, so wirksam ist. Die Schwärmerey thut, und die Vernunft begnügt sich zu sprechen", schrieb Moses Mendelssohn 1784, zwei Jahre vor seinem Tod.[18] Er machte sich keine Illusionen über die Reichweite aufklärerischen Denkens. „Die Schreier führen das große Wort, und machen einen Lerm, als wenn sich alle Stimmen schon für sie erklärt hätten."[19] Zurückhaltender als Kant hat Mendelssohn 1784 *Die Frage: was heißt aufklären?* in der *Berlinischen Monatsschrift* beantwortet. Aufklärung und Kultur verhalten sich nach seiner Ansicht zueinander wie Theorie und Praxis, erst beide zusammen ergeben die Bildung eines Menschen oder einer Nation. Doch Aufklärung könne auch scheitern, warnte Mendelssohn; selbst „die vollkommenste Gesundheit" einer gebildeten Nation könne bereits den Keim des Verfalls in sich tragen.[20]

Unter dem Titel *Wir träumten von nichts als Aufklärung* zeigte das Jüdische Museum Berlin im Jahr 2022 eine große Mendelssohn-Ausstellung; der Ausstellungsort, das 1734 als Gerichts- und Verwaltungsgebäude errichtete Collegienhaus, gehört zu den wenigen stadtbildprägenden Bauten des 18. Jahrhunderts in Berlin. Das damals dort tagende Kammergericht war auch für Rechtsstreitigkeiten von Juden zuständig, soweit diese nicht von Rabbinern geschlichtet wurden.[21] Nach dem Zweiten Weltkrieg wurde das Collegienhaus für das Berlin Museum wiederaufgebaut und ist seit 2001 das Empfangs- und Sonderausstellungsgebäude des Jüdischen Museums. Seit 2014 heißt der Stadtplatz vor dem Museum Fromet-und-Moses-Mendelssohn-Platz.

Grabstein für Moses Mendelssohn auf dem jüdischen Friedhof an der Großen Hamburger Straße, Foto von 2022.

Weitere Orte der Erinnerung an Moses Mendelssohn sind das Jüdische Gymnasium und der ehemalige Jüdische Friedhof an der Großen Hamburger Straße. Am Jüdischen Gymnasium hängt seit 1983 eine Gedenktafel mit einem Profilbild des Aufklärers. Denn

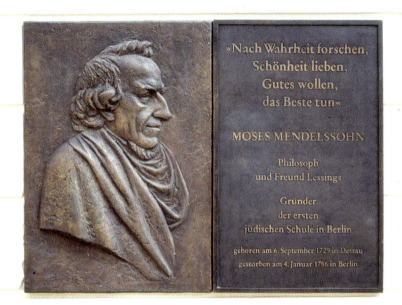

Gedenktafel für
Moses Mendelssohn am
Jüdischen Gymnasium,
Foto vor 2000.

er gehörte zu den Mitbegründern der ersten jüdischen Freischule in Deutschland, in der Kinder nicht nur religiös unterrichtet wurden, sondern auch in Deutsch, Mathematik, Biologie, Physik und Französisch, um ihre Integration in der Mehrheitsgesellschaft zu fördern. Die Tafel am Gymnasium mit der Inschrift „Nach Wahrheit forschen, Schönheit lieben, Gutes wollen, das Beste tun" geht auf einen Vorschlag des Feuilletonisten und Mendelssohn-Biografen Heinz Knobloch zurück. Sie ersetzt eine Büste Mendelssohns, die bis zur nationalsozialistischen Pogromnacht am 9. November 1938 vor der ehemaligen Jüdischen Knabenschule stand. Von 1942 bis 1945 war das Schulgebäude Zwischenstation für Berliner Juden auf dem Weg in Konzentrations- und Vernichtungslager, in DDR-Zeiten Berufsschule, ab 1993 jüdische Oberschule. Nebenan, auf dem ältesten jüdischen Friedhof der Stadt an der Großen Hamburger Straße 26, ist Mendelssohn 1786 bestattet worden. Die genaue Stelle ist nicht mehr auffindbar, da der Friedhof im Zweiten Weltkrieg verwüstet und als Massengrab für

Kriegsopfer zweckentfremdet wurde. Für Mendelssohn steht im Friedhofspark ein symbolischer Grabstein mit deutscher und hebräischer Inschrift.

Moses Mendelssohn war der Stammvater einer weitverzweigten Familiendynastie, zu der Bankiers und Industrielle, Gelehrte und Künstler gehörten, darunter sein Enkel Felix Mendelssohn Bartholdy. Der Komponist und Kapellmeister liegt mit etlichen Verwandten auf dem (christlichen) Dreifaltigkeitsfriedhof vor dem Halleschen Tor begraben. Dort ist in einer ehemaligen Kapelle eine Ausstellung zur Familie Mendelssohn zu besichtigen, eine weitere in der Mendelssohn-Remise im ehemaligen Bankhaus Mendelssohn in der Jägerstraße 51. Die Mendelssohn-Gesellschaft, eine rührige Bürgerinitiative, hält die Erinnerung wach. Außerdem vergibt das Land Berlin alle zwei Jahre einen Moses-Mendelssohn-Preis an Personen, die sich um die Förderung der Toleranz gegenüber Andersdenkenden und zwischen den Völkern und Religionen verdient gemacht haben.

II.AUFZUG. IX.AUFTRIT.

„Seitdem mir Vernunft und Nothwendigkeit befehlen, Minna von Barnhelm zu vergessen: was für Mühe habe ich angewandt! Eben wollte ich anfangen zu hoffen, daß diese Mühe nicht ewig vergebens seyn würde: und Sie erscheinen, mein Fräulein!" Kupferstich zu *Minna von Barnhelm* von Daniel Chodowiecki, 1769. Die Erstausgabe erschien ohne Illustrationen zwei Jahre zuvor in Berlin.

Krieg und Liebe

„Friedrich der Zweite siegte im Siebenjährigen Krieg. / Wer siegte außer ihm?" Brechts Verse aus dem Exilgedicht *Fragen eines lesenden Arbeiters* sind in den Sockel des Brecht-Denkmals vor dem Berliner Ensemble eingelassen. Außerdem sie sind auf einem Relief im Ehrenhof der Staatsbibliothek Unter den Linden zu lesen, den man vor Betreten der Lesesäle durchquert.[1] Brechts Frage hat in aller Schärfe aber auch schon Lessing, ein Zeitzeuge des Siebenjährigen Krieges, gestellt, und er hat sie zum Dreh- und Angelpunkt eines Berliner Zeitstücks gemacht. Obwohl *Minna von Barnhelm oder das Soldatenglück* erst 1767 in Berlin erschien und Lessing bis kurz vor der Drucklegung daran feilte, ließ der Autor „verfertiget im Jahr 1763" auf das Titelblatt drucken, das Jahr der Friedenschlüsse von Paris und Hubertusburg. Mit ihnen endete ein Weltkrieg: Während Preußen, Österreich und Russland vor allem um Gebietsgewinne und die Vorherrschaft in Mitteleuropa rangen, ging es für Frankreich, Großbritannien, Spanien und Portugal um Kolonien und Handelsstützpunkte in Nordamerika, in der Karibik, in Afrika, Indien und auf den Philippinen.

Der Tag der Handlung von *Minna von Barnhelm* ist der 23. August 1763.[2] In diesen Tagen erreichte eine durch die Kriegswirtschaft verursachte Finanzkrise in Preußen ihren Höhepunkt. Ungedeckte Wechsel, sprich geplatzte Kredite, führten zu einer beunruhigenden Serie von Firmenzusammenbrüchen. „Bey dem oder jenem Banquier werden einige Capitale jetzt mit schwinden", sagt die Titelheldin Minna in Lessings Stück ihrem Geliebten voraus.[3] Am Vortag, an dem das Fräulein in Berlin eintrifft, reagierte der König auf die Finanzturbu-

lenzen mit der Einberufung einer Immediat-Wechselkommission, die diese Vorgänge aufklären und Lösungen finden sollte.[4]

„Der Friede sollte nur das Böse wieder gut machen, das der Krieg gestiftet, und er zerrüttet auch das Gute, was dieser sein Gegenpart etwa noch veranlasset hat", fasst Minnas Kammerjungfer Franziska die Krisenstimmung der unmittelbaren Nachkriegszeit in Worte.[5] Es geht in Lessings Stück um die Schwierigkeiten, die anhaltenden Folgen des Krieges zu überwinden – nicht nur in finanzieller und wirtschaftlicher Hinsicht, sondern vor allem im Hinblick auf die seelischen Schäden, die das große Gemetzel hinterlassen hat.

Schauplatz des Dramas ist unverkennbar Berlin, wo nach dem Friedensschluss allenthalben Kriegskrüppel auf der Straße liegen und die Gasthäuser durch entlassene Offiziere belegt sind, denen das Geld ausgeht und die nicht absehen, was aus ihnen werden soll. Einer von ihnen ist der kriegsversehrte Major Tellheim aus Kurland. Er hat sehr tapfer in einem Freiwilligenverband für den preußischen König in Sachsen gekämpft. Die aus Abenteurern gebildeten Freitruppen standen in keinem guten Ruf und wurden nach Kriegsende rasch aufgelöst.[6] Tellheims rechter Arm bleibt durch eine Schussverletzung gelähmt. Desillusioniert ist er aus dem Krieg herausgekommen und finanziell fast am Ende. Nun schwebt über ihm der Verdacht, mit dem Feind gemeinsame Sache gemacht zu haben. Als Besatzungsoffizier im Feindesland war Tellheim gehalten, Kontributionen mit größter Härte einzutreiben. Stattdessen schoss er Geld aus seinem eigenen Vermögen vor und ließ es sich als Kredit von den sächsischen Ständen quittieren, in

Der Innenhof des Hotels „König von Portugal" in der Burgstraße 10, Foto von Waldemar Titzenthaler, 1910.

der Annahme, die ausgelegte Summe werde ihm nach einem Friedensschluss erstattet. Doch sein großzügiges Verhalten macht ihn verdächtig. Ihm wird unterstellt, die Liquiditätshilfe für die Besiegten sei nur ein Scheingeschäft gewesen und er habe sich als preußischer Offizier von den Sachsen bestechen lassen.

Tellheims Großzügigkeit brachte ihn mit dem reichen Adelsfräulein Minna von Barnhelm in Verbindung. Beide haben sich während der preußischen Besatzung ineinander verliebt und Ringe getauscht. Nach dem Friedensschluss ist der Briefkontakt zwischen beiden auf einmal abgerissen. Die zwanzigjährige Frau begibt sich auf die Suche nach dem Geliebten und steigt mit ihrer

Zofe Franziska zufällig in genau dem Berliner Gasthof ab, in dem auch Tellheim bis zur Ankunft der beiden Damen logierte. Ihretwegen hat der Hotelbesitzer den abgebrannten Offizier aus seinem feinen Zimmer ausquartiert und ihm eine Stube zugewiesen, deren Aussicht durch „des Nachbars Feuermauren" verbaut ist.[7] Tellheims Diener Just, auch ein Kriegsveteran, will den Wirt wegen der Zurücksetzung seines Herrn verprügeln, aber Tellheim hält ihn davon ab und sucht eine andere billige Bleibe.

Im Hotelzimmer kommen die Damen nicht zur Ruhe. Die Kammerjungfer klagt nach der ersten Nacht: „Wer kann in den verzweifelten großen Städten schlafen? Die Karossen, die Nachtwächter, die Trommeln, die Katzen, die Korporals – das hört nicht auf zu rasseln, zu schreyen, zu wirbeln, zu mauen, zu fluchen; gerade, als ob die Nacht zu nichts weniger wäre, als zur Ruhe."[8]

In der Nachbarschaft des Hotels befindet sich ein Kaffeehaus, das Tellheim besucht. Charakteristisch für den Schauplatz Berlin ist auch die polizeiliche Überwachung. Der Hotelwirt ist ein Spitzel, der seine Gäste permanent observiert – was bei der Berliner Erstaufführung für große Heiterkeit sorgte.[9] Da er verpflichtet ist, die Personalien aller ankommenden Reisenden zu melden, erfahren wir beiläufig außer dem Tag der Ankunft der beiden jungen Frauen auch den Namen ihres Quartiers: „König von Spanien".[10]

Ein Hotel dieses Namens gab es in Berlin nicht. In der Brüderstraße existierte der Gasthof „König von England", in der Burgstraße 12 vis-à-vis dem Schloss das Hotel „König von Portugal".[11] Beide werden in der Lessing-Literatur als Vorbilder für den Schauplatz in *Minna von Barnhelm* genannt. Letzteres häufiger, da das Haus noch bis kurz vor seiner Zerstörung im Zweiten Weltkrieg als Hotel genutzt wurde. Es taucht als literarischer Schauplatz auch bei Wilhelm Hauff, Fritz Reuter und Theodor Fontane auf und galt als „Adlon des 18. Jahrhunderts". Friedrich II. ließ dort die verwöhnte Primaballerina Barberina einquartieren und ihr eigens ein Badezimmer mit Delfter Kacheln einbauen, das späteren Gästen stolz gezeigt wurde – wie auch ein Schreibtisch, den Lessing benutzt haben soll.[12] Auf historischen Stichen und Fotos ist das Haus leicht zu identifizieren. So ist es auf einem schönen *Prospect der Burg-Straße nebst der Langen Brücke zu Berlin* um 1800 zusammen mit dem Reiterdenkmal des Großen Kurfürsten abgebildet, dem Lessing einen Vierzeiler widmete:

Das Pferd Friedrich Wilhelms auf der Brücke zu Berlin

Ihr bleibet vor Verwunderung stehn
Und zweifelt doch an meinem Leben?
Laßt meinen Reiter mir die Ferse geben:
So sollt ihr sehn![13]

Die Häuserzeile entlang der Spree, in die sich das Hotel „König von Portugal" einreihte, ist nach dem Zweiten Weltkrieg nicht wieder aufgebaut worden, das Grundstück des Hotels ging im weiträumigen Marx-Engels-Forum der DDR auf. Einst schaute man von der Stelle an der Uferpromenade auf die malerisch verwinkelte älteste Seite des Stadtschlosses, zwischenzeitlich auf den Palast der Republik, heute auf die klobig geratene moderne Flanke des Humboldt Forums.

Die Liebenden tun sich schwer, im Drama *Minna von Barnhelm* wieder zueinanderzufinden. Zu tief sind die Verletzungen und Verhärtungen, die der Krieg in Tellheim hinterlassen hat. Er hält Minna auf Abstand, weil er sie nicht in den sozialen Absturz hineinziehen möchte, der ihm droht. Solange seine Ehre nicht wiederhergestellt ist, glaubt er sie nicht heiraten zu dürfen. Aus „Vernunft und Notwendigkeit" will er Minna vergessen, denn ihm droht nicht nur der totale Bankrott, sondern sogar Gefängnis.[14] Tellheim umgibt sich mit

Die Burgstraße (links) und die Lange Brücke (heute Rathausbrücke) auf einem Stich um 1800 und auf einem Foto von 2022. Das Haus am linken Bildrand ist der Gasthof „König von Portugal", ein mögliches Vorbild für das Hotel in *Minna von Barnhelm*. Die Skulptur auf der Brücke ist Schlüters Reiterdenkmal des Großen Kurfürsten, auf die Lessing ein Gedicht schrieb; sie steht heute vor dem Schloss Charlottenburg.

einem Panzer kriegerischer Härte gegen sich selbst, an dem sich die Geliebte abarbeiten muss. Listig dreht sie den Spieß um und gaukelt ihm vor, ihr drohe seinetwegen der Verlust von Vermögen und Ehre. Nach und nach wird dem Mann seine Verblendung durch das kriegerisch-preußische Männlichkeitsideal und einen engen Vernunftbegriff bewusst. In einer aufs Äußerste zugespitzten Auseinandersetzung lernt das Paar sich auf schmerzhafte Weise erst richtig kennen. Dabei tun die beiden sich gegenseitig so weh, dass in modernen Inszenierungen am Ende ein Fragezeichen bleibt, ob das Happy End wirklich gelingt.[15]

Der König von Preußen rehabilitiert Tellheim noch am Tag seines Wiedersehens mit Minna, er erhält Ehre und Vermögen zurück. Das Angebot Friedrichs II., in den Militärdienst zurückzukehren, schlägt Tellheim jedoch aus, denn: „Die Dienste der Großen sind gefährlich, und lohnen der Mühe, des Zwanges, der Erniedrigung nicht, die sie kosten." Die Annahme, ein Mann müsse Soldat gewesen sein, um Kälte und männliche Entschlossenheit zu lernen, nennt er nun eine „Grille".[16]

Die Kriegsgegner Sachsen und Preußen, verkörpert durch Minna und Tellheim, der bis zuletzt in einer preußischen Uniform steckt, finden im Zivilleben zusammen. Aber das kriegerische Ideal lebt weiter. „Gott sei Dank, daß noch irgendwo auf der Welt Krieg ist!", sagt der treue Freund Werner, der mit Tellheim auf preußischer Seite gekämpft hat und die sächsische Kammerjungfer Franziska heiraten wird. Er hat im Drama das letzte, bitter nachklingende Wort: „Ueber zehn Jahr ist Sie Frau Generalinn, oder Witwe!"[17]

Die Uraufführung des Stücks in Hamburg am 30. September 1767 war kein großer Erfolg. Anders in Berlin, wo die zahlreichen zeitgeschichtlichen Anspielungen unmittelbar verstanden wurden. Am 21. März 1768 hatte *Minna von* Barnhelm im Doebbelinschen Theater in der Behrenstraße Premiere, weitgehend ungekürzt und unzensiert, wie der Bruder Karl dem Autor voller Begeisterung berichtete.[18] Anna Louisa Karsch schrieb ihrem Freund Johann Wilhelm Ludwig Gleim nach Halberstadt, sie sei dreimal in der Vorstellung gewesen und habe jedes Mal geweint: „Heutte mein liebster Freund wird daß Soldatenglük zum achten mahl vorgestellt, und es war gestern zum erstaunen wie sich die Berlinische Wellt hinzudrängte, die Gallerie, die Logen, daß Parteere, alles ward vol, ich muste mich Begnügen einem Plaz auff den Theater zu finden, denn auch daß

war auff Beyden Seitten Besezt, ein außerordentlicher Zusaz zur Ehre des herrn Leßings, denn vor Ihm hats noch keinem deutschen schauspieldichter gelungen daß Er dem Edlen und dem Volk, dem Gelehrten und Layen zugleich eine Art von Begeistrung eingeflößt, und so durchgängig gefallen hätte."[19]

Die Erstausgabe des Dramas erschien 1767 in Berlin.

Schillers *Kabale und Liebe* wurde 1785 im Doebbelinschen Theater in der Behrenstraße gespielt, Kupferstich von Daniel Chodowiecki.

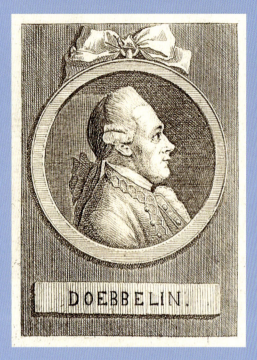

Carl Theophil Doebbelin, um 1760.

Hamlet-Gastspiel in Berlin,
Stich von Daniel Chodowiecki, 1778.

Doebbelins Hof-Theater

„Als ich nach Berlin kam, fand ich die Bühne in einem eigenen Zustande: Hanswurst, und wieder Hanswurst, und alle Tage Hanswurst; wie erstaunte ich aber, als ich auch Nicolai, Ramler, Mendelssohn, Lessing unter den Zuschauern fand. Wie, sagte ich zu Lessing, ihr, die Schöpfer, die Säulen des guten Geschmacks, könnt das mit ansehen? – Macht's besser, wenn ihr könnt, erwiderte Lessing. – Das will ich, versetzte ich, in vier Wochen soll der Held herrschen und der Hanswurst vertrieben sein."[1] Ganz so rasch, wie der Schauspieler Carl Theophil Doebbelin später behauptete, war das Possenreißen dem deutschsprachigen Berliner Theater nicht auszutreiben; doch ab 1764 gelang es diesem Theaterberserker und anderen Enthusiasten, eine künstlerisch anspruchsvolle Schaubühne in der preußischen Hauptstadt zu etablieren.

In jenem Jahr wurden gleich zwei Privattheater neu errichtet. Im Theater von Andreas Bergé am Monbijouplatz waren vor allem französische Singspiele und Ballette zu sehen, zeitweise wurde es auch vermietet.[2] Der Sohn des berühmten Hanswurstdarstellers Franz Schuch erwarb ein Grundstück an der Behrenstraße 55 und ließ auf dem Hof einen schmucklosen Fachwerkbau errichten: „Da aber die Sache in seiner Abwesenheit, Leuten übertragen wurde, welche es nicht verstanden und deren Diskretion man ein solches Unternehmen nicht geradehin hätte überlassen sollen: so ward Haus und Theater viel zu klein, unbequem und unschicklich, und ist auch bei allen nachherigen Flickereien unvollkommen geblieben. […] Es sind, ausser einigen Parterre-Logen, zwei Ränge Logen übereinander […]. In allem möchte das Haus 700 Personen bequem, und über 800 gedrängt

fassen können", heißt es in der ersten Theatergeschichte Berlins, die 1781 von Friedrich Nicolai verlegt wurde.[3]

In diesem Theater war Doebbelin von Anbeginn als „der wahre Held voller Bombast" zu erleben.[4] Ab 1767 bespielte er das Haus als Chef einer eigenen Truppe und feierte im folgenden Jahr mit den Berliner Erstaufführungen von Lessings *Minna von Barnhelm* und *Romeo und Julia* große Erfolge. Von 1771 bis 1775 wurde das Haus von Heinrich Gottfried Koch geführt, einem Schüler der Theaterreformerin Caroline Neuber. Er setzte mit anspruchsvoller Dramatik neue Maßstäbe. Goethes volkstümliches Sturm-und-Drang-Ritterstück *Götz von Berlichingen* brachte er zur Uraufführung.[5]

Nach Kochs Tod übernahm wieder Doebbelin das Haus bis zum Umzug seines Ensembles in ein leerstehendes französisches Komödienhaus auf dem Gendarmenmarkt im Jahr 1786. Furore in der Behrenstraße machten die frühen Stücke Schillers, auch wenn *Die Räuber* nur in einer verstümmelten Fassung zu erleben waren.[6] Goethes *Stella* wurde wegen „Unmoral" verboten, eine posthume Uraufführung von Lessings *Nathan der Weise* war kein großer Erfolg. Gastspiele berühmter Schauspieler, etwa von Johann Franz Brockmann in seiner Paraderolle als Hamlet, hat Daniel Chodowiecki in Kupferstichen für die Nachwelt festgehalten.

Das deutschsprachige Theater etablierte sich in der Behrenstraße 55 als literarische Institution. Den schmucklosen Ort aber kritisierten durchreisende Fremde als unwürdig.[7] 1799 wurde der unscheinbare Theaterbau im Hinterhof an der Behrenstraße abgerissen und vergessen. Heute spielt an der Stelle fast jeden Abend die Komische Oper.

Die Straße Am Königsgraben, Foto von F. Albert Schwartz, 1890. Auf der rechten Straßenseite das Haus Nummer 10, in dem Lessing um 1765 gewohnt hat. Über der Haustür sind eine 1870 angebrachte Gedenktafel und eine Lessing-büste zu erkennen. Die Zeichnung wurde 1902 publiziert.

82

Lessinghaus

„Hier stand das Haus in dem / Lessing / 1765 Minna von Barnhelm beendete / Die Stadt Berlin 1913." Die Gedenktafel wirkt viel zu groß für das nur drei Fenster breite Häuschen, an dem sie hängt. Sie markiert das sogenannte Lessinghaus im Nikolaiviertel, klebt aber am falschen Ort.[1] Lessing hat wirklich an dieser Stelle gewohnt, doch lange bevor er *Minna von Barnhelm* schrieb. Wie kam die Tafel mit dieser Fehlinformation an dieses Haus?

Die Geschichte der Tafel ist mit der Entstehung des ersten Lessinghauses in Berlin verwoben. Es stand woanders, an der verschwundenen Straße Am Königsgraben, nicht weit vom heutigen Alexanderplatz. Um auf das ehemalige Grundstück Am Königsgraben 10 – Lessings letzte Berliner Adresse – zu gelangen, geht man durch den Haupteingang der Galeria Karstadt Kaufhof am Alexanderplatz bis in die Mitte des Kaufhauses, dorthin, wo mehrere Rolltreppen nach oben führen. Die Fotografie links zeigt, wie es dort früher aussah. Der Hoffotograf F. Albert Schwartz hat die verschollene Straße um 1890 aufgenommen. Hinter der Laterne auf der rechten Straßenseite befindet sich ein Hauseingang. Darüber ist schemenhaft eine Konsole mit einer Büste Lessings zu erkennen. Der Verein für die Geschichte Berlins hatte den von dem Bildhauer Ernst Rietschel geschaffenen Lessingkopf dort am 9. April 1870 anbringen lassen und darunter eine schlichte Marmortafel: „Lessing dichtete hier / Minna von Barnhelm / 1765.[2]

Das achtachsige Haus Am Königsgraben 10 hatte 1761 der Kupferstecher und Kartograph Johann David Schleuen gekauft und bis zu seinem Tod zehn Jahre

Gedenktafel am Lessing-Haus im Nikolaiviertel, Foto von 2010.

später bewohnt. Drei Söhne unterstützten ihn in der Werkstatt und im Verlag. Von Mai 1765 bis Dezember 1766 lebte Gotthold Ephraim Lessing als Mieter im Haus, mitsamt einer Arbeitsbibliothek von 6 000 Bänden. In dieser Zeit stellte er seine kunsttheoretische Abhandlung *Laokoon oder über die Grenzen der Mahlerey und Poesie* fertig und gab sie bei seinem Berliner Verleger Christian Friedrich Voß in den Druck.[3]

Erinnerungswürdig ist die Adresse nicht allein wegen Lessing als Person. Hier entstand zum ersten Mal ein musealer Ort, an dem die Stadt Berlin ihrer bürgerlichaufklärerischen Tradition gedachte. Im ausgehenden 19. Jahrhundert gab es einen Bürgerstolz auf das, was Lessing, Mendelssohn und Nicolai für das geistige Leben der Stadt geleistet hatten. Auf einer Bürgerversammlung im Berliner Rathaus wurde am 14. Oktober 1905 die Gründung eines „Theatermuseums im Lessing-Hause" beschlossen. Zu den treibenden Kräften gehörte der Zweite Bürgermeister von Berlin Georg Reicke, vor allem aber der Dirigent und Musikpublizist Georg Richard Kruse. Eine von ihnen gegründete „Gesellschaft zur Erhaltung des Lessing-Hauses in Berlin" versuchte den drohenden Abriss des gut erhaltenen Bürgerhauses zu verhindern, was dank prominenter Unterstützer auch zweimal gelang.[4] Als im Parterre des Hauses Am Königsgraben 10 Räume frei wurden, mietete Kruse sie auf eigene Faust und begann mit der Einrichtung eines Lessingzimmers, das Anfang 1908 eröffnet wurde. Neben Erinnerungsstücken und Bildnissen des Dichters war auch eine Mendelssohn-Büste ausgestellt. Doch der Druck auf die Stadt Berlin, das in ihrem Besitz befindliche Grundstück zu verkaufen, wuchs: Das Warenhaus Tietz am Alexanderplatz bot 700 000 Mark, um seine Verkaufsflächen zu erweitern.[5] Der lange Kampf um das Lessinghaus endete am 2. Oktober 1910, dem letzten Öffnungstag des Museums; am folgenden Tag begann der Abriss. Nach seiner zweiten Erweiterung im Jahr 1911 verfügte der Warenpalast von Tietz über eine Straßenfassade von 250 Metern Länge, angeblich die längste der Welt.

Das Lessing-Museum fand eine neue Bleibe im ehemaligen Verlagshaus Friedrich Nicolais in der Brüderstraße 13. Die Stadt Berlin und das Warenhaus Tietz einigten sich darauf, an der Fassade des Konsumpalastes eine neue Gedenktafel anzubringen. Der Bildhauer Jacob Pleßner schuf ein Relief, das Lessings Kopf, von Lorbeer umkränzt, im Profil zeigt.[6] So entstand die für eine mächtige Warenhausfassade berechnete, auf das

Jahr 1913 datierte Tafel, die heute an dem schmalen Häuschen im Nikolaiviertel hängt.

Das Warenhaus Tietz wurde im Zweiten Weltkrieg so stark zerstört, dass es nicht wiederaufgebaut wurde. Die alte Gedenktafel aber wurde aus den Trümmern gerettet.[7] Sie fand ihren heutigen Platz, als die DDR das Nikolaiviertel zur 750-Jahr-Feier Berlins im Jahr 1987 rekonstruierte. Das originale Wohnhaus Lessings am Kirchhof war schon in der Kaiserzeit abgerissen worden.[8] So ist das heutige Lessinghaus ein *fake monument*, ein Betonskelettbau mit gemütlicher Fassade. Original daran ist nur die Gedenktafel, die aber am falschen Platz hängt und mit ihrer Beschriftung in die Irre führt.

Gewohnt hat der junge Lessing an dieser Stelle in den Jahren 1752 bis 1755, nach dem Abschluss seines Studiums in Wittenberg. Es war sein zweiter längerer Berlin-Aufenthalt, während dem Lessing wichtige Verbindungen knüpfte, vor allem durch den Montagsklub, einen Zirkel von Gebildeten, zu dem die Philosophieprofessoren Karl Wilhelm Ramler und Johann Georg Sulzer sowie Lessings Verleger Christian Friedrich Voß gehörten. In der Zeit, als er am Nikolaikirchhof wohnte, entwickelte sich die enge Freundschaft zu Moses Mendelssohn, Friedrich Nicolai und Ewald Christian von Kleist, den drei Mitstreitern, die auf dem Sockel des Lessingdenkmals am Tiergartenrand verewigt sind.

Selbstbewusst gab der Autor damals schon eine sechsbändige Ausgabe seiner Schriften in den Druck. Einem Rezensenten stellte er sich vor: „Ich befinde mich seit 1748 in Berlin, und ich habe mich während dieser Zeit nur ein halb Jahr an einem andern Orte aufgehalten. Ich suche hier keine Beförderung; und ich lebe blos hier, weil ich an keinem andern grossen Orte leben kann. – – Wenn ich noch mein Alter hinzusetze, welches sich auf 25 Jahr beläuft, – – so ist mein Lebenslauf fertig. Was noch kommen soll habe ich der Vorsicht [gemeint ist Vorsehung, M. B.] überlassen. Ich glaube schwerlich,

Das Lessinghaus im Nikolaiviertel, Foto von 2022.

dass ein Mensch gegen das Zukünftige gleichgültiger seyn kann, als ich."[9]

Am Anfang des Jahres 1755 mietete sich Lessing für sechs Wochen in Potsdam ein und schrieb dort das erste bürgerliche Trauerspiel, *Miss Sara Sampson*. Mit Ramler reiste er im Juli zur Uraufführung des Stücks an die Oder. „Herr Leßing hat seine Tragödie in Frankfurt spielen sehen und die Zuschauer haben drey und eine halbe Stunde zugehört, stille gesessen wie Statüen und geweint. Künftig wird er in reimfreien Jamben dichten", berichtete Ramler danach.[10] Bis zu Lessings Tod hat Ramler den berühmteren Kollegen in Fragen der Metrik beraten.

Im Oktober 1755 gab Lessing seine Stelle als Redakteur der *Berlinischen privilegirten Zeitung* und die

Wohnung am Nikolaikirchhof auf. Der Habenichts übersiedelte nach Leipzig und startete eine Europareise als Begleiter eines vermögenden Kaufmannssohns; sie wurde abgebrochen, als Friedrich II. mit preußischem Militär in Sachsen einfiel. Während des Siebenjährigen Krieges, im Mai 1758, kehrte Lessing nach Berlin zurück und suchte sich eine neue Bleibe in der Heiligegeiststraße 52. Diese Straße war die nördliche Verlängerung der Poststraße, sie verlief parallel zur Spandauer Straße und zur Spree auf dem Areal des späteren Marx-Engels-Forums. Lessings Wohnadresse befand sich auf dem heutigen Grundstück des DomAquarée Berlin, in der Nähe der mittelalterlichen Heiligengeistkapelle. 1760 verließ Lessing Berlin wieder und kehrte von 1765 bis 1767 noch einmal zurück. Dieser vierte und letzte Berlin-Aufenthalt ist mit der Adresse Am Königsgraben 10 verknüpft, dem Ursprungsort des ersten Dichtermuseums in der Stadt. Lessings letzte Berliner Adresse vor der Übersiedlung nach Hamburg war der Gasthof „Zum Schwarzen Adler" in der Poststraße 30.[11] Schwerer als der Abschied von Berlin, wo sich alle Hoffnungen auf eine gesicherte Anstellung an der Königlichen Bibliothek oder dem Münz- und Altertumskabinett zerschlagen hatten, fiel Lessing die Trennung von seiner Bibliothek, die er zum größten Teil verkaufte: „Ich hoffe, es soll mir nicht schwer fallen, Berlin zu vergessen. Meine Freunde daselbst werden mir immer theuer und meine Freunde bleiben; aber alles übrige, vom größten bis zum kleinsten – Doch ich erinnere mich, Sie hören es ungern, wenn man sein Mißvergnügen über diese Königinn der Städte verräth. […] Meine Bibliothek wird springen; ich behalte von 6 000 Stück nichts, als was ich zu meinen vorhabenden Arbeiten unumgänglich brauche. Es geht mir nahe, daß ich mich ihrer entschlagen muß, daß ich mich ihrer an einem Orte entschlagen muß, wo Bücher ganz und gar nichts gelten."[12]

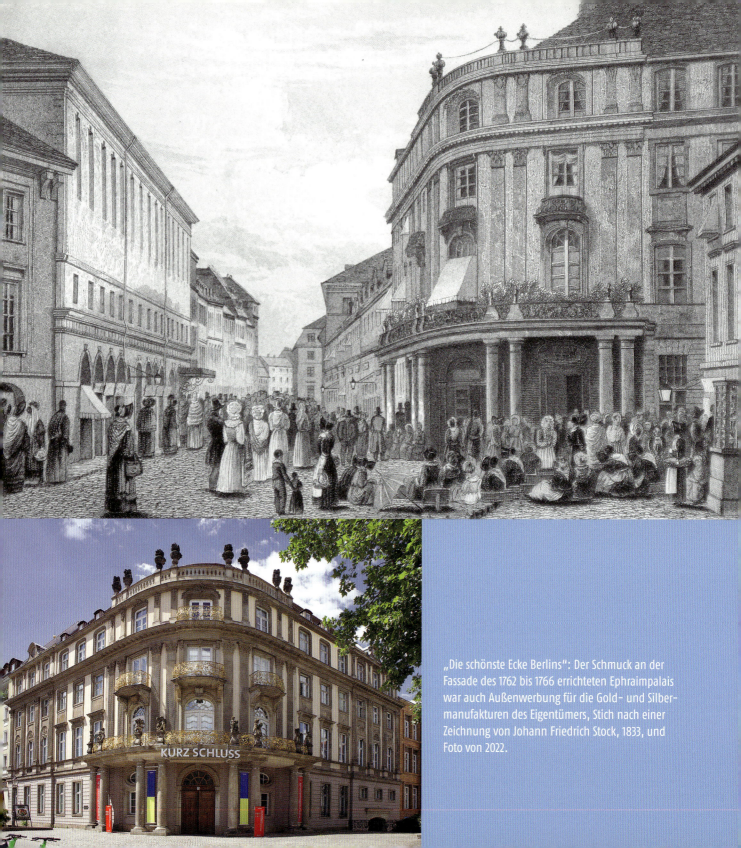

„Die schönste Ecke Berlins": Der Schmuck an der Fassade des 1762 bis 1766 errichteten Ephraimpalais war auch Außenwerbung für die Gold- und Silbermanufakturen des Eigentümers, Stich nach einer Zeichnung von Johann Friedrich Stock, 1833, und Foto von 2022.

Poesie und Staatsfinanzen

„Von außen schön / von innen schlimm. / Von außen Friedrich, / von innen Ephraim", so spotteten die Preußen und Sachsen über das minderwertige Geld, das der Münzlieferant Veitel Heine Ephraim im Auftrag des preußischen Königs unters Volk brachte, um den Siebenjährigen Krieg zu finanzieren. Schon in seiner Kronprinzenzeit hatte sich Friedrich II. Geld und Edelsteine von dem jüdischen Geschäftsmann geliehen. 1744 ernannte er ihn zum Hofjuwelier. Gegen Widerstände aus der Jüdischen Gemeinde Berlins setzte der König durch, dass sein zuverlässiger Kreditgeber 1750 zu deren Oberältesten berufen wurde.

Der Lieferant von Gold und Silber für die königliche Münze machte sich in den folgenden Jahren auch als Manufakturbetreiber und Münzpächter unentbehrlich. Im Auftrag des Königs steigerte Ephraim den Gewinn bei der Münzherstellung, indem er den Edelmetallgehalt der Münzen insgeheim herabsetzte. Der König achtete darauf, dass die Verantwortung für diese Manipulationen nicht ihm selbst zugerechnet wurde, sondern dem geschäftstüchtigen jüdischen Unternehmer. Als „Ephraimiten" und „Judengeld" verachtete das Volk die Geldstücke, die nicht wert waren, was ihr aufgeprägter Nennwert versprach.[1]

Lessing wusste über die krummen Geschäfte mit dem Münzgeld gut Bescheid. Von 1760 bis 1764 arbeitete er in Breslau als Sekretär für den Generalleutnant Bogislav Friedrich von Tauentzien, der zugleich die Funktion eines königlichen Generalmünzdirektors ausübte.[2] Bereits in seinem ersten Brief aus Breslau an Moses Mendelssohn äußerte Lessing Bedenken wegen seiner neuen Aufgabe als Kontaktperson zwischen Ephraim

Originale Münzen aus Leipzig (geprägt 1753 bis 1755, links) und sogenannte Ephraimiten aus Berlin (geprägt 1761 bis 1763).

und Tauentzien: „Was Ephraim übrigens anbelangt, so ist mir lieb, daß alle Gefälligkeiten, die er sich von mir versprechen kann, von der Art sind, daß ich dadurch niemandem schaden, auch mich selbst keiner Verantwortung dabey aussetzen kann: doch werde ich darum nicht aufhören, auf meiner Hut zu seyn; und sie liebster Freund, werden mir einen großen Gefallen erweisen, wenn sie mir dann und wann, von diesem und jenem, einen kleinen Wink geben."[3] Inwieweit Lessing selbst direkt oder indirekt von den Münzgeschäften Ephraims profitiert hat, lässt sich nicht mehr aufklären. Finanziell ging es ihm in dieser Zeit gut genug, um sich eine große Bibliothek anzuschaffen.

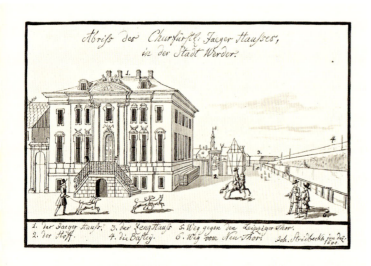

Der Jägerhof war seit 1765 Sitz der Königlichen Bank, Zeichnung von Johannes Stridbeck d. J., 1690.

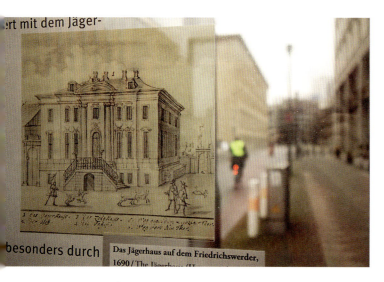

In der Nähe des ehemaligen Reichsbankgebäudes an der Kurstraße erinnert eine Tafel an den historischen Standort, Foto von 2022.

Die vom König gedeckte Münzverschlechterung trug erheblich dazu bei, dass Preußen im Siebenjährigen Krieg nicht aus Geldmangel kapitulieren musste, sondern bis zum Friedensschluss des Jahres 1763 zahlungsfähig blieb.[4] Finanziellen Spielraum zu behalten war für den preußischen König genauso überlebenswichtig wie die Schlagkraft seines Militärs. Allerdings heizten die Manipulationen die kriegsbedingt hohe Inflation zusätzlich an. Besonders verteuerten sich Lebensmittel und Güter des täglichen Bedarfs, was die ärmere Bevölkerung besonders hart traf. Sie zwang auch Adelsfamilien zum Sparen, während findige Händler profitierten: „Dieser Krieg wirft eben alle bisherigen Verhältnisse über den Haufen. Handwerker und Kaufleute werden reich, während der Adel zugrunde geht. Bei den Kaufleuten herrscht jetzt ein außerordentlicher Reichtum und Luxus. Sie fahren sechsspännig, haben eine große Dienerschaft und sind aufs prächtigste eingerichtet, während wir uns einschränken müssen. Alle schönen Häuser des Adels werden an Kaufleute verkauft", notierte der Berliner Kammerherr Ernst von Lehndorff am 5. Mai 1761 in sein Tagebuch.[5]

Die Profiteure investierten in krisensichere Immobilien. So erwarb Veitel Heine Ephraim 1762 das Haus Poststraße 16 sowie angrenzende Grundstücke und ließ bis 1766 an der belebten Straßenecke zum Mühlendamm ein für damalige Berliner Verhältnisse bombastisches Wohn- und Geschäftshaus errichten. Dessen Architekt Friedrich Wilhelm Diterichs gehörte im 18. Jahrhundert zu den angesehensten und prägenden Baumeistern in Berlin, in Potsdam leitete er die Bauarbeiten am Weinbergschloss Sanssouci.[6] Die elegante Rokokofassade des Palais Ephraim war nicht nur unerhört repräsentativ. Sie war zugleich Außenreklame für die Gold- und Silberwaren aus den Manufakturen des Eigentümers, die im Haus feilgeboten wurden. Die acht dorischen Säulen am Eingang sollen Kriegsbeute und ein Geschenk des Königs gewesen sein. Die Säulen stammen angeblich vom Schloss Pförten bei Forst. Das

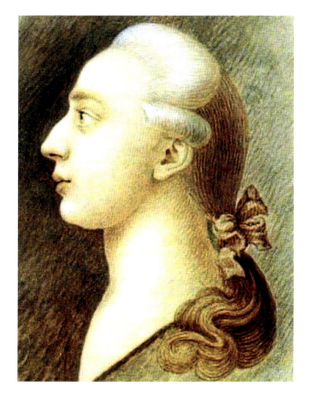

Giacomo Casanova, Zeichnung von Francesco Casanova, ca. 1750/55.

bank betraute der König den Hamburger Bankier Pierre Boué nebst zwei holländischen Partnern mit den Namen Wurmb und van Zanen. Doch hatte Friedrich II. an der Geldpolitik wenig Freude. Dem verdanken wir ein so amüsantes wie aktuelles Gedicht aus seiner Feder:[9]

Ein Kapitel gegen die werten Herrn Blutsauger,
auf griechisch: Philokopros

O, dieses gräßliche Gesindel,
Das Börsenspekulanten heißt!
Spitzbuben mit dem Diebwerksbündel,
Auswurf von eklem Höllengeist!
Es überkommt uns schon ein Schwindel,
Wenn man auf ihre Namen weist.
Web' ich mit meiner Dichterspindel
Das grobe Zeichen ab: Boué,
Dann schreit gewiß Apollo: weh!
Die Feder sträubt sich, den Kumpanen
Der Satansbrut den Dienst zu leihn;
Sie stockt und hält mit Schaudern ein,
Gilt es die Namen Wurm, van Sanen,
Die ans Groteske uns gemahnen.
Nun schaut sie selber an, die drei –
Im Mummenschanz der Gaunerei,
Die Helden in dem Reich der Zahlen!
Wie sie mit plumper Pinselei
Habgier und Wucher übermalen —
Wie sie mich hier und dort bestahlen
Durch Wechsel, Schuldscheinfopperei,
Mit Quittungskram und kolossalen
Bankrechnungen — Gott steh mir bei! [...][10]

1758 gebrandschatzte Schloss hatte Heinrich Graf von Brühl gehört, einem erbitterten Widersacher Preußens.[7] Wie das Lessinghaus im Nikolaiviertel ist das heutige Ephraimpalais ein *fake monument* aus DDR-Zeiten, allerdings unter Verwendung von Originalteilen des ursprünglichen Gebäudes.[8]

Nach dem Ende des Siebenjährigen Krieges ließ der preußische König das schlechte Geld wieder aus dem Verkehr ziehen und durch vollwertige Münzen ersetzen. Er bemühte sich, die Staatsfinanzen wieder in Ordnung zu bringen und die Wirtschaft anzukurbeln. Zu den Maßnahmen gehörte die Gründung einer neuen preußischen Staatsbank im Juni 1765. Sie verlieh und verwahrte Geld, durfte bald auch Banknoten drucken. Mit der Organisation der späteren deutschen Zentral-

Im französischen Original des Gedichts ist in der zuletzt zitierten Zeile von „leur banque qui m'ennuie" die Rede; es ist unmissverständlich, auf welches Faktum sich der König bezieht, zumal er auch auf die Namen der beteiligten Bankiers anspielt. Er sah sich von den Finanzjongleuren mit immer neuen Berechnungen, Aufstellungen und Vertragsdokumenten konfrontiert und fürchtete, hinters Licht geführt zu werden. Die weiteren Verse seines Schmähgedichts handeln wortreich von seiner Sehnsucht nach Philosophie und Poesie, um sich von den Niederungen der Geldpolitik zu reinigen.

Eine Kundin der Bank war die Dichterin Anna Louisa Karsch. Am 3. März 1790 schrieb sie ihrem Freund Gleim, nachdem sie einen Wechsel über drei Taler und vier Groschen eingelöst hatte:

Ich hab ein Zettelchen Empfangen
Damit ward auf die Bank
Die königliche bank gegangen
Und von dem Gelde ward mit Dank
Die kleine schuld bezahlt, und von dem anndren Gelde
Kauft ich mir Zuker und Cohclad
Und ein gar niedliches Gemälde [...] [11]

Auch ein Gedicht *Über den Aktien-Handel* geht auf ihr Konto:

Wer Geld besitzt, dem drohen Diebe,
Er schlummert nie in Sicherheit,
Viel sicherer schläft die Zärtlichkeit
Bei Aktien die Liebe.[12]

Wo hat die Dichterin ihren Wechsel eingelöst? Aufschluss gibt Friedrich Nicolais Berlin-Topografie von 1786: „Das Haus, zwey Geschoß hoch, dessen Portal mit einer ionischen Säulenstellung gezieret ist, wurde 1690 nach Nerings Rissen gebaut, und war sonst die Wohnung des Königl. Oberjägermeisters. In dem Erdgeschosse sind jetzt die verschiedenen Komtore der Königl. Bank. Im oberen Geschosse versammlet sich das Oberbaudepartement, und die Haupt-, Nutz- und Brennholzadministration."[13] Lokalisieren lässt sich der Jägerhof, die Keimzelle der späteren Reichsbank[14], in

der heutigen Jägerstraße 34/35. Von da aus expandierte der Bankkomplex immer weiter in die Nachbarschaft und füllte mit seinen Erweiterungsbauten um 1903 den gesamten Häuserblock zwischen Jäger-, Kur-, Oberwall- und Kleiner Jägerstraße.[15] Östlich der Kurstraße entstand dann im 20. Jahrhundert das noch erhaltene Reichsbankgebäude, in dem von 1958 bis 1990 das Zentralkommitee der SED tagte und das heute zum Auswärtigen Amt gehört. Am Werderschen Markt findet sich daher eine Infostele, auf der auch das von Nicolai beschriebene ursprüngliche Bankgebäude abgebildet ist.[16]

Immer auf der Suche nach neuen Geldquellen, geriet Friedrich II. im Jahr 1763 an den Italiener Giovanni Antonio Calzabigi, der fünf Jahre zuvor das Zahlenlotto in Paris eingeführt hatte. Er gewann den König für die Einführung einer preußischen Staatslotterie, die unter anderem dazu diente, die Wiederaufnahme des teuren Spielbetriebs an der Oper zu finanzieren. Davon berichtet Giacomo Casanova in seinen Memoiren.[17] Casanova hatte Calzabigi schon bei dem Pariser Lotterieprojekt beraten und sah ihn wieder, als er im Sommer 1764 auf der Suche nach einem Auskommen in Berlin eintraf. Dem kontaktfreudigen Lebemann gelang es, einen Termin beim König im Garten von Sanssouci zu arrangieren; der fragte Casanova auf seine Kenntnisse hin aus und schloss das Bewerbungsgespräch mit dem Satz: „Wissen Sie, Sie sind ein sehr schöner Mann."[18] Nach einigen Wochen erreichte Casanova das Angebot, Erzieher in einer neu eingerichteten Kadettenschule zu werden. Er verzichtete allerdings dankend, nachdem er das schäbige Quartier der minderjährigen Offiziersschüler in Augenschein genommen hatte. Danach reiste er weiter an den russischen Hof, um dort sein Glück zu versuchen.

Während des zweimonatigen Aufenthalts von Casanova in Berlin und Potsdam im Sommer 1765 geriet Calzabigis Lotterie in eine schwere Krise. Der König

Illustration von Daniel Chodowiecki zu Friedrich Nicolais Roman um Sebaldus Nothanker, 1776. Die Figur in der Mitte, der alte Säugling, vergleicht das Ergebnis der preußischen Zahlenlotterie der Zeitung mit den Zahlen auf dem Zettel von Sebaldus Nothanker (links). Rechts der junge Säugling, der nach dem Lotteriegewinn die Tochter von Nothanker heiraten darf.

wollte sich aus dem riskanten Geschäft, das er im Gespräch mit Casanova eine „Gaunerei" nannte, zurückziehen. Daher mussten neue Teilhaber gefunden werden, die für die Auszahlung der Gewinne garantierten. Ausgerechnet bei der letzten Ziehung, für die noch der König bürgte, schloss die Lotterie mit einem Verlust von 20 000 Talern. Trotz dieser Rückschläge gelang es Calzabigi, genügend privates Risikokapital aufzutreiben, um die preußische Staatslotterie fortzuführen.

„Die Ziehungen geschehen im Sommer bey gutem Wetter vor dem Hause der Lotteriedirection (auf dem Werder in der Leipzigerstraße) und im Winter, auf dem Berlinischen Rathhause, da denn jedesmal fünf Zahlen aus dem Glücksrade, gezogen werden", überliefert Friedrich Nicolai. „Bey jeder Ziehung werden fünf arme Mädchen, deren Namen auf die herausgekommenen Nummern, vorher bey der Lotteriedirection eingeschrieben gewesen, ausgestattet."[19] Die Lotterie wurde alle drei Wochen gezogen. Eine hohe Geldstrafe drohte Spielern, die sich an Glücksspielen außerhalb Preußens beteiligten: Das Geld sollte im Land bleiben. Die Lotteriedirektion und -kasse waren in der Jägerstraße, in der Nachbarschaft der preußischen Staatsbank und ihrer Tresore, zu finden.[20]

Die Lotterie spielt eine wichtige Rolle in Friedrich Nicolais Roman *Das Leben und die Meinungen des Herrn Magister Sebaldus Nothanker*. Von Lottozahlen hängt das Happy End des Romans ab, der im Tiergartenkapitel schon erwähnt wurde und auf den wir im Folgenden zurückkommen. Der von vielen Schicksalsschlägen gebeutelte Titelheld Sebaldus Nothanker erzielt zu guter Letzt mit einem Einsatz von 6 Talern den Hauptgewinn von 15 000 Talern. Damit ist der Lebensabend des alten Mannes gesichert und auch das Glück seiner Tochter. Sie wird von einem verarmten Mädchen zur guten Partie aufgewertet und darf so den Mann, den sie liebt, tatsächlich heiraten.[21]

Friedrich Nicolais Adressen

1) Geburtshaus, Poststraße 4
2) Nicolaische Buchhandlung und Verlag in der Heiligegeiststraße, 1715 bis 1757
3) Stechbahn, Verlagssitz ab 1763
4) Schloßfreiheit, Verlagssitz in den 1780er-Jahren
5) Brüderstraße 13, Nicolais Wohn- und Verlagshaus seit 1788, Buchhandlung bis 1791. Der Verlag war bereits 1757 bis 1763 in der Brüderstraße ansässig.

Plan de la ville de Berlin, 1748.

An der Stechbahn

Ehe Sebaldus Nothanker dank eines Losgewinns in der preußischen Staatslotterie einen ruhigen Lebensabend verbringen darf, hat er eine ganze Serie katastrophaler Schicksalsschläge zu überstehen. Friedrichs Nicolais Romanheld ist ein gelehrter Geistlicher, der aus seiner Stellung als Landpfarrer vertrieben wird, weil er nicht gut gelitten ist bei religiösen Dogmatikern. Vor allem mit der Vorstellung von ewigen Höllenstrafen kann er sich nicht anfreunden. Dadurch gerät der gutmütige Mann immer wieder aufs Neue mit religiösen Autoritäten in Konflikt, die ihre Macht rücksichtslos durchsetzen. Sebaldus verliert Amt, Frau und Familie und muss sich als Hofmeister, Korrektor, Klavierlehrer und Bettler durchschlagen. Der Entschluss, nach Ostindien auszuwandern, scheitert daran, dass sein Schiff vor Holland in einem Sturm untergeht.

Inspiriert von Laurence Sternes *The Life and Opinions of Tristram Shandy, Gentleman*, auf den der Titel *Das Leben und die Meinungen des Herrn Magister Sebaldus Nothanker* anspielt, wollte Nicolai dem zeitgenössischen Roman die Sentimentalität und den Idealismus austreiben:

„Da wir übrigens eine wahre Geschichte zu erzählen haben, so muß man in derselben weder den hohen Flug der Einbildungskraft suchen, den ein Gedicht haben müßte, noch den künstlich verwickelten Plan, den die Kunstrichter, von Theorie und Einsicht erfüllt, den Ro- manen vorschreiben. Alle Begebenheiten sind in unse- rer Erzählung so unvorbereitet, so unwunderbar, als sie in der weiten Welt zu geschehen pflegen. Die Personen welche auftreten sind weder an Stande erhaben, noch durch Gesinnungen ausgezeichnet, noch durch ausser- ordentliche Glücksfälle von gewöhnlichen Menschen unterschieden. Sie sind ganz gemeine schlechte und ge- rechte Leute, sie strotzen nicht so wie die Romanenhel- den von hoher Imagination, schöner Tugend und feiner Lebensart, und die ihnen zustoßenden Begegnisse sind so, wie sie in dem ordentlichen Laufe der Welt täglich vorgehen.“[1]

Dieser Programmatik des Romans ist die Selbstironie eingeschrieben. Denn an wunderbaren Verwicklun- gen fehlt es in Nicolais zwischen 1773 und 1776 in drei Bänden erschienenem Roman so wenig wie an einem klaren moralischen Kompass. In allen Gesellschafts- schichten, so die Botschaft, gibt es dumme, eitle, be- queme, faule, bigotte und intrigante Leute, die es den- jenigen schwer machen, die mit einer grundanständigen Mitmenschlichkeit durchs Leben gehen. Ein besonders gefährliches Instrument der Machtsicherung aber sind die religiösen Dogmen, die fragwürdige Gesellschafts- zustände der Kritik und damit der Veränderbarkeit ent- ziehen.

Im Berlin der Aufklärung hofft Sebaldus „das wahre Land der Freyheit“ zu finden, „wo jedermann seine Gedanken sagen darf, wo man niemand verketzert, wo christliche Liebe und Erleuchtung in gleichem Maße herrschen“.[2] Wie sich herausstellt, ist auch das ein Trug- bild, denn der größte Teil der Bevölkerung ist an Auf- klärung gar nicht interessiert.[3]

Blick vom Schloßplatz in die Brüderstraße. Rechts die 1702 errichtete Häuserzeile mit dem Namen Stechbahn; gut zu er- kennen ist die Kolonnade im Erdgeschoss, in der sich Friedrich Nicolais Buchhandlung seit 1763 befand, Stich von 1833.

Sebaldus kommt bettelarm in die große Stadt, nachdem ihm Räuber auf dem Weg ein Empfehlungsschreiben an einen Offizier und sein ganzes Geld gestohlen haben. In Berlin bittet er etliche Menschen, zunächst Geistliche, um Hilfe, wird aber überall abgewiesen: „Sebaldus, von aller Hülfe verlassen, irrte noch einige Stunden, fast ohne Besinnung, auf den Straßen herum. Er hatte, seit dem frühen Morgen, noch nichts gegessen, er war von der Reise, und vom Gram äußerst ermüdet, alle seine Glieder ermatteten, alle Hoffnung verließ ihn, und er sank, als es anfieng dunkel zu werden, beynahe ohne es selbst zu wissen, unter dem Bogengange der Stechbahn in einen Winkel trostlos nieder."[4]

Die Stechbahn war nicht irgendein Ort, sondern damals eine der bekanntesten und besten Geschäftsadressen, direkt am Schloßplatz. Hier versammelten sich jeden Mittag die Kaufleute von Berlin „als auf einer

Fassade des Schlosses am Schloßplatz mit Stechbahn (oben), Foto um 1855, und mit Auswärtigem Amt im Hintergrund, Foto von 2022.

Börse".[5] Die mittelalterliche Bezeichnung Stechbahn geht auf einen Turnierplatz am Schloss zurück; seit 1702 hieß so eine repräsentative Häuserzeile mit Arkaden, die den Schloßplatz gegen Westen abschloss. Heute existiert diese Platzwand nicht mehr, so wenig wie die ehemalige Einmündung der Brüderstraße in den Schloßplatz. Das ehemalige Staatsratsgebäude der DDR, in den 1960er-Jahren gebaut, steht im Weg und macht eine Orientierung fast unmöglich.

Um den Schauplatz der folgenden Szene an der Stechbahn aus Nicolais Roman zu betreten, stelle man sich daher einfach vor das Hauptportal des Gebäudes der European School of Management and Technology (ESMT) mit der Adresse Schloßplatz 1, also direkt vor das originale Schlossportal, das in das ehemalige DDR-Staatsratsgebäude eingebaut wurde (und dort verblieb, als auf der anderen Platzseite die barocke Schlossfassade für das Humboldt Forum wiedererrichtet wurde). Hier stößt Sebaldus „laute Seufzer und die bittersten Klagen aus. Er erregte dadurch die Aufmerksamkeit vieler Vorübergehenden, die von Gastereyen, oder Spaziergängen zurück kamen. Einige sagte: ‚Da liegt ein Mensch!‘, andere: ‚Was muß das für ein Mensch seyn?‘, andere warfen ihm ein Paar Dreyer zu, die einen Mann, dessen Gesinnungen das Elend noch nicht ganz hatte erniedrigen können, demüthigten, ohne ihm zu helfen.

Endlich, da es schon ganz dunkel war, gieng ein Mann mit einer Laterne in der Hand vorüber, eben als Sebaldus einen tiefen Seufzer ausstieß, und in unzusammenhangende Klagen ausbrach. Er leuchtete ihm mit der Laterne gerade ins Gesicht, und fragte, was er begehre! Ha! sagte Sebaldus mit starren Augen: ‚Ich möchte wohl einen mitleidigen Menschen sehen, denn in dieser Stadt kann eine menschliche Kreatur auf der Straße verschmachten, indeß in allen Häusern Freude und Wohlleben herrschet.‘

Der Vorübergehende fragte weiter, und erfuhr in wenig Worten, wer Sebaldus sey, und die fehlgeschlagenen Versuche dieses Tages.

‚Sie haben sich, mein Freund, sagte der Mann mit der Laterne, lächelnd, nur an allzureiche Leute gewendet.

Ein wohlhabender Mann kennet das wahre Bedürfniß eines Unglücklichen nicht recht, wirft ihm aufs höchste einen Dreyer oder Pfennig zu, und geht weg. Königen können am besten Könige, und Armen am besten Arme helfen. Stehen Sie auf. Er hob ihn auf, und führte ihn mit sich fort.'"[6]

Der Retter ist Lehrer in einer Freischule für arme Kinder, die sich kümmerlich durch Spenden finanziert. Nach einer Nacht auf frischem Stroh berät er den gelehrten, aber mittellosen Ankömmling Sebaldus, wie er in der großen Stadt ein Auskommen finden könnte. Mit Philosophie und Theologie ist in Berlin ohne Protektion wenig zu erreichen, muss Sebaldus hören. Immerhin kann er auch ein wenig Klavier spielen und Noten schreiben. Damit bestreitet er für einige Monate seinen Lebensunterhalt. Durch das Notenkopieren knüpft er Kontakte, die ihn schließlich zu dem Major führen, an den sein verlorenes Empfehlungsschreiben gerichtet war. In dessen Haus trifft er einen Pietisten wieder, den er auf dem Weg nach Berlin kennengelernt und der ihm die Stadt als gottloses „Sodom und Gomorrha" geschildert hatte.[7] Dieser frömmelnde Heuchler entpuppt sich in der Großstadt als skrupelloser Verführer eines jungen Mädchens. Als der mit Sebaldus befreundete Offizier den Pietisten deswegen zur Rechenschaft ziehen will, kommt es zu einer Fechterei, dabei wird der Offizier tödlich verwundet. Mit gespartem Geld verlässt Sebaldus Berlin wieder, in der Hoffnung, seine verschollene Tochter Mariane wiederzufinden.

Die Stechbahnepisode in Nicolais Roman hat eine sehr gut versteckte topografische Pointe: Sie spielt direkt vor der damaligen Ladentür des Autors und Verlegers. Denn von 1763 bis die 1780er-Jahre residierte Nicolais Buchhandlung und Verlag nicht im später berühmten Nicolaihaus in der Brüderstraße 13, sondern am Schloßplatz in der Ladenzeile der Stechbahn. Die Straßen um den Schloßplatz waren seinerzeit ein Zentrum des Buchhandels mit etlichen Buchhandlungen und Verlagsadressen, von denen alleine das Nicolaihaus in der Brüderstraße sichtbar geblieben ist.[8]

Geboren wurde Friedrich Nicolai am 18. März 1733 als Sohn eines Buchhändlers im nahen Nikolaiviertel, in der Poststraße 4. Der Vater schickte den Sechzehnjährigen nach Frankfurt (Oder) in eine Buchhandelslehre. Dort stellten Werbeoffiziere dem hochgewachsenen Mann nach. Um dem Heeresdienst zu entgehen, kehrte er 1752 nach Berlin zurück und trat in das väterliche Geschäft ein. Neben der kaufmännischen Ausbildung bildete er sich autodidaktisch durch Lesen und begann selbst zu schreiben. 1755 erregte Nicolai erstmals Aufsehen als Kulturkritiker durch sein Buch *Briefe über den itzigen Zustand der schönen Wissenschaften in Deutschland*. Darin rechnete er scharf mit dem provinziellen Zustand der deutschsprachigen Literatur ab. Er beklagte das Fehlen einer freigeistigen Literaturkritik, die sorgfältig und schonungslos die Mängel der publizierten Texte diskutiere: „Die Kritik ist die einzige Helferin, die, indem sie unsere Unvollkommenheiten aufdekt, in uns zugleich die Begierde nach höhern Vollkommenheiten anfachen kan."[9]

Durch diese Schrift wurde Lessing auf den Buchhändler aufmerksam und machte ihn mit Moses Mendelssohn bekannt. Die drei jugendlichen Freigeister trafen sich fast täglich zum Meinungsstreit und gründeten 1757 eine erste Zeitschrift, die *Bibliothek der schönen Wissenschaften und der freyen Künste*. Sie sollte Kunst und Geschmack unter der Deutschen durch Kritik verbessern: „[…] wir bitten aber sehr, es nicht für Bitterkeit und Heftigkeit zu halten, wann wir ein jedes Ding bey seinem Namen, einen elenden Schriftsteller, einen elenden Schriftsteller, und einen öden Kopf, einen öden Kopf nennen."[10] Um die Poeten auf Trab zu bringen, schrieb Nicolai einen mit fünfzig Talern dotierten jährlichen Preis für das beste deutsche Trauerspiel aus.

Im Jahr danach starb Nicolais älterer Bruder, er musste nun die Geschäftsführung der väterlichen Buchhandlung übernehmen. Eines seiner ersten erfolgreichen Verlagsprojekte waren die ab 1759 mit Lessing und Mendelssohn verfassten *Briefe, die neueste Litteratur betreffend*.

Die Briefe erschienen wöchentlich und waren an einen gemeinsamen Freund adressiert, den Dichter und Offizier Ewald Christian von Kleist, der im Siebenjährigen Krieg tödlich verwundet wurde. Zu diesem Zeitpunkt war Nicolais Buchhandlung noch nicht an der Stechbahn ansässig. Auf dem Titelblatt der ersten Nummer heißt es: „Diese Briefe werden alle Donnerstage in der Nicolaischen Buchhandlung im Dufourschen Hause in der Brüderstraße zu Berlin ausgegeben und sind auch in den auswärtigen Postämtern und Buchhandlungen zu haben."[11]

Nicolai baute die ererbte Verlagsbuchhandlung zu einem Unternehmen von europäischem Rang aus. Es stellte Spezialbibliotheken zusammen und verschickte sie ins Ausland, etwa im Auftrag der Zarin Katharina II.[12] Für das Osteuropageschäft unterhielt die Firma seit 1764/65 eine Filiale in Stettin. Nicolais größtes Projekt aber sollte die Entwicklung einer deutschsprachigen Nationalliteratur vorantreiben. Von 1765 bis 1805 redigierte und verlegte er die *Allgemeine Deutsche Bibliothek* in 256 Bänden. Mehr als 350 von ihm angeworbene Rezensenten, darunter viele namhafte Autoren wie Herder oder der Freiherr von Knigge, stellten in dieser virtuellen Nationalbibliothek 80 000 Neuerscheinungen aus allen Sachgebieten vor.

Das damalige Deutschland war politisch, kulturell und wirtschaftlich in viele Einzelstaaten zersplittert, in denen die Zensur mal dieses, mal jenes Buch verbot. In vielen Städten gab es nicht einmal eine Buchhandlung. Durch die *Allgemeine Deutsche Bibliothek* erlebte sich das schreibende und lesende Deutschland als virtuelle Einheit, als Gelehrtenrepublik, in der über politische Grenzen hinweg gedacht und gestritten wurde. Realisierbar war ein solches Jahrhundertprojekt im toleranten Berlin Friedrichs II. Als dessen Nachfolger jedoch die Zensur verschärfte, musste die *Allgemeine Deutsche Bibliothek* vorübergehend den Verlag wechseln und erschien von 1792 bis 1800 in Kiel. Im März 1806, im Alter von 73 Jahren, teilte Nicolai in einer bewegenden Vorrede

Beschreibung
der
Königlichen Residenzstädte
Berlin und Potsdam
und
aller daselbst befindlicher
Merkwürdigkeiten.

Nebst einem Anhange, enthaltend die Leben aller
Künstler, die seit Churfürst Friedrich Wilhelms des
Großen Zeiten in Berlin gelebet haben, oder deren
Kunstwerke daselbst befindlich sind.

Mit Königl. Preußischen, Churbrandenburgischen und Chursächsischen
Freyheiten.

Berlin bey Friedrich Nicolai,
Buchhändler unter der Stechbahn.
1769.

Erstausgabe von Nicolais Berlin-Topografie mit dem Ortsvermerk
„Buchhändler unter der Stechbahn", 1769.

zu den letzten Bänden mit, er sei halb blind und nicht mehr in der Lage, seine umfangreiche Korrespondenz zu bewältigen. Daher müsse nach vierzig Jahren Schluss sein.[13]

Getrübt wird das Bild Nicolais bei der Nachwelt vor allem durch die Häme, die Goethe und Schiller über ihn ausgossen. Dass Nicolai es wagte, 1775 eine Parodie auf *Die Leiden des jungen Werthers* zu veröffentlichen, hat Goethe ihm nie verziehen, obwohl die Kritik des Aufklärers gar nicht dem Buch und dem Autor galt, sondern der Schwärmerei unter seinen Leserinnen und Lesern, dem „Wertherfieber".[14]

Als geldgierigen „Nickel" verspotteten Schiller und Goethe den Berliner Konkurrenten in den gemeinsam verfassten *Xenien*. Als Reiseschriftsteller erreiche Nicolai nie das „Land der Vernunft", und in Anspielung auf die von ihm verlegten *Briefe, die neueste Litteratur betreffend* heißt es: „Auch Nicolai schrieb an dem trefflichen Werk? Ich will's glauben. / Mancher Gemeinplatz steht in dem trefflichen Werk."[15]

Dass Nicolai kein Dichter vom Rang eines Lessing oder Goethe war, daran kann kein Zweifel bestehen, aber seine Verdienste als Verleger und Geschichtsschreiber Berlins wiegen das auf. Mit ungeheurem Engagement, Fleiß und Organisationstalent brachte er nicht alleine die *Allgemeine Deutsche Bibliothek*, sondern auch den ersten brauchbaren Berliner Reiseführer und die erste umfassende Stadttopografie zuwege: die 1769 erstmals erschienene *Beschreibung der Königlichen Residenzstädte Berlin und Potsdam*. In der dritten Ausgabe von 1786 stellte Nicolai nicht ohne Stolz fest, „daß noch bis jetzt die Geschichte keiner großen Stadt Deutschlands so genau und archivarisch ist untersucht worden, als von mir die Geschichte Berlins".[16] Dabei standen Nicolai zahlreiche Beiträger aus allen Bereichen der Verwaltung, Geistliche, Gelehrte, Bibliothekare und Archivare zur Seite. Als Verleger reich geworden, kaufte er 1787 an einer Hauptgeschäftsstraße von Berlin ein großes Haus für 32 500 Taler, auf heutige Verhältnisse umgerechnet vier Millionen Euro, und ließ es von Karl Friedrich Zelter umbauen.[17] Damals waren es vom Schloßplatz nur wenige Schritte bis zur neuen Adresse, heute muss man einen längeren Umweg um das ehemalige DDR-Staatsratsgebäude nehmen, um hinter dessen Gartenseite einen verbliebenen Straßenstummel namens Brüderstraße zu finden.

Die Brüderstraße und die Petrikirche auf einem Stich von Franz Ludwig Catel, 1808, und im Jahr 2022. Das zweite Haus von rechts auf dem Foto ist das Nicolaihaus (Nr. 13). Am Ende der Straße, dem ehemaligen Ort der Petrikirche, entsteht in den kommenden Jahren das interreligiöse „House of One".

Nicolaihaus und Lessing-Museum

Vor dem Galgenhaus in der Brüderstraße 10 wurde 1735 eine Magd öffentlich gehenkt, weil sie einen silbernen Löffel gestohlen haben soll. Das stellte sich später als Justizirrtum heraus. Daher der gruselige Name für das hübsche Bürgerhaus aus dem 17. Jahrhundert. Innen hängt nun eine Berliner Gedenktafel für den aufgeklärten Theologen Johann Peter Süßmilch, die früher an der Fassade zu sehen war.[1] Süßmilch war Propst der nicht erhaltenen Kirche St. Petri am südlichen Ende der Straße. Das Galgenhaus diente seinerzeit als Propstei. Zugleich war Süßmilch Mitglied der Akademie der Wissenschaften und ab 1749 mit der Zensur theologischer Schriften in Preußen beauftragt. Nach dem damaligen Zensuredikt mussten alle Bücher vor der Drucklegung einem Zensor vorgelegt werden.[2] Unter Statistikern ist der Name Süßmilch heute noch ein Begriff, denn er führte in seinem 1741 erschienenen Hauptwerk *Die Göttliche Ordnung* seinen Gottesbeweis auf der Basis demografischer Daten. Lessing hat dieses Werk in den *Briefen, die neueste Litteratur betreffend* positiv rezensiert, und Süßmilch revanchierte sich, indem er Lessing für die Aufnahme in die Preußische Akademie der Wissenschaften vorschlug.[3]

Von unaufhörlichem Wagengeräusch in der Brüderstraße schrieb 1787 Anna Louisa Karsch, die zeitweise in der Straße wohnte.[4] Auf einem Stich aus dem Jahr 1809 tummeln sich dort Kirchgänger, Soldaten zu Fuß und zu Pferde, Lastträger, Fuhrwerke, spielende Kindern und frei laufende Hunde. Man sieht Frauen, die Wasser an öffentlichen Pumpen holen und mit oder ohne männliche Begleitung promenieren. Als Friedrich Nicolais Verlagsbuchhandlung 1788 in die Brüderstraße

Friedrich Nicolai, Pastell von Nikolaus Lauer, um 1800.

umzog, gab es dort zwei erstklassige Gasthöfe, die „Stadt Paris" und den „König von England".[5] In der Brüderstraße 29 war von 1765 bis 1794 die Druckerei von Georg Jacob Decker ansässig, der Lotteriescheine für das Zahlenlotto Friedrichs II. herstellte und sich Hofbuch-

Die Familie des Künstlers Daniel Chodowiecki lebte von 1755 bis 1777 in der Brüderstraße. Er selbst hat sich rechts im Bild porträtiert, wo er am Fenster arbeitet, während seine Frau sich mit den fünf Kindern beschäftigt, Radierung von 1771.

drucker nennen durfte. Sein Unternehmen war für exzellente Typografie und Druckqualität berühmt. Nach dem Tod des Königs erhielt Decker den Auftrag, dessen gesammelte Werke zu drucken.[6]

Der Zeichner und Kupferstecher Daniel Chodowiecki, bedeutendster Illustrator der deutschsprachigen Literatur jener Zeit, wohnte und arbeitete von 1755 bis 1777 in der Brüderstraße 7.[7] „Und gehen Sie doch einmal zu Chodowiecki, und räumen Sie bey ihm auf, was so von alten Abdrücken seiner Sachen herumfährt", schrieb der junge Goethe einmal an Anna Louisa Karsch. „Schicken Sie mir's, und stehlen ihm etwa eine Zeichnung. Es wird mir wohl, wenn ich ihn nennen

höre, oder ein Schnizzel Papier finde, worauf er das Zeichen seines lebhaften Daseins gestempelt hat."[8] Besucht hat Goethe den geschätzten Künstler und seine Kunstsammlung im Mai 1778 jedoch anderswo, in der Behrenstraße 31, wo Chodowiecki bis zu seinem Tod lebte.

Im Weinlokal „Baumannshöhle" in der Brüderstraße 27 verkehrte Lessing in der Zeit, als er sich fast täglich mit Karl Wilhelm Ramler, Moses Mendelssohn und Friedrich Nicolai traf und debattierte.[9] Noch im späten 19. Jahrhundert war in dem Kellerlokal in der Brüderstraße ein „Lessingstuhl" zu bewundern, auf dem der Dichter gesessen haben soll.[10] An dieser Flanke der Brüderstraße steht jetzt der frisch renovierte, zum

Bürogebäude umfunktionierte Erweiterungsbau des Kaufhauses Rudolph Hertzog, erbaut vor dem Ersten Weltkrieg. Die ehemals so quirlige Geschäftsstraße ist meist menschenleer. Kein Ladengeschäft oder Lokal würde hier überleben, selbst der Durchgangsverkehr macht um die Brüderstraße einen Bogen.

Die stattliche Fassade der Nummer 13 beweist, dass das nicht immer so war. Als Friedrich Nicolai 1787 das vormalige Adelspalais erwarb, hatte es schon eine lange Geschichte von An- und Umbauten hinter sich. Eine der zahlreichen Gedenktafeln, die an der Fassade an ehemalige Bewohner erinnern, nennt den Namen des Kaufmanns Johann Ernst Gotzkowsky. Ihm gehörte das Haus von 1747 bis 1770.[11] Bei Friedrich II. stand er in hohem Ansehen als Betreiber von Samt- und Seidenmanufakturen, Kunsthändler und Eigentümer einer Porzellanfabrik. Dieses 1763 vom König aufgekaufte Unternehmen existiert unter dem Namen der Königlichen Porzellanmanufaktur (KPM) noch heute. Zeitweise diente die Brüderstraße 13 als Lager und Verkaufsstelle für Porzellane. 1768 veröffentlichte Gotzkowsky eine vielgelesene Autobiografie unter dem Titel *Geschichte eines patriotischen Kaufmanns*.

Karl Friedrich Zelter, der Bauunternehmer, Musiker und Goethe-Freund, hat dem Nicolaihaus sein heutiges Gesicht gegeben. Im Auftrag Nicolais verlegte er die rechts liegende Toreinfahrt in die Mitte des Vorderhauses, unterkellerte den Hof und unterteilte vorhandene große Säle in kleinere Räume, die sich besser bewohnen und teilweise vermieten ließen. Auf Zelter gehen die malerischen Galerien an der Fassade im Innenhof zurück. Sie ersetzten die fehlenden Flure im Inneren des Hauses. Ansonsten gab es nur die noch existierende prächtige Holztreppe aus dem Jahr 1710 im Vorderhaus, um in die oberen Räume zu gelangen. Im Parterre waren Nicolais Buchhandlung und das Buchlager des Verlags untergebracht. Im ersten Stock des Vorderhauses und im Seitenflügel lagen die Wohn- und Arbeitsräume der Familie Nicolai, Zimmer für Gäste und Mieter befanden sich im zweiten Stock. Nicolais 16 000 Bände umfassende Büchersammlung galt um 1800 als die größte Privatbibliothek in Berlin, außerdem besaß er einige tausend Porträts von Künstlern, Dichtern und Denkern. In seinem Studierzimmer war eine ganze Wand mit den Bildnissen berühmter Zeitgenossen bedeckt. Ähnlich wie Goethe in seinem Haus am Frauenplan in Weimar hat Nicolai in der Brüderstraße 13 nicht bloß gewohnt, sondern wie ein Geistesfürst residiert, Gäste empfangen, einen Treffpunkt für den intellektuellen Austausch und ein geistiges Zentrum Berlins geschaffen.[12] Bei Nicolai traf sich bis 1798 die sogenannte Mittwochsgesellschaft, eine geheime Vereinigung von Juristen, Theologen und Publizisten, die sich zu den Ideen der Aufklärung bekannten.

In den Sommermonaten wohnte Nicolai mit seiner Familie nicht in der lauten Brüderstraße, sondern in einem zweistöckigen Sommerhaus an der Lehmgasse, der späteren Blumenstraße, in der Nähe des heutigen Strausberger Platzes. Dieses Haus war von Gärten umgeben, über die hinweg man einen weiten Blick hatte, und wurde auch Lehmschloss oder Blumenschloss genannt.[13]

Die letzten Jahre Friedrich Nicolais waren überschattet von Krankheiten, dem Tod seiner Frau Elisabeth Macaria und aller Kinder, der Einquartierung französischer Soldaten nach 1806 und dem Dahinschmelzen seines Vermögens unter der napoleonischen Besatzung. Nach Nicolais Tod am 8. Januar 1811 führten sein Schwiegersohn Daniel Friedrich Parthey und dessen Nachkommen den Verlag fort, die Nicolaische Buchhandlung blieb bis 1891 in der Brüderstraße 13 ansässig; heute findet man sie in Friedenau.[14]

Im 20. Jahrhundert zog das Lessing-Museum ins Nicolaihaus. Es eröffnete am 8. Oktober 1910, wenige Tage nach der Schließung und dem Beginn der Abrissarbeiten am alten Standort Am Königsgraben 10. Damit fand auch der „Lessingstuhl" aus der „Baumannshöhle" gegenüber in der Brüderstraße 13 eine neue Heimat.

Brüderstraße mit Nicolaischer Buchhandlung, Foto vor 1891.

Zunächst war das Museum sehr provisorisch im Erdgeschoss untergebracht, ab 1913 konnte es sich in der ehemaligen Privatwohnung Nicolais im ersten Stock ausbreiten.[15] Das Museum war zugleich das erste Literaturhaus Berlins im heutigen Sinne des Wortes. Bis 1925 organisierte sein Gründungsdirektor Georg Richard Kruse dort über tausend literarische und musikalische Veranstaltungen. Lessing und seine Zeitgenossen standen bei der Programmgestaltung im Mittelpunkt, aber „auch an den dichterischen Erscheinungen der Gegenwart wurde nicht vorübergegangen", wie es in einer Chronik der Institution heißt.[16] Ende 1921 versuchte sich ein Theater unter dem Namen „Kammerspiele des Lessingtheaters" im Haus zu etablieren, es gab sogar Pläne für eine Kammeroper „auf sozialistischer Grundlage".[17]

Getragen wurde das Lessing-Museum von einem breiten bürgerschaftlichen Engagement, unterstützt von renommierten Wissenschaftlern, Künstlern und Politikern.[18] Ähnlich wie die fünf Literaturhäuser im heutigen Berlin hatte es einen Trägerverein, den die Stadt finanziell unterstützte. Die Offenheit für andere literarische Vereinigungen und die breite Sammlungstätigkeit prädestinierten das Lessing-Museum dazu, sich zu einem „berlinischen Literaturmuseum" weiterzuentwickeln.[19] Doch dazu kam es nicht. In der Weltwirtschaftskrise der frühen 1930er-Jahre wurde es immer schwieriger, die Miete für die Räume im Nicolaihaus aufzubringen und den Betrieb bei freiem Eintritt aufrechtzuerhalten. Unter dem deutschnationalen Oberbürgermeister Heinrich Sahm kürzte die Stadt ihre Zuschüsse 1932 um drei Viertel, auch das Reichsinnenministerium strich Gelder für die angesehene Bildungsstätte.[20] Zur Vorbedingung für eine Entschuldung des Lessing-Museums machten die Behörden einen Umzug ins Ephraimpalais, der jedoch nicht zustande kam. Nach der Machtübernahme der Nationalsozialisten ließ die Stadtverwaltung das Museum sang- und klanglos eingehen. Ein Museum der Aufklärung und der deutsch-jüdischen Verständigung passte nicht ins kulturpolitische Konzept des „Dritten Reiches". 1936 musste der mittlerweile achtzigjährige Museumsgründer Georg Richard Kruse sein Lebenswerk auflösen. Das Museum wurde geschlossen, Exponate und Bücher teilweise verkauft, um die Schulden zu tilgen. Die Sammlung wurde zerrissen, Teile gingen ans Märkische Museum und ans 1931 eröffnete Lessing-Museum in Kamenz.[21]

Im Zweiten Weltkrieg wurden der Gartenflügel des Nicolaihauses und Teile des linken Seitenflügels weitgehend zerstört, die Straßenfassade beschädigt. Fotos im Bundesarchiv aus dem Jahr 1952 zeigen eine Konsole mit einer Lessingbüste an der Straßenfassade, augenscheinlich jene Büste, die schon das Lessinghaus am Königsgraben bis zu seinem Abriss geschmückt hatte. Nach dem Wiederaufbau war das Haus Brüderstraße 13 seit 1954 Sitz des Instituts für Denkmalpflege der DDR und von 1990 bis 1998 Sitz des Brandenburgischen Landesamtes für Denkmalpflege. Danach nutzte es das Stadtmuseum als Ausstellungsgebäude. Ab 2007 stand das Haus leer. Der Senat bot es dem Suhrkamp Verlag an, als dieser seinen Umzug von Frankfurt am Main nach Berlin ankündigte. Der für 2011 geplante Einzug ins Nicolaihaus kam jedoch wegen des erheblichen Sanierungsbedarfs nicht zustande. Stattdessen kaufte es die Deutsche Stiftung Denkmalschutz und investierte bis 2015 vier Millionen Euro in seine Instandsetzung.

Besonders behutsam wurde das Vorderhaus mit der knarzenden Barocktreppe restauriert, über die schon Friedrich Nicolai und seine Besucher gegangen sind. Der große Saal im ersten Stock und das ehemalige Musikzimmer dienen als Konferenzräume, in einem Raum ist dauerhaft eine Ausstellung über Friedrich Nicolai

Innenhof des Nicolaihauses nach der letzten Sanierung, Foto von 2016.

untergebracht – mit vielen wertvollen Erstausgaben aus seinem Verlag, die der Verleger Dieter Beuermann gesammelt und zur Verfügung gestellt hat. Ein 2008 gegründeter Freundeskreis des Nicolaihauses veranstaltet Vorträge zur Geschichte des Gebäudes und seiner Bewohner. Im Innenhof ist die Aura eines Bürgerhauses aus dem 18. Jahrhundert noch spürbar: Die originale Pflasterung und eine Wasserpumpe sind erhalten, und in der Mitte des unregelmäßigen Hofes wächst wie zu Nicolais Zeiten ein Nussbaum.

Die gebaute Ringparabel

„Bahnet einer glücklichen Nachkommenschaft wenigstens den Weg zu jener Höhe der Cultur, zu jener allgemeinen Menschenduldung, nach welcher die Vernunft noch immer vergebens seufzet! Belohnet und bestrafet keine Lehre, locket und bestechet zu keiner Religionsmeinung! Wer die öffentliche Glückseligkeit nicht stöhret, wer gegen die bürgerlichen Gesetze, gegen euch und seine Mitbürger rechtschaffen handelt, den lasset sprechen, wie er denkt, Gott anrufen nach seiner oder seiner Väter Weise, und sein ewiges Heil suchen, wo er es zu finden glaubet. Lasset niemanden in euern Staaten Herzenskündiger und Gedankenrichter seyn; niemanden ein Recht sich anmaßen, das der Allwissende sich allein vorbehalten hat! Wenn wir dem Kaiser geben, was des Kaisers ist; so gebet ihr selbst Gotte, was Gottes ist! Liebet die Wahrheit! Liebet den Frieden!"[1] Mit diesem Appell schließt Moses Mendelssohns 1783 erschienenes Buch *Jerusalem oder über religiöse Macht und Judentum*, in dem er das Verhältnis von Staat, Kirche und individueller Glaubenspraxis im Sinne der Aufklärung umreißt. Religion hielt Mendelssohn für hilfreich und sogar notwendig, um ein gedeihliches Zusammenleben in einem Staat zu ermöglichen; ebenso konsequent lehnte er Eingriffe des Staates und religiöser Autoritäten in die Gewissens- und Glaubensfreiheit des Einzelnen ab.

Der Buchtitel *Jerusalem* spielt darauf an, dass diese Stadt im Judentum, Christentum und Islam gleichermaßen als heilig gilt und deswegen durch Jahrhunderte umkämpft war – und ist. Jerusalem ist zugleich Schauplatz von Lessings Drama *Nathan der Weise*. Es wurde im selben Jahr in Berlin uraufgeführt, in dem Mendelssohns politisches Vermächtnis erschien, am 14. April 1783 im Doebbelinschen Theater an der Behrenstraße, zwei Jahre nach Lessings Tod.

Entwurf für das „House of One" am Petriplatz, Mai 2021.

Zeitgenossen und Nachwelt erkannten in dem frommen, scharfsinnigen Menschenfreund Nathan die geistige Physiognomie Moses Mendelssohns wieder. Wie dieser ist Nathan ein jüdischer Geschäftsmann, der sich mit kostbaren Stoffen auskennt. Antisemitische Vorurteile straft er Lügen durch seine Klugheit, Hilfsbereitschaft und Großzügigkeit. Als der herrschende Sultan Saladin ihn mit der heiklen Frage konfrontiert, welche von den drei Religionen die rechte sei, zieht Nathan sich mit der berühmten Ringparabel aus der Affäre. Demnach haben die drei großen monotheistischen Religionen eine gemeinsame Wurzel. Ursprünglich existierte nur ein einziger Ring, der die Kraft besaß, „vor Gott und Menschen angenehm zu machen".[2] Ein Vater vererbte seinen drei Söhnen jedoch drei gleich aussehende Ringe, um keinen zurückzusetzen. Um herauszufinden, welcher der echte sein könnte, gibt es nur einen Rat:

Es strebe von euch jeder um die Wette
Die Kraft des Steins in seinem Ring an Tag
Zu legen! komme dieser Kraft mit Sanftmuth,
Mit herzlicher Verträglichkeit, mit Wohlthun,
Mit innigster Ergebenheit in Gott,
Zu Hülf'![3]

Es ist jedoch nicht einfach, diesem frommen Wunsch nachzuleben. Jerusalem steht zum Zeitpunkt der Handlung kurz vor dem Aufflammen neuer Kämpfe zwischen Christen und Moslems. Was das für die jüdische Minderheit bedeutet, weiß Nathan nur zu gut: Frau und Kinder hat er vor Jahren durch ein von christlichen Milizen verübtes Massaker an der jüdischen Bevölkerung verloren. Ersatzweise hat Nathan ein Findelkind aufgezogen, ein Christenmädchen, das für seine leibliche Tochter und eine Jüdin gehalten wird. Nathan hält Rechas Herkunft geheim. Denn in den Augen der Kirche ist sein Handeln keine Wohltat, sondern ein

Verbrechen an dem getauften Kind, für das es nur eine Strafe geben kann: „Der Jude wird verbrannt."[4]

Während Nathan auf Geschäftsreise unterwegs ist, rettet ausgerechnet ein christlicher Tempelherr Recha aus dem brennenden Haus des Vaters. Dessen Gefährten hat der herrschende Sultan Saladin nach ihrer Gefangennahme allesamt hinrichten lassen, weil sie den Waffenstillstand gebrochen hatten. Aus einer vagen Ahnung heraus verschont der Sultan den einen Ritter. Er ist – wie sich am Ende herausstellt – sein Neffe und Rechas Bruder. Beide sind Kinder eines christlich-muslimischen Liebespaars, das sich im Heiligen Land gefunden hatte und in den Kriegswirren ums Leben kam.

Die Komplikationen im Stück ergeben sich daraus, dass eine solche Familienkonstellation den trennenden Zuschreibungen – als Jude, Moslem, Christ – zuwiderläuft und daher geheim gehalten werden muss. Erst allmählich durchschauen Lessings Figuren, dass sie alle zu einer weitverzweigten (Menschheits-)Familie gehören. Unter islamischer Herrschaft ist in Jerusalem immerhin ein tolerantes Nebeneinander der Weltanschauungen möglich. Doch das ist ein fragiles Konstrukt, jeden Augenblick droht ein neuerliches Aufflammen der Gewalt. Vor allem weil das Oberhaupt der Christen in Jerusalem, der Patriarch, insgeheim auf einen Umsturz mit Hilfe der Kreuzritter hinarbeitet.

Lessings beißende Kritik an einem militanten und judenfeindlichen Christentum, seine Darstellung des Islam als toleranter Religion und die Verherrlichung eines jüdischen Geschäftsmannes als eines wahren Menschenfreundes – das war im 18. Jahrhundert starker Tobak und trotz aller Aufklärungsbemühungen für viele unerträglich. Das Stück polarisierte. Der Autor geriet in den Ruf, ein Christenhasser und Atheist zu sein, damals ein moralisches Todesurteil. Über die fatale Wirkung des Stücks schrieb Moses Mendelssohn 1785: „Aber wie sehr veränderte sich die Scene, nach der Erscheinung des Nathan! Nunmehr drang die Kabale aus den Studierstuben und Buchläden in die Privathäuser

seiner Freunde und Bekannten mit ein; flüsterte jedem ins Ohr: Lessing habe das Christenthum beschimpft, ob er gleich nur einigen Christen und höchstens der Christenheit einige Vorwürfe zu machen gewagt hatte. [...] Der allenthalben willkommne Freund und Bekannte fand nunmehr allenthalben trockne Gesichter, zurückhaltende, frostige Blicke, kalte Bewillkommung und frohe Abschiede, sah sich von Freunden und Bekannten verlassen und allen Nachstellungen seiner Verfolger blosgestellt."[5]

Die Nachwelt hat – wie von Moses Mendelssohn vorausgesagt – Lessings Stück als Höhepunkt der Aufklärungsliteratur kanonisiert. Man kann die Ringparabel sogar im Stadtbild finden, sie ist nachzulesen am Lessingdenkmal im Tiergarten, unweit des Holocaust-Mahnmals. Nun nimmt einen Steinwurf vom längst vergessenen Lessing-Museum in der Brüderstraße das Gleichnis die Gestalt eines Bet- und Begegnungshauses für drei Religionen an. Das „House of One" entsteht am Platz der Petrikirche, dem ältesten urkundlich nachgewiesenen Gotteshaus in Berlin. Der Architekturentwurf des Architekturbüros Kuehn Malvezzi sieht drei separate Gebetsräume in klar unterscheidbaren Baukörpern vor, gruppiert um einen weithin sichtbaren Turm, der Platz für einen gemeinsamen Raum der Begegnung und des Austauschs bietet.[6]

Fast zehn Jahre sind vom Architekturwettbewerb bis zur Grundsteinlegung am 27. Mai 2021 vergangen, an der wegen der Corona-Pandemie nur wenige Gäste teilnehmen konnten. In einem gemeinsamen Interview verglich Imam Kadir Sanci das Haus mit einer Wohngemeinschaft, Rabbiner Andreas Nachama äußerte die Hoffnung, „dass im Laufe der Jahre aus diesem Schneeball ein immer größerer wird", und Pfarrer Gregor Hohberg brachte die Haltung der Initiatoren so auf den Punkt: „Aufklärung ist das A und O. Wir pflegen sehr wertvolle, aber auch sehr alte Traditionen. Wir müssen sie in unsere Zeit übertragen, den Kern herausschälen. Das darf man nicht den Fundamentalisten überlassen,

Aufklärung und *Toleranz*, Kupferstiche von Daniel Chodowiecki aus dem Zyklus *Sechs großen Begebenheiten des vorletzten Decenniums*, 1791.

die zweitausend Jahre alte Sätze eins zu eins verstehen. […] Es heißt, Berlin ist die Stadt der Wunden und der Wunder. Das trifft es gut. Wir sind gern auf der Seite der Wunder."[7]

Allerdings gibt es in Berlin mittlerweile nicht mehr nur drei, sondern über dreihundert Religionsgemeinschaften. Und schon in Lessings Nathan-Drama bleiben Saladins Sklavinnen und die „schmutzgen Mohren" Randfiguren und bei der Verbrüderung der Religionen außen vor.[8] Das Toleranzkonstrukt der Ringparabel stammt nun einmal aus dem 18. Jahrhundert, es zielte

vor allem auf die Anerkennung und Gleichstellung *einer* besonders stark ausgegrenzten Minderheit, der Juden. Lessing hat zudem eine Lanze für den Islam gebrochen. Dass er weitergedacht hat, darauf deutet die Bemerkung eines frommen Klosterbruders in seinem Stück hin. Viel wichtiger für ein Kind als religiöse Unterweisung sei Geliebtwerden, heißt es da, und „wär's eines wilden Tieres Lieb' auch nur, in solchen Jahren".[9] Lessings Religion des Herzens schließt auch diejenigen ein, die sich nicht zu einer der drei großen monotheistischen Glaubensbekenntnisse zählen mögen.

Das Freudenmädchen.

Daniel Chodowiecki, *Das Freuden-mädchen*, Kupferstich aus dem Zyklus *Todtentanz*, 1791.

Leben
der
Madame Schuwitz
von
ihr selbst aufgesezt.

Cythere, 1792.

Titelblatt einer fiktiven Autobiografie von Berlins angesehenster Kupplerin, 1792.

Feenhütte

„Der Schauplatz ist ein Haus in Berlin, in dem mehrere Familien wohnen", lautet die Szenenangabe der Komödie *L'École du monde*, „verfasst von Herrn Satyricus, der unerkannt zu bleiben wünscht".[1] Dahinter steckte König Friedrich II. selbst. Das ab 1748 mehrfach aufgeführte Stück handelt von einem spießerhaften Anhänger der frühen deutschen Aufklärungsphilosophie, der seinen Sohn Bilvesée zum Studium auf eine preußische Universität schickt. Von dort kehrt der junge Mann keine Spur gebildeter, jedoch moralisch verwahrlost zurück. Daran scheitert der Plan des Vaters, den Sohn mit einem tugendhaften Mädchen aus dem Haus zu verheiraten. Julie liebt ohnehin einen anderen Mann, der zwar ein armer Schlucker ist, dem sich aber wegen seiner geschliffenen Manieren gute Aussichten am Hof eröffnen. Die geplante Verheiratung Julies mit Bilvesée (in der deutschen Übersetzung: Firlefanz) scheitert endgültig, als auffliegt, dass dieser nach seiner Heimkehr in die Vaterstadt nicht gleich seine Familie aufgesucht, sondern sich zwei Tage im Berliner Bordell einer Madame La Roche einquartiert hatte. Dort hinterließ er einen ungedeckten Schuldschein über fünfzig Dukaten. Als der Student versucht, die Herausgabe des belastenden Dokuments von der Bordellwirtin zu erzwingen, kommt es zu einer wüsten Schlägerei, an deren Ende ihn die Polizei festnimmt und ins Gefängnis steckt.

„Der öffentlichen Buhlerinnen gibts hier eine größere Menge, als in irgend einer andern Stadt in Europa nach Maßgabe der Zahl ihrer Einwohner", schrieb der Engländer John Moore 1779 in einem Reisebericht.[2] „Aber das, was Berlin vielleicht vor *allen* Städten Deutschlands auszeichnet, – ist die Toleranz, mit der jedem lüderlichen Bengel alle Ausschweifungen in öffentlichen Bordells nicht nur gestattet, sondern sogar mit einer gewissen Po-

lizeyordnung zu reguliren gesucht wird", konstatierte der österreichische Offizier Johann Friedel 1782 in *Briefen über die Galanterien von Berlin*.[3] Demnach gab es damals in der Stadt rund einhundert Bordelle („Tabagien"). Von ihren Wirten wurden die jungen Mädchen in Abhängigkeit gehalten und ausgebeutet, bis – im günstigsten Fall – einer ihrer zahlenden Liebhaber sie freikaufte und zur Privatmätresse machte.[4] Die Polizei duldete eine jeweils festgelegte Zahl von Sexarbeiterinnen in den einschlägigen Häusern; damit hoffte sie, Streitigkeiten zwischen Bordellwirten zu vermeiden. Sie schickte alle vierzehn Tage einen „Hurendoktor", von dem sich die Mädchen gegen zwei Groschen Honorar auf Geschlechtskrankheiten untersuchen lassen mussten. Infizierte wurden in die Charité geschickt und dort unentgeltlich gepflegt; sie riskierten allerdings, sich wegen der schlechten hygienischen Bedingungen in der Klinik mit anderen Krankheiten anzustecken.[5]

Johann Friedel unterschied vier Klassen von Bordellen. Auf der niedrigsten Stufe standen demnach „der schwarze Kater in der Linienstraße, die rothe Pumpe, die blecherne Kutte, das scharfe Eck und der lahme Gerber, alle vor dem Spandauerthore; der zottige Jude, Heil und Leger in der französischen Straße; der lahme Frosch in der Jägerstraße; die Tranpule in der Bärenstraße, die Talkfabricke in der Kanonierstraße; Müller auf dem Haagischen Platze [= Hackescher Markt, M.B.]; die Jäschin in der Falkoniergasse; der goldene Huth, weiße Schwan, der Anker und Hanicken auf dem Weidendamm; Laborius und Brautchen in der Friederichs- und Jägerstraße, Paul in der Schornsteinfegergasse, – und so weiter".[6] Reputierlicher ging es in den Bordellen der „höheren" Gesellschaftsklassen zu. Friedel nennt die Namen der Wirte Heil, Leger, Schmidt,

Posen und Simon, Spitzname: „Magister Schwarzbuckel". Bei Letzterem gab es keine Verrichtungskammern für die Prostituierten, das „honorable" Etablissement gestattete lediglich die Kontaktanbahnung und den Abschluss eines „Accords" mit den Freiern.[7]

Zu literarischem Ruhm und Nachruhm brachte es das Haus der Bordellwirtin Elise Schuwitz (nach anderen Quellen auch: Charlotte Schuwitz bzw. Schubitz). Seit den 1780er-Jahren wurde das Etablissement in Reiseberichten und Briefen als eine der herausragenden Berliner Sehenswürdigkeit empfohlen.[8] Zwischen 1792 und 1800 erschienen mindestens zehn Drucke, die den Namen der Kupplerin im Titel tragen und als „Madame-Schuwitz-Literatur" in die Berlinologie eingegangen sind.[9] Darunter eine fingierte Autobiografie der geschäftstüchtigen Zuhälterin, deren Blätter der anonyme Herausgeber auf einer Toilette im „Tempel der Freude" gefunden haben will, „den Madame Sch – w – tz mitten in B – s Mauern zur Erholung und Erweckung der Lebensgeister ihrer lieben Mitbürger errichtet hat".[10]

Demnach stammte die Hausherrin aus zerrütteten Familienverhältnissen: Sie wurde von ihrem Pflegevater missbraucht, aus der Familie verstoßen und fand dann im Berlin Friedrichs II. ein Auskommen als Prostituierte. Nach Jahren in einem weiblich geführten Bordell für die höheren Stände lernte sie einen pensionierten General mit dem Namen Hesselbart kennenlernte, der ihr ein „ansehnliches Monatsgeld" zahlte. Auf einem Tanzboden traf sie in dieser Zeit einen Herrn Schuwitz, in den sie sich verliebte und der sie später heiratete. Als Hesselbart starb und die Zahl der Verehrer altersbedingt nachließ, wechselte Madame Schuwitz den Beruf. Unterstützt von ihrem Mann, bot sie jetzt Kupplerdienste an, zunächst in möblierten Zimmern eines Hauses, das „Walfisch" genannt wurde, unweit der Oper und der Flanierstrecke Unter den Linden. Sobald das Unternehmen florierte, zog sie in ein besseres Haus an der Friedrichstraße, Ecke Mohrenstraße um und schaffte sich eigene Möbel an:

„Itzt bemühte ich mich, durch guten Wein und den besten Punsch oder Champagner die beste Gesellschafter, junge Officier und Hofleute, an mich zu ziehen. Nach jeder Cour wimmelte es bei mir von Ordensbändern und Uniformen, und so gewöhnte ich mir nach und nach die geringen Besuche ab, so wie ich mit den höhern Classen unsrer schönen Welt in Verbindung trat.

Als ich bei diesen Finanzoperationen ein hinlängliches Capital zusammengebracht hatte, kaufte ich mir dies in der Friedrichstraße gelegne Haus, welches ich noch itzt bewohne, und weihte es zu einer der schönsten Capellen ein, wo man der Venus opfern kann.

Ich baute hinten einen kleinen niedlichen Saal, verschönerte den Hof durch einen artigen Garten und eine kühle Laube, und garnirte alle Zimmer mit geschmackvollen Tapeten, Trimeaus, Marmortischen, Vasen, Uhren, Sophas, Ottomannen und Kronleuchtern. – [...]

Meine Priesterinnen waren die niedlichsten, reinlichsten und muntersten Geschöpfe von der Welt. [...] Man buhlte um ihre Gunst, wie um die Gunst einer Operntänzerin oder teutschen Aktrice. Mancher reiche Erbe verschwendete hier in einer Nacht die Hälfte eines Vermögens, dessen Besitz er erst nach Jahren antreten sollte, mancher Spieler opferte hier der Venus und ihrem Freudentaumel in einer Nacht, was er mühsam in acht Tagen durch die Geschicklichkeit seiner behenden Finger erworben hatte.

Bei mir war es, wo die Staatsmänner über das Wohl der Provinzen berathschlagten, wo die Krieger ihre taktische Operationen entwarfen, die Finanziers neue Auflagen ersannen und die Kaufleute auf neue Monopolia raffinirten. Bei mir sammleten unsre jungen Gottesgelehrten neuen Stoff zu moralischen Betrachtungen, unsre jungen Söhne der Themis neue Erfahrungen im Eherecht, und die Diener des weisen Aeskulap praktische Kenntnisse in der wichtigen Lehre von den weiblichen Krankheiten, unsre Dichter und Romanschriftsteller aber ihre Begeisterung und Weltkenntnise. – [...]

Itzt stieg meine Pracht aufs höchste, ich prunkte auf allen Promenaden, meine Pflegetöchter waren bei allen öffentlichen Festlichkeiten oben an, kein Feuerwerk, kein Fischzug, keine Oper, kein Singspiel wurde gegeben, kein Taschenspieler, Seiltänzer oder dergleichen durfte sich sehen lassen, so mußte ich mit meinem Hause dabei sein. Itzt schafte ich mir eine glänzende Equipage an. Meine Kutsche prangte mit einem goldnen S ✶✶, in Scharlach glänzte mein schwarzbärtiger Kutscher, in Scharlach leuchtete hinten mein galanter Laquai mit seiner Wachsfackel mich vom Theater nach Hause."[11]

Es konnte nicht ausbleiben, dass der Geschäftserfolg und die wachsende Reputation der Edelbordellbesitzerin etliche Neider auf den Plan rief. Im Jahr 1787 kam es zu Straßentumulten, nachdem bestochene Straßenjungen die Mädchen der Madame Schuwitz auf der Promenade Unter den Linden angegriffen hatten. Das Freudenhaus in der Friedrichstraße 63 – zwischen Kronen- und Mohrenstraße gelegen[12] – wurde drei Tage lang regelrecht belagert und mit Steinen beworfen. Die Polizei musste den Aufruhr durch massive Präsenz ersticken. Danach verbot der Stadtpräsident der Madame Schuwitz die Zurschaustellung ihres Reichtums in der Öffentlichkeit. Auch ihren Mädchen wurde eingeschärft, sich zurückzuhalten. Sie sollten möglichst wenig auffallen und sich keine „Gleichschätzung mit anderen ehrliebenden Personen" einbilden, da „ihre Wirtschaft und Gewerbe allemal niederträchtig sei und bleibe".[13]

Das Geschäft der Madame Schuwitz florierte so sehr, dass sie sich ein Sommerhaus vor dem Potsdamer Tor leisten konnte: „Ihre Vestalinnen durften hier nicht übernachten, weil sie diesen Tempel nicht entheiligt wissen wollte", lediglich ihre Kinder wohnten hier. Nach dem Tod der Mutter vermieten sie es an einen Gastwirt.[14] Laut dem Kirchenbuch der Jerusalemer Gemeinde ist Charlotte [sic!] Schuwitz am 22. November 1798 im Alter von fünfzig Jahren gestorben und auf

einem der Friedhöfe vor dem Halleschen Tor beigesetzt worden.[15] Sie hinterließ einen Sohn und eine Tochter.

Noch im selben Jahr erschien ein satirischer Nachruf unter dem Titel *Standrede am Grabe der Madame Schuwitz. Ein Neujahrsgeschenk für Incroyables*, der ihre Wirksamkeit mit der Aufklärungsphilosophie in Verbindung brachte: „Da auch die mehrsten ihrer Besucher, die eleganten Philosophen und philosophischen Eleganten, der Kantischen Lehre zugetan sind, so ist mehr als wahrscheinlich, daß sie an ihr eine Proselytin [= Bekehrte, M. B.] gemacht haben werden. […] Handle so, daß deine Maxime allgemeines Gesetz werden müsse! Laß Dich nicht durch Gefühl, sondern durch einen kategorischen Imperativ dieser Maxime zur Ausübung aller Pflichten antreiben! Dies sind die Grundsätze Kants und der seligen Madame Schuwitz! Ihre Maxime war: Geld schaffen! […] Die gesegneten Folgen ihres Respekts gegen das Geld und ihre Gleichgültigkeit gegen Charakter, Sitten und Stand waren: *Freiheit und Gleichheit*, die man in ihrem Hause reichlich genoß." Und in Anspielung auf die Französische Revolution von 1789 schwärmt der anonyme Satiriker: „Beglücktes Berlin! Du genossest zehn Jahre früher als Gallien die Früchte der Freiheit und Gleichheit! […] Beim Schaume des echten Lüttichen Champagners und der reizenden Jeanette, wie schön entwickelten sich da die Begriffe von Bürgertugend in den Gehirnen und Herzen unserer jungen Demokraten!"[16]

Zu diesen jungen Leuten der nächsten Generation zählten um 1790 die Freunde Heinrich Gentz und Wilhelm von Humboldt. Letzterer schrieb in einem Brief, in der kultivierten Atmosphäre des Schuwitz'schen Etablissements spüre er wenig Drang, sich zu „animalisieren", denn: „Das Ameublement ist prächtig, der Punch und alles was man nimmt, sehr schön. Das macht, daß man ganz vergißt in welchem Hause man ist, und zusammen spricht, eben als wäre man bei sich."[17] Die „alte Dame", die das Haus führte, fand der junge Adlige erheblich interessanter als ihre Mädchen.

Anna Louisa Karsch, Gemälde von Karl Christian Kehrer, 1791. Das Bild entstand während eines Berlin-Aufenthalts des Malers. Kehrer bot die sehr lebensnahe Darstellung nach dem Tod der Dichterin ihrem Freund und Briefpartner Gleim an, der sie für seinen „Freundschaftstempel" in Halberstadt erwarb.

Blick vom Bahnhof Börse, heute S-Bahnhof Hackescher Markt, in Richtung Rosenthaler Straße, Foto oben von 1904. In das Eckhaus hinter dem Baum links von der Lokomotive zog Anna Louisa Karsch 1789 ein. Das Grundstück zwischen Bahnhof und Neuer Promenade ist heute unbebaut und wird dem Hackeschen Markt zugerechnet, Foto unten von 2022.

Ein Haus für Sappho

So sieht der Garten der Dichterin heute aus! Ein Baum und ein verwaister Stuhl mitten auf dem Hackeschen Markt. Linker Hand Marktstände, rechter Hand die Freilufterrassen der Lokale, die in den Stadtbahnhögen unter dem S-Bahnhof Hackescher Markt nisten. Die nahe Anna-Louisa-Karsch-Straße verweist seit 2001 mit ihrem Namen darauf, dass die „preußische Sappho" in der Gegend gewohnt hat.[1] Auf einem Stadtbahnfoto aus dem frühen 20. Jahrhundert ist ihr Haus zufällig abgebildet. Das Eckhaus, das links neben der Lokomotive zu sehen ist, entspricht den Beschreibungen, die Anna Louisa Karsch von ihrem im Jahr 1789 bezogenen „Tempelchen der Musen" hinterlassen hat.[2]

Der Standpunkt des Fotografen lässt sich noch heute mühelos einnehmen: oben auf dem Bahnsteig des S-Bahnhofs Hackescher Markt, der seinerzeit Bahnhof Börse hieß. Vom westlichen Bahnsteigende hat man einen schönen Blick auf die Neue Promenade und den nördlichen Bahnhofsvorplatz, auf dem seit ein paar Jahren wieder Markt abgehalten wird. Das historische Foto zeigt, dass der größere Teil des freien Platzes bis zum letzten Krieg bebaut war. Der Hackesche Markt war viel kleiner und bezeichnete den Ort, wo bis heute die Oranienburger und die Rosenthaler Straße, die Präsidentenstraße und die Straße An der Spandauer Brücke aufeinandertreffen.

Der ehemalige Bauplatz für das Dichterinnenhaus mit winzigem Gärtchen mitten auf dem heutigen Marktplatz ist nicht zubetoniert, das lässt der Fantasie Spielraum. Anna Louisa Karsch sah ihr Haus schon vor ihrem inneren Auge, ehe das Bauen überhaupt angefangen hatte. An ihren Freund Gleim schrieb sie über das Filetgrundstück: „Viele bitten, viel bewerbungen anderer um den Platz, waren umsonst. […] Sie wollen ja nun die Stelle wißen auf die gebauet werden soll,

mein Haüßchen sieben fenster breit
Und ausgeziert mit allen Castalinnen [= Musen, M.B.]
Und den Apollo gannz geweyt
Hört Tag und Nacht ein Bächlein rinnen
Daß Zwirn und seidenmühle Treibt,
Hat hinntter Seinem Rüken Gärtchen liegend
Und seitwärts Linnden wo die Biene sich vergnügend
Vom Morgen bis zum Abend bleibt
Und vorwärts Haüser hoch gebauet
Aus welchen der bewohner blik
mich und mein Kindeskinderglük
gern überschauet –
Ich mus nun deutlich reden, […] meine Wohnung ist mit der Rükseite, der Garnisonkirche benachbart, und liegt an dem Canal der ietzt Ennnger gemacht ward, der nach der Spandauer brüke zufließt, hier giebts kein unauffhörliches Wagengeraüsch, […] es herrscht auch keine Todte stille hier, ich habe nicht weit nach Monboiu nach den Lustgarten, nach den Königespallast, binn der Stadt so nahe, und wohne doch halbländlich, kann alle meine freunde bald erreichen."[3]

Mit dem „Canal" auf der Rückseite ihres Musenhäuschens meinte die Dichterin den barocken Festungsgraben, der im späten 19. Jahrhundert mit der Stadtbahntrasse überbaut wurde. Aus dem zweiten und dritten Stock konnte sie übers Wasser hinweg die Kirchtürme der nahen Garnison-, Marien- und Nikolaikirche sehen. Das erwähnte „Bächlein" am rückwärtigen Mini-Gärtchen war der Zwirngraben, dessen Wasser eine Zwirnmühle antrieb. Bis heute lautet die Postadresse der Lokale in den S-Bahn-Bögen Am Zwirngraben.

Heutzutage dürfte es einige Immobilienbesitzerinnen unter den Dichterinnen Berlins geben. Anna Louisa Karsch war mit großer Wahrscheinlichkeit die erste. Eine Pionierin in vielerlei Hinsicht: Sie war die erste

Auf dem Planausschnitt von 1910 ist das Haus mit der damaligen Adresse Neue Promenade 1 zu lokalisieren, auch der kleine dreieckige Hof ist zu erkennen, der in Berichten aus dem 18. Jahrhundert erwähnt wird.

deutsche Dichterin, die sich aus dem „vierten Stand" zu höchster Anerkennung hocharbeitete und mit literarischer Produktion ihren Lebensunterhalt bestritt.

In der langen Liste der „jetztlebenden durch Schriften bekannten Gelehrten" am Ende von Friedrich Nicolais Berlin-Topografie von 1786 ist sie als einzige Frau verzeichnet: „Fr. Anna Louisa Karschinn, geborene Dürbachinn. Ihre Gedichte haben sie berühmt gemacht." Damals wohnte sie „in Neukölln, unweit der Zuckersiederey".[4]

Die Karschin, nicht Frau Karsch – das Gendern von Frauennamen war damals (noch) geläufig. Am liebsten wäre sie den Namen des ungeliebten Schneiders Karsch, ihres zweiten Ehemanns, ganz und gar losgeworden. Der Gatte verschwand von der Bildfläche, nachdem er im Siebenjährigen Krieg zum preußischen Militär eingezogen und von dort desertiert war; danach legte die Dichterin keinen Wert darauf, ihren Ehemann wiederzusehen.

Als Anna Louisa Karsch am 25. Januar 1761 mit ihrer zehnjährigen Tocher Caroline Louise nach Berlin übersiedelte, da fing sie „an zu schmeken was Leben sey". Sie war 38 Jahre alt und hatte die längste Zeit ihres Lebens „in einer Dunkelheit und untter dem Tumult niederdrükender sorgen gelebt".[5] Im Grenzgebiet zwischen Brandenburg und Schlesien nahe Schwiebus 1722

geboren, wuchs sie in ärmlichen Verhältnissen auf dem Land auf. Das Mädchen hütete Kühe und ihre Halbgeschwister, wurde zweimal von ihrer lieblosen Mutter unglücklich verheiratet und brachte mindestens sieben Kinder zur Welt. Eine Schule hat sie nie besucht. Ein Großonkel brachte ihr Lesen und Schreiben bei, Trost und Anregung fand sie seither in Büchern. Sie war schon über dreißig und zum zweiten Mal verheiratet, als Geistlichen aus der Umgebung auffiel, mit welcher Leichtigkeit der Gattin des Schneiders Karsch die Verse von den Lippen gingen. Die Stehgreifdichterin wurde als Spoken-Poetry-Phänomen auf Gesellschaften herumgereicht, bis ein adliger Gönner, der Baron Kottwitz, sie 1761 nach Berlin einlud. Hier wurde sie als ein „Tier das Verse macht" bestaunt.[6] Sie fühlte sich in dieser Rolle nicht wohl, doch sie spielte das Spiel mit, durch das sie Kontakte bis hinauf in Hofkreise knüpfte: „Es fehlt mir nicht an Gesellschafften, man sucht mich nur zu offt, aber diese Zerstreuungen sind vor mich weder nüzlich noch angenehm, man will seine NeuGierde befriedigen, man gafft mich an und klatscht mit den Händen und rufft Ein Bravo alß wenn meine Reden kleine Zaubersprüche wären."[7]

Das Berlin der Aufklärung war der Resonanzraum, in dem sich die ehemalige Kuhmagd eine neue Existenz-

Hauseingang an der Neuen Promenade 1, Foto um 1880.

hat, der redet ohne Vorsatz und ohne Kunst die Sprache der Musen: aber der Mangel desselben wird durch keinen Unterricht, und durch keine Regeln ersetzt. [...] Das Beyspiel der Dichterin, von welcher wir hier einige auserlesene Lieder der Welt vorlegen, bestätiget die Wahrheit dieser Anmerkungen auf die unzweifelhafteste Weise. Ohne Vorsatz, ohne Kunst und Unterricht sehen wir sie unter den besten Dichtern ihren Platz behaupten. Mit Bewunderung erfahren wir an ihr, wie die Natur durch die Begeisterung würket, und wie ohne diese kein Vorsatz und keine Bestrebung vermögend ist, dasjenige zu ersetzen, was ohne sie fehlt. Die Lieder, welche ihr am besten gelungen, sind alle in der Hitze der Einbildungskraft geschrieben, da hingegen die, welche sie aus Vorsatz und mit ruhiger Ueberlegung verfertiget, allemal das Kennzeichen des Zwanges und den Mangel der Muse nicht undeutlich bemerken lassen."[8] Mit diesen Sätzen beginnt Sulzers Einleitung zu den 1764 erschienenen *Auserlesenen Gedichten* der Karschin. Die Ausgabe sollte sie nicht nur dem Lesepublikum in ganz Deutschland bekannt machen, sondern der Dichterin eine materielle Basis für das Leben in Berlin ermöglichen. Es ging ihren Freunden darum, die auf gönnerhafte Zuwendungen angewiesene Poetin „wenigstens aus der äussersten Dürftigkeit heraus zu reissen".[9] Mindestens 423 Subskribentinnen und Subskribenten, darunter die preußische Königin und Moses Mendelssohn, unterstützten die umfangreiche Publikation.[10]

Das Projekt verzögerte sich, weil der Professor Sulzer sein Vorwort nicht rechtzeitig lieferte. Doch unterm Strich erzielte „der gottlose Verleger Winter in Berlin" einen Reingewinn von über 2 000 Talern zugunsten der Autorin. So viel hatte noch nie ein Dichter deutscher Zunge an einer Gedichtsammlung verdient! Da Anna Louisa Karsch als verheiratete Frau, deren Ehemann nicht greifbar war, rechtlich als unmündig galt (als sogenannte Pupille), legten Freunde das Geld für sie an. Es sollte 100 bis 120 Taler Zinsen pro Jahr abwerfen, was für ein Leben in Berlin kaum ausreichte, sodass die al-

form als freie Schriftstellerin eroberte. Sie konnte es so weit bringen, weil sie in den Augen der literarisch interessierten Zeitgenossen als Genie galt. Wohlwollende Berliner Freunde protegierten und vermarkteten sie als lebenden Beweis für die Gültigkeit der Genieästhetik. Allen voran der Kunstphilosoph Johann Georg Sulzer, dessen Garten sie in ihrem Gedichtzyklus *Die Spazier-Gaenge von Berlin* besang:

„Es ist eine alte und bekannte Anmerkung, daß die Dichter nicht durch Unterricht und Regeln gebildet werden, sondern ihren Beruf und ihre Fähigkeiten blos von der Natur erhalten. Wer diesen Beruf empfangen

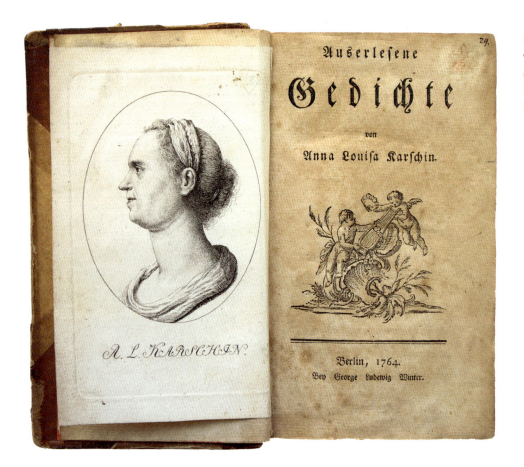

leinerziehende Mutter mit ihrer Tochter – später kam ein Stiefbruder hinzu – weiterhin in notdürftigen Verhältnissen hausen musste.[11]

Mit dem Erfolg des ersten Gedichtbandes wuchs allerdings auch die Kritik der männlichen Kollegen und Förderer an der Vielschreiberei und Stehgreifdichtung der Autodidaktin. Redlich, aber oft vergeblich mühte sie sich, deren ästhetischen Maßstäben zu genügen: „Freylich werd ich auch durch die größte Übung niemahls Einem Klopstokischen Gesang herauß bringen, Ich darff mich außer meinem Felde nicht wagen, die Natur gab mir fertigkeit, aber Sie zog meinem Lauffschranken Enge Gränzen, mein Geist schwingt Sich nicht über die Sphäre des kleinen Liedes oder der Erzählung, und mein

Ehrgeiz ist so bescheiden daß er ihm niemahls Gewallt anthun wird […] meine ganze Philosophie und Gelehrsamkeit ist daß Gefühl."[12] Während der strenge Lessing die Karschin kalt ignorierte, Mendelssohn, Nicolai, Ramler und Sulzer sie schonungslos kritisierten, nahm Johann Gottfried Herder sie in Schutz: „Wenn man die Gedichte der Mad. Karschin auch nur als Gemälde der Einbildungskraft betrachtet: so haben sie wegen ihrer vielen originalen Züge mehr Verdienst um die Erweckung deutscher Genies, als viele Oden nach regelmäßigem Schnitt."[13] Und der junge Goethe der Sturm-und-Drang-Phase mochte ihre unkonventionellen Einfälle, er schrieb an sie: „Schicken Sie mir doch auch manchmal was aus dem Stegreife, mir ist alles lieb und werth was treu und starck aus dem Herzen kommt, mag's übrigens aussehn wie ein Igel oder wie ein Amor."[14]

Um ihre materielle Lage zu verbessern, setzte die Autorin große Hoffnungen in Friedrich II., dessen Schlachtenruhm sie im Siebenjährigen Krieg besungen hatte. Tatsächlich empfing der König sie am 11. August 1763 in Sanssouci, nachdem der von ihm geschätzte General Friedrich Wilhelm von Seydlitz, ein Bewunderer von Karschs Kriegslyrik, seine Neugier geweckt hatte. Um den König auf die Audienz vorzubereiten, wurden eigens zwei deutsche Gedichte für ihn ins Französische übersetzt. Die Karschin hat über diese Audienz in Vers und Prosa ausführlich berichtet. Der König fragte sie aus, ob sie die Regeln, die Grammatik und die klassischen Schriftsteller kenne, und staunte nicht schlecht über ihre geringen Kenntnisse. Die lebenskluge Autorin nutzte indes die einmalige Gelegenheit, ihre Berliner Einkommens- und Wohnverhältnisse zu Gehör zu bringen:

Wie wohnt sie denn?
O Ihre Majestät! sehr schlecht! Ich kann kein Hauß bekommen in Berlin und, um Ew. Majestät eine Idee zu machen von meiner Wohnung, muß ich bitten, eine Kammer in der Bastilje zu Paris sich zu denken!
Aber, wo wohnt sie eigentlich?
Im alten Consistorium, drey Treppen hoch, unterm Dach!
Wovon lebt sie?
Von Geschenken meiner Freunde! hoffrath Stahl giebt mir sehr oft zu eßen!
Wenn Sie lieder in Druck giebt, was giebt man ihr für den Bogen?
Nicht viel, Ihro Majestät! Ich ließ acht Lieder auf ihre Triumphe drukken –
Was gab man ihr?
Nur zwanzig Thaler!
Zwanzig Thaler? In Wahrheit! Davon lebt man nicht lange. Ich will sorgen für Sie![15]

In den Tagen nach der Audienz rechnete sie fest damit, ein Haus in Charlottenburg, eine Jahrespension von 200 Talern und Freiholz zum Heizen angewiesen zu bekommen.[16] Doch die erwartete Verfügung des Königs blieb aus. Die selbstbewusste Dichterin aber ließ nicht

Die Audienz Anna Louisa Karschs bei Friedrich II. in Sanssouci, von Daniel Chodowiecki gestochen für den *Gothaischen Kalender* für 1789.

locker und brachte sich immer wieder in Erinnerung. Als der König ihr 1773 ein Gnadengeschenk von zwei Talern zustellte, schickte sie das Geld zurück mit den berühmt gewordenen Versen:

Zwey Thaler gibt kein großer König,
Ein solch Geschenk vergrößert nicht mein Glück,
Nein, es erniedrigt mich ein wenig,
Drum geb ich es zurück.[17]

Zehn Jahre später wollte die Dichterin in der Nähe der Fischerbrücke bauen, wieder erinnerte sie den König an sein Versprechen. Diesmal trafen drei Taler ein. Sarkastisch quittierte sie den Empfang:

Aber für drey Thaler kann
Zu Berlin kein Hobelmann
Mir mein letztes Haus erbauen.
Sonst bestellt ich ohne Grauen
Heute mir ein solches Haus,
Wo einst Würmer Tafel halten
Und sich ärgern übern Schmaus,
Bey des abgehärmten alten
Magern Weibes Überrest,
Die der König darben läßt.[18]

Erst nach dem Tod des alten Fritz hat sein Nachfolger Friedrich Wilhelm II., der die deutsche Literatur schätzte, die offene Forderung beglichen. Zu Beginn des Jahres 1787 erreichte die Dichterin die frohe Botschaft vom bevorstehenden Baubeginn.[19] Am 24. April 1789 konnte sie das Haus beziehen und feierte dieses Ereignis in „einem Kreyse vergnügter Menschen [...] bey Rhein- und Ungartraubensaft".[20] Das dreigeschossige Eckhaus stand auf gemauerten Gewölbekellern und wies Genius-Köpfchen mit Flügelchen als Schmuckelementen über dem Eingang auf. An der Seite zum Zwirngraben war Platz für einen winzigen dreieckigen Hof, in den mittags die Sonne schien. Weinranken, Akazien und Blumen wuchsen dort.[21] Die Existenzsorgen war die Autorin damit aber nicht los:

Bester Freund, man sprach von mir
Als es noch nicht wahr gewesen
Daß ich ärmer worden sey.
Damals war es Lügnerey.
Aber itzt in diesen Tagen
Muß ich, Hausbesitzerin,
Dir ganz traulich sagen,
Daß ich schuldig worden bin.[22]

Die Hausbesitzerin hatte 150 Taler Kredit bei einer Bank aufnehmen müssen, „denn die Trinkgelder an die Bauleute betrugen mehr als hundert Reichsthaler beim Hausgründen und Richten und beim Besitznehmen. Die Kosten haben noch kein Ende, ich kann sie nicht alle herzählen."[23] Um im Winter in ihrem Häuschen nicht zu erfrieren, bat die Dichterin die Königliche Hof-Bauadministration, ihr eiserne Sparöfchen zu schenken, was bewilligt wurde; sie bedankte sich kurz vor ihrem Tod bei der Behörde wie üblich, mit einem Gedicht.[24]

Das Haus war 5000 Taler wert und groß genug, zahlende Mieter aufzunehmen. Das rechnete die Karschin gegen die von Friedrich II. zugesagte, aber nie ausgezahlte Pension auf und wars zufrieden: „Drob quittir ich nun mit Danke."[25] Das Haus vererbte sie nach ihrem Tod einem ihrer Enkel, der zu diesem Zeitpunkt noch studierte. Ihre Tochter aus zweiter Ehe bedachte sie mit 1600 Talern in Gold.[26] Sie hatte es als Poetin am Ende ihres Lebens also doch zu einem nennenswerten Vermögen gebracht.

Anna Louisa Karsch starb am 12. Oktober 1791 in ihrem Haus. Ihre Tochter Caroline Louise von Klencke trennte sich – wie die Mutter – von zwei Ehemännern, lebte mit ihrem Kind unterm selben Dach und schrieb ebenfalls. Ihr Rührstück *Der ehrliche Schweizer* wurde mehrfach aufgeführt. Klencke publizierte eine umfangreiche Lebensbeschreibung ihrer Mutter als Einleitung

Die 1713 eröffnete Sophienkirche und ihr Kirchhof, von der Sophienstraße aus gesehen, Foto von 2022.

zu Werken aus dem Nachlass. Als die Tochter der Karschin 1802 starb, erschien ein Band mit ihren eigenen nachgelassenen Gedichten. Die im Haus der Karschin aufgewachsene Enkelin Helmina von Chézy führte die Linie der weiblichen Berufsschriftstellerei fort; sie war eine der produktivsten deutschen Journalistinnen und Autorinnen in der ersten Hälfte des 19. Jahrhunderts. In ihren Lebenserinnerungen schildert sie das Haus der Großmutter am Hackeschen Markt als „meiner Kindheit erstes Paradies".[27]

Auf dem nahen Friedhof der Sophienkirche wurde Anna Louisa Karsch beigesetzt. Schon vor dem Umzug ins eigene Haus gab es Verbindungen zur Gemeinde, denn bereits 1764/65 hatte sie am Hackeschen Markt

zur Miete gewohnt.[28] Im Gemeindearchiv tauchte in jüngerer Zeit ein unbekanntes Gedicht auf, eine Auftragsarbeit zu einem Geburtstagsfest im Jahr 1774.[29]

Das Innere der Barockkirche, in der Friedrich Nicolai im Dezember 1760 seine Frau Elisabeth Macaria heiratete, ist gegenüber dem damaligen Zustand stark verändert. Auf dem Kirchhof sind nur wenige Gräber erhalten, darunter ein Grabmal für den Bauunternehmer, Komponisten, Leiter der Singakademie und Goethe-Duzfreund Karl Friedrich Zelter. An der Kirchenfassade hängt der Grabstein von Karl Wilhelm Ramler, der die *Auserlesenen Gedichte* von Anna Louisa Karsch redigiert hat.[30] Sie dankte mit den (in den Band aufgenommenen) Versen: „Oft loben uns Dichter, die täuschen. / Es lebe mein Ramler! Er spricht: / Wenn es Verdienste nicht heischen, / Lob' ich selbst Könige nicht!"[31] Bald nach Erscheinen des Bandes aber hat sich die Karschin mit dem pedantischen Ramler überworfen und sich über die herablassende Art, mit der sie der Kollege behandelte, beklagt: „Dieser Mustergeber von Gesängen weiß sich zu schätzen, durch die Achtung gegen schlechte Sachen würd Er seiner Ehre einem schandflek anhängen, und ich zeig ihm auch nichts von meiner Arbeit, ich bin im Gegenteil sehr zufrieden wenn Ihm der Zufall nichts vors Auge bringt, Ich spreche so schlecht in seiner Gegenwart von mir wie ich soll, und er Bestätiget durch eine gesezte miene die Wahrheit von dem was ich sage, und spricht von sich im desto höheren Thon."[32]

Für die „preußische Sappho" Anna Louisa Karsch stiftete ihr Freund, der „deutsche Anakreon" Gleim, eine Gedenktafel. In gemessenem Abstand zu Ramlers Epitaph ist sie, von der Sophienstraße gut sichtbar, in die Seitenfassade der Sophienkirche eingelassen:

HIER RUHT
ANNA LOUISA KARSCHIN
GEBOHRNE DÜRBACH
KENNST DU WANDRER! SIE NICHT,
SO LERNE SIE KENNEN.

Das Palais Podewils wurde 1701 bis 1704 erbaut und kam 1732 in den Besitz Heinrich von Podewils', Foto von 2021.

Heinrich von Podewils (1696–1760) war preußischer Kriegs- und Außenminister unter Friedrich II., Porträt um 1741.

Podewils und Pressefreiheit

„Die Schaubühne ist der gemeinschaftliche Kanal, in welchen von dem denkenden besseren Teile des Volks das Licht der Weisheit herunterströmt und von da aus in milderen Strahlen durch den ganzen Staat sich verbreitet. Richtigere Begriffe, geläuterte Grundsätze, reinere Gefühle fließen von hier durch die Adern des Volks; der Nebel der Barbarei, des finstern Aberglaubens verschwindet, die Nacht weicht dem siegenden Licht." Ganz im Geist der Aufklärung hat Schiller 1784 in einem Vortrag in Mannheim die Frage *Was kann eine gute stehende Schaubühne eigentlich wirken?* beantwortet: „Die Schaubühne ist mehr als jede andere öffentliche Anstalt des Staats eine Schule der praktischen Weisheit, ein Wegweiser durch das bürgerliche Leben, ein unfehlbarer Schlüssel zu den geheimsten Zugängen der menschlichen Seele."[1]

Das Grips-Theater ist nicht das einzige in Berlin, das dieser Vision Schillers nachlebt, aber es kommt ihr besonders nah in dem Anliegen, aufklärerisch und emanzipatorisch zu wirken – dort, wo es besonders wichtig und vielversprechend ist, bei der Zielgruppe der Kinder und Jugendlichen. Und dies nun schon ein halbes Jahrhundert lang. Seit 2009 hat das Grips-Theater eine zweite Spielstätte und theaterpädagogische Arbeitsräume im barocken Palais Podewils in der Klosterstraße 68. Hier haben auch die landeseigene Kulturprojekte Berlin GmbH sowie weitere Organisationen und Initiativen ihren Sitz, die sich der kulturellen Bildung verschrieben haben. Damit wird eine Tradition aus den DDR-Jahren fortgeschrieben. Als „Zentrales Klubhaus der Freien Deutschen Jugend" (ab 1954) und „Haus der jungen Talente" (ab 1959 bis 1990) war das Palais ein gefragter Veranstaltungsort für Theater, Konzerte und Ausstellungen. Nach dem Ende der DDR bekam das Haus den Namen Podewil. Er geht auf den Grafen Heinrich von Podewils zurück, der das 1701 bis 1704 nach Plänen von Jean de Bodt errichtete Palais 1732 für 12 000 Taler ge-

kauft hatte und hier residierte. 1874 erwarb der Berliner Magistrat das Gebäude und brachte dort vorübergehend das Märkische Provinzialmuseum unter, den Vorgänger des Märkischen Museums und heutigen Stadtmuseums.

Der Namensgeber Heinrich von Podewils war seit 1720 als preußischer Diplomat im Auftrag des Soldatenkönigs Friedrich Wilhelms I. im Ausland tätig. Dessen Sohn Friedrich II. schätzte ihn als Kriegs- und Außenminister. Der umsichtige Podewils versuchte wiederholt, seinen König von riskanten Eroberungszügen abzubringen. Gleichzeitig war er ein Vertrauter, auf dessen Loyalität sich Friedrich absolut verlassen konnte. Neben zahllosen Schreiben in Staatsangelegenheiten hat der König eine lange Ode über die Unzulänglichkeit menschlichen Strebens[2] an ihn adressiert:

An Podewils
Man tut nicht alles, was man könnte

Emsiger Freund, Du, der den Frieden liebt
Und unsrem Staatsschiff Ziel und Richtung gibt,
Der meine Pläne schaffensfroh erfüllt
Und offnen Augs für unsre Wohlfahrt wacht –
Du siehst gewiß, hast Du des Weltlaufs acht,
Der täglich Deinen Blicken sich enthüllt,
Wie überall bei jedem Menschenschlag,
Vom Mönch zum Papst, vom Schreiber bis zum Thron,
Keiner so viel vollbringt, als er vermag! […][3]

In die Kultur- und Pressegeschichte Berlins ist ein Schreiben eingegangen, das Podewils wenige Tage nach der Inthronisation Friedrichs II. an seinen Kabinettskollegen Wilhelm Heinrich von Thulemeier sandte. In ganzer Länge wiedergegeben vermittelt es einen lebhaften Eindruck davon, wie seinerzeit in Regierungskreisen gesprochen und geschrieben wurde, wie enorm der Abstand zwischen der Sprache der Bürokratie und dem

Das *Journal de Berlin* wurde 1740 mit Unterstützung König Friedrichs II. gegründet, um auswärtige Höfe über Vorgänge in der preußischen Hauptstadt zu unterrichten. Während des ersten Schlesischen Krieges verbreitete es auch Fehlinformationen.

Schriftdeutsch eines Lessing, Nicolai oder Mendelssohn war, das wir heute noch mühelos verstehen:

Sr. Königl. Mayestät haben mir nach auffgehobener Taffel allergnädigst befohlen des Königl. Etats und Krieges Ministri H. von Thulemeier Excellenz in höchst Deroselben Nahmen zu eröffnen, daß dem hiesigen Berlinschen Zeitungs Schreiber eine unumbschränckte Freyheit gelaßen werden soll in dem articul von Berlin von demjenigen was anizo hieselbst vorgehet zu schreiben was er will, ohne daß solches censiret werden soll, weil, wie höchst Deroselben Worthe waren, ein solches

Dieselbe divertiren, dagegen aber auch so denn fremde Ministri sich nicht würden beschweren können, wenn in den hiesigen Zeitungen hin undt wieder Paßagen anzutreffen, so Ihnen misfallen könnten. Ich nahm mir zwar die Freyheit darauff zu regeriren, daß der Rußische Hoff über dieses Sujet sehr pointilleuz wäre, Sr. Königl. Mayestät erwiederten aber daß Gazetten wenn sie interreßant seyn solten nicht geniret werden müsten; welches Sr. Königl. Mayestät allergnädigsten Befehl zu folge hiedurch gehorsahmst melden sollen.
H. v. Podewils
d. 5. Junii 1740.[4]

Die Forderung des jungen Königs nach unumschränkter Pressefreiheit schockierte die Mitglieder seiner Regierung, sie fürchteten außenpolitische Verwicklungen. Daher wurde der Befehl nur vorsichtig umgesetzt. Die Zensur theologischer, philosophischer und politischer Schriften einschließlich der Zeitungen bestand weiter, so wie sie seit 1737 in einer Kabinettsordre von Friedrichs Vater geregelt worden war.[5] Für einige Monate von der Zensur befreit wurde lediglich der Buchhändler und Verleger Johann Ambrosius Haude, dem Friedrich zu besonderer Dankbarkeit verpflichtet war, denn Haude hatte ihn als Kronprinzen heimlich mit Lesestoff versorgt und seine Bibliothek vor dem Zugriff des Vaters in Sicherheit gebracht. Nach seinem Machtantritt beauftragte der König Haude sofort mit der Gründung zweier neuer Zeitungen, deren erste Nummern bereits im Sommer 1740 erschienen: die *Berlinischen Nachrichten von Staats- und gelehrten Sachen* und das französischsprachige *Journal de Berlin*. Beide Zeitungen tragen im Zeitungskopf ein Sinnbild der Aufklärung zur Schau: einen gekrönten preußischen Adler über der Weltkugel, aus dessen Krallen Bücher auf Europa fallen. Mit den vom König geförderten Neugründungen wurde das bestehende Berliner Zeitungsmonopol aufgebrochen. Sie machten der *Berlinischen privilegirten Zeitung* des Buchhändlers Johann Andreas Rüdiger, die seit 1722 dreimal wöchentlich erschien, ernsthaft Konkurrenz. Die neue Wettbewerbssituation wirkte sich förderlich auf die Qualität der Zeitung aus, wie die Anstellung von Mylius, Lessing und später Karl Philipp Moritz als Redakteure in den folgenden Jahrzehnten belegt.

Der belesene König wusste um die wachsende Bedeutung der Presseöffentlichkeit im lesehungrigen Zeitalter der Aufklärung. Die Lockerung der Zensur und die Etablierung eines Wettbewerbs auf dem Pressemarkt zielten allerdings weniger auf die Aufklärung der Bevölkerung als auf den eigenen Machterhalt. Friedrich wusste, dass gedruckte Nachrichten aus Berlin an anderen Höfen aufmerksam gelesen wurden. Er setzte die Presse gezielt als Propagandainstrument ein, lancierte selber Nachrichten und Falschmeldungen.[6] Dafür haftbar wollte er jedoch nicht gemacht werden. Er agierte wie heute noch Machthaber in autoritären Staaten, die gerne darauf verweisen, wie unabhängig ihre (faktisch gelenkte) Presse oder Justiz sei. Die Zeitungszensur in Preußen wurde bereits Ende 1740 wieder verschärft, nachdem Nachrichten von den Kriegsereignissen in Schlesien erschienen waren, die dem König missfielen. 1749 erließ er ein Zensuredikt, das ihm alle Möglichkeiten staatlicher Pressekontrolle offenhielt.[7] Auslöser war die Empörung über ein von Mylius und Lessing herausgegebenes Berliner Skandalblatt mit dem Namen *Der Wahrsager*. Zwei Jahre später schrieb Lessing an seinen Vater, die politischen Zeitungen seien „wegen der scharfen Censur, größtentheils so unfruchtbar und trocken, dass ein Neugieriger wenig Vergnügen darinne finden kann".[8] 1758 entschuldigte Lessing die ausbleibende Veröffentlichung eines patriotischen Gedichts von Johann Wilhelm Ludwig Gleim damit, dass „itzt, bei großer Strafe, nicht eine Zeile ohne Censur und Erlaubnis hier in Berlin gedruckt werden" dürfe.[9] Und verbittert heißt es in einem Brief Lessings an Nicolai vom 25. August 1769: „Sonst sagen Sie mir von Ihrer Berlinischen Freyheit zu denken und zu schreiben ja nichts. Sie reduciert sich einzig und allein auf die Freyheit, gegen die Religion so viel Sot-

Die Ausgabe der *Berlinischen Nachrichten von Staats- und gelehrten Sachen* vom 14. Januar 1741 mit dem *Schreiben eines preußischen Offiziers*, den am selben Tag das *Journal de Berlin* auf Französisch druckte.

tisen zu Markte zu bringen, als man will. Und dieser Freyheit muß sich der rechtliche Mann nun bald zu bedienen schämen. Lassen Sie es aber doch einmal einen in Berlin versuchen, über andere Dinge so frey zu schreiben [...]; lassen Sie es ihn versuchen, dem vornehmen Hofpöbel die Wahrheit zu sagen [...]; lassen Sie einen in Berlin auftreten, der für die Rechte der Unterthanen, der gegen Aussaugung und Despotismus seine Stimme erheben wollte, wie es itzt sogar in Frankreich und Dänemark geschieht: und sie werden die Erfahrung haben, welches Land bis auf den heutigen Tag das sklavischste in Europa ist."[10]

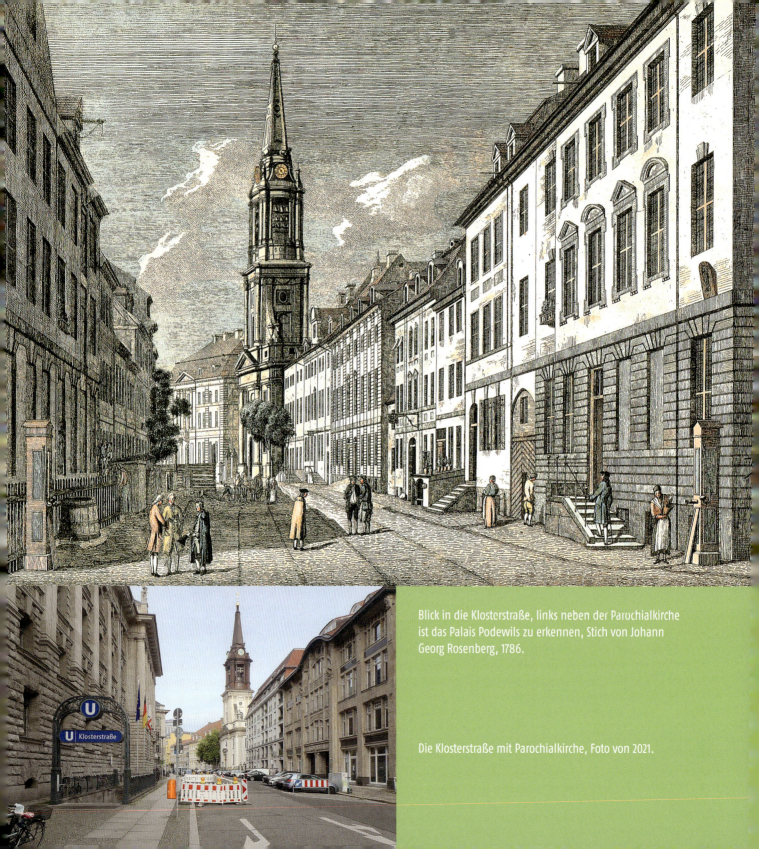

Blick in die Klosterstraße, links neben der Parochialkirche ist das Palais Podewils zu erkennen, Stich von Johann Georg Rosenberg, 1786.

Die Klosterstraße mit Parochialkirche, Foto von 2021.

Klosterstraße

„Stehe vergänglicher Wandersmann / Hier schläft fein sanfft in seiner Grufft / bis ihn die Lebens-Stimme rufft / der Leichnam des Weiland Herrn Ferdinand Jonathan Hankwitzes", spricht ein steinernes Epitaph an der Parochialkirche uns an, gleich links hinter dem Eingang zum Kirchhof an der Klosterstraße. Die Inschrift ist stark verwittert und zum größten Teil nicht mehr lesbar: „Alle die ihr itzo um mich weint / Laßt Euch nicht betrüben / Meinen Abtritt, den ich thu / in dieser Gruft hiernieder, / Schaut die Sonne geht zur Ruh' / kommt doch morgen wieder. // *Der Freunde Antwort*: Lieber hat der Todt dein Leib ins finstere Grab geleget / So bleibet doch dein Bild in unser Herz gepräget."[1]

Beigesetzt wurde der 1704 verstorbene Berliner Stadtmajor Hankwitz in der Gruft unter der Parochialkirche. Dank eines ausgeklügelten Belüftungssystems sind dort die hölzernen Türen der Grabkammern, Särge und sogar mumifizierte Leichen aus dem 18. Jahrhundert erhalten geblieben. Durch einen Seiteneingang steigt man buchstäblich ins Zeitalter der Aufklärung hinab. „Hier ruhen die Gebeine der Hoch und Wohlgeborenen Frauen / Johannen Charlotten verwittweten / Freyfrau von Cocceje, gebohrnen von Bechefer / des weyland König. Preuß. GroßCantzlers / Etats Ministri und des schwartzen Adler / Ordens Ritters / Freyherrn Samuel von Coccheje Wittwe" steht auf einem schlichten Sarkophag. Der Sarg des Ehemanns der Freifrau lässt sich leider nicht mehr eindeutig identifizieren.[2] Samuel Freiherr von Cocceji reformierte als Minister unter Friedrich Wilhelm I. und Friedrich II. die preußische Justiz. Er kämpfte gegen Korruption und endlos lange Gerichtsverfahren, verfasste 1748 eine vorbildliche Gerichtsordnung und verschaffte dem friderizianischen Preußen so seinen legendären Ruf als Rechtsstaat. Eine Büste des Reformers, die Friedrich II. stiftete, steht bis heute als Ansporn im Büro des Kammergerichtspräsidenten am Kleistpark, des höchsten Berliner Richters.[3]

Ebenfalls in der Gruft der Parochialgemeinde beigesetzt wurden der Gründer der ersten Berliner Porzellanmanufaktur Wilhelm Caspar Wegely und der Schriftsteller Jakob Friedrich Lamprecht, der bis zu seinem Tod 1744 in Berlin als Zeitschriftenherausgeber und Sekretär des Prinzen Heinrich tätig war. Im Kirchenfoyer erinnert eine Urne an Friedrich Hermann Ludwig Muzell, einen Leibarzt Friedrichs des Großen. Den runden Kirchsaal umschließt nacktes Mauerwerk, viel mehr hat der letzte Krieg von der Innenausstattung nicht übrig gelassen. Von unten schaut man aufwärts ins imposante Gebälk des hölzernen Dachstuhls. Die verbrannte Kirchturmspitze wurde 2016 wiederhergestellt, nachdem eine Bürgerinitiative jahrelang „Schluss mit oben ohne" gefordert und Spenden gesammelt hatte. Auch vier hebräische Buchstaben über dem Eingangsportal, die in der NS-Zeit getilgt worden waren, sind inzwischen rekonstruiert, sodass die Kirche von außen wieder aussieht wie im 18. Jahrhundert.[4] Das berühmte Glockenspiel im Turm ist wieder das akustische Wahrzeichen des Klosterviertels: „Es besteht aus 37 großen und kleinen Glocken die frey hängen, und von der Straße zu sehen sind; alle Viertelstunden spielt dieses Werck ein Präludium, alle halbe und ganze Stunden aber bezeichnet es mit einem oder zwey Versen aus einem Psalmen oder geistlichen Liede; nach deren Endigung es durch Glockenschläge, die halbe oder ganze Stunden anzeigt."[5]

Den Glockenklang hatte der Schriftsteller, Pädagoge und Kunsttheoretiker Karl Philipp Moritz im Ohr, als er in den frühen 1780er-Jahren in der Klosterstraße wohnte und arbeitete.[6] Seine erste Anstellung in Berlin fand der zweiundzwanzigjährige Studienabbrecher als Lehrer am Berlinischen Gymnasium zum Grauen Kloster. Von Dezember 1778 bis August 1786 unterrichtete er in der Klosterstraße und im Köllnischen Gymnasium, das im Rathaus am Köllnischen Markt untergebracht

Die Ruine der Klosterkirche. In den nicht erhaltenen Nachbargebäuden befanden sich die Räume des Berlinischen Gymnasiums. Zeichnung von C. T. Gregorovius, 1848, und Foto von 2022.

war. Die Unterrichtsräume in der Klosterstraße befanden sich auf dem Gelände des ehemaligen Franziskanerklosters aus dem 13. Jahrhundert, auf das der Straßenname zurückgeht. Die Backsteinruine der gotischen Klosterkirche ist in Sichtweite der Parochialkirche und des Podewils'schen Palais als Mahnmal gegen den Krieg erhalten.

Der Gelehrte Anton Friedrich Büsching war seit 1766 Direktor der beiden Gymnasien in den Halbstädten Cölln und Berlin. Über den Zustand der öffentlichen Schulen schreibt er in seiner Autobiografie: „Die beyden Gymnasia, deren Vereinigung man beschlossen hatte, waren in einem dürftigen Zustande. Der Gehalt der Lehrer verschaffte ihnen, wenn sie auch unverheyrathet waren, geschweige alsdenn, wenn sie Familien hatten, die wahre Nothdurft nicht, und daß es ihnen an derselben fehle, sahe man an ihrer Kleidung, an ihrem Hausgeräth, an ihrem Büchervorrath. Ihre Wohnungen waren so schlecht, daß sie in einer mittelmäßigen Provinzialstadt nicht schlechter gefunden werden konnten. Das cölnische Gymnasium hatte zu den Klassen einige gute Zimmer, aber das berlinische Gymnasium hatte nicht eine einzige gute Klasse. Als der Kriegsrath und

erste Bürgermeister Riediger mir dieselben zeigte, sagte er, sie wären gut zu Weinkellern, welches sehr wohl getroffen war. Sie waren alle kellermäßig, dunkel, unangenehm und ungesund, weil sie einige Ellen tiefer als die Strassen und Höfe in der Erde lagen."[7] Das mittelalterliche Bodenniveau kann man im Inneren der Kirchenruine noch betreten. Die zu Schulräumen umgewidmeten Klostergebäude standen nebenan, zwischen der Kirche und der heutigen Grunerstraße.

Büsching setzte sich dafür ein, den Kindern menschenwürdige Lernbedingungen zu verschaffen. Er hoffte dabei auf „die Gnade und Milde Königs Friderich des zweyten, der Millionen an neue und schöne Bürgerhäuser in Berlin, Potsdam, und in andern Städten, verwendete. Es sind aber meine Versuche, ihn zum Bau des Gymnasiums zu bewegen, fruchtlos gewesen, entweder weil öffentliche Gebäude dieser Art nicht zu seinem Zweck gehöreten, zumal wenn sie nicht in Hauptgegenden und an Hauptstrassen lagen, oder weil er sich nicht leicht etwas vorschlagen ließ."[8]

Nach zwei vergeblichen Versuchen wandte sich Büsching Anfang 1786 ein drittes Mal an den König. „Ich bat ihn, unsern Musensitz, der in Kellern bestehe, die mit Salpeter stark angefüllet wären, aus der Tiefe in die Höhe, aus der Dunkelheit in helles Licht, und aus dem ungesunden Ort in einen gesunden zu versetzen."[9] Aber die Aufklärungsmetaphorik verfing nicht, der König ließ postwendend mitteilen, die Schulräume seien schon seit Jahrhunderten ohne Gefahr für die Gesundheit der Schüler genutzt worden und deshalb könne er einige tausend Taler für einen Schulneubau nicht bewilligen. Ein ehemaliger Schüler, der wohlhabende Kaufmann Sigismund Streit, hatte ein Erbarmen und stiftete genügend Geld für die überfälligen Baumaßnahmen, die nach dem Tod des Königs vorgenommen wurden.[10]

Am 2. Dezember 1778, also noch vor der Einweihung neuer Klassenräume, hielt Karl Philipp Moritz seine Antrittsrede als Lehrer am Berlinischen Gymnasium in der Klosterstraße. Der junge Pädagoge wollte nicht nur Wissen vermitteln, sondern strebte ein sehr persönliches Lehrer-Schüler-Verhältnis an: „Ich wünschte also zuerst, daß ein ieder einzelner unter euch, sich heute davon überzeugen möchte, daß ich sein Freund sey, daß ich es gut mit ihm meine, und daß ich an seinem künftigen Schicksahle den lebhaftesten Antheil nehme. Davon ist nun keiner ausgenommen, und ihr müßt ia nicht glauben, daß mir irgend einer unter euch unwichtig wäre. Denn deswegen habe ich mich ia gleich anfänglich bemühet, einen ieden von euch kennen zu lernen, und das wird auch in der Folge meine Hauptbeschäftigung seyn, bei ieder Gelegenheit euer Herz und eure Gesinnungen zu erforschen, damit ich im Stande bin, euch einen guten Rath zu erteilhen, wie ein ieder von euch noch ein beßrer Mensch werden kann, als er vielleicht ietzt ist."[11] In Anbetracht des elenden Zustandes der Schulräume verlegte Moritz den Unterricht gerne ins Freie. Er unternahm mit seinen Klassen ausgedehnte Spaziergänge in der Umgegend von Berlin; die an der frischen Luft gehaltenen Vorträge veröffentlichte er 1780 unter dem Titel *Unterhaltungen mit meinen Schülern* als Buch.

Neben seiner Unterrichtstätigkeit publizierte der umtriebige Moritz bis 1786 *Beiträge zur Philosophie des Lebens, Kleine Schriften, die deutsche Sprache betreffend,*

Vorträge von seinen Spaziergängen mit Schülern des Gymnasiums zum Grauen Kloster verarbeitete Karl Philipp Moritz zu einem Buch.

eine *Deutsche Sprachlehre für die Damen*, den *Versuch einer kleinen praktischen Kinderlogik*, ein Buch über seine *Reisen eines Deutschen in England 1782*, den ersten Teil des Romans *Andreas Hartknopf*, den *Versuch einer Deutschen Prosodie* und die Wochenschrift *Denkwürdigkeiten aufgezeichnet zur Beförderung des Edlen und Schönen*. Auch die ersten drei Bände des Romans *Anton Reiser* erschienen 1785/86 in Berlin. Darin zeichnete Moritz schonungslos die Qualen der eigenen Kindheit und Jugend nach, das Aufwachsen in Armut und geistiger Enge, aus der ihn Lektüre und selbstständiges Lernen herausgeführt hatten. Parallel zur Arbeit am Roman gründete Moritz 1783 das *Magazin für Erfahrungsseelenkunde*, die erste psychologische Zeitschrift in Deutschland, dabei unterstützt von Moses Mendelssohn und dem jüdischen

Im Haus der *Vossischen Zeitung*, Breite Straße 9, hat Moritz in seiner Zeit als Zeitungsredakteur auch gewohnt und Vorlesungen gehalten, Foto um 1900.

Arzt und Kant-Schüler Marcus Herz. Die neuartige Zeitschrift stellte psychologische Fallstudien und Erfahrungsberichte zur Diskussion, mit dem Ziel, seelische Störungen besser verstehen und heilen zu können: „Wie weit mannigfaltiger, verderblicher, um sich greifender als alle körperlichen Übel, sind die Krankheiten der Seele! Wie weit unentbehrlicher, als alle Arzeneikunde für den Körper, wäre dem menschlichen Geschlechte eine Seelenkrankheitslehre, die es noch nicht hat? […] Was ist unsre ganze Moral, wenn sie nicht von Individuis abstrahiert ist? Der Grundriß eines Gebäudes im Sande, den ein kleines Lüftchen zerstört, ein ohngefährer Umriß ohne innern Gehalt, eben so wie alle Pädagogik, die sich nicht auf eigne spezielle Beobachtungen und Erfahrungen gründet."[12]

In der Zeitschrift verriet Moritz, dass er seine Unterrichtsstunden für psychologische Studien nutzte: „Als ich vor vier Jahren meine Lehrstelle am grauen Kloster antrat, machte ich mir schon einen Plan, wie ich Beobachtungen bei meinen Schülern anstellen wollte. Man sammelt tägliche Bemerkungen über das Wetter, dacht' ich, und den Menschen sollte man dessen nicht werth achten? Ich entschloß mich also, ein eignes Journal über verschiedne der merkwürdigsten Köpfe zu halten […].

Wenn ich diese Bemerkungen ohngefähr eine Woche lang in mein Buch eingetragen habe, und sie dann zusammennehme, so kömmt oft gerade das Facit heraus, was ich nach wahrscheinlichen Gründen vorher vermuthet hatte. Jeder befundne Irrthum aber wird mir eine heilsame Lehre auf die Zukunft."[13]

Neben dem Schulunterricht und seinen vielfältigen Schreibprojekten predigte Moritz in Kirchen und hielt Privatvorlesungen über Sprache und Geschichte. Sie fanden im Haus von Lessings Verleger Christian Friedrich Voß in der Breiten Straße 9 statt, wo seit 1767 die *Berlinische privilegirte Zeitung* erschien. Ab dem 1. September 1784 war Moritz für ein Dreivierteljahr Redakteur der später so genannten *Vossischen Zeitung* und konnte in dieser Zeit im Verlagshaus wohnen.[14] „Wahrlich es ist zu verwundern, da man bisher so viel von Aufklärung geredet und geschrieben hat, daß man noch nicht auf ein so simples Mittel, als eine *Zeitung*, gefallen ist, um sie in der That zu verbreiten", heißt es in dem Aufsatz *Ideal einer vollkommnen Zeitung*, in dem Moritz sein Programm entwarf. An die Stelle langweiliger Verlautbarungen über das, was die Obrigkeit für wichtig und zuträglich hielt, sollten investigative Reportagen aus dem Leben treten:

„Denn nur das Einzelne ist wirklich, das Zusammengefaßte besteht größtentheils in der Einbildung.

Vorzüglich muß also eine vollkommene Zeitung aus der gegenwärtigen würklichen Welt, die man täglich vor Augen sieht herausgeschrieben werden, und zu dem Ende nothwendig in einer großen Stadt herauskommen, wo wegen der Menge der Menschen auch die größte Mannigfaltigkeit in ihren Charakteren, Beschäftigungen, und Verbindungen herrscht; wo ein beständiger Zufluß von Merkwürdigkeiten statt findet, und wo sie sogleich von vielen tausend Menschen gelesen werden kann, ohne erst versandt werden zu dürfen.

Wer eine solche Zeitung schreiben will, muß selbst, so viel er kann, mit eignen Augen beobachten, und wo er das nicht kann, muß er sich an die Männer halten, die eigentlich unter das Volk, und in die verborgensten Winkel kommen, wo das Edelste und Vortreflichste sowohl, als das Häßlichste und Verabscheuungswürdigste, sehr oft versteckt zu seyn pflegt."[15]

Die Zeit war indes noch nicht reif für ein „Volksblatt", das ein „unbestechliches Tribunal" sein sollte und nicht davor zurückschreckte, „das Elend und die Armuth in den verborgnen Winkeln" ans Licht der Öffentlichkeit zu bringen.[16] Ähnlich wie Kleist mit seinen *Berliner Abendblättern* ein Vierteljahrhundert später musste Moritz sein Presseexperiment abbrechen; zu stark waren die Widerstände. Von schonungsloser Kritik fühlte sich insbesondere Carl Theophil Doebbelin, der Leiter der Bühne in der Behrenstraße, so verletzt, dass er Spottverse auf seinen Theaterzetteln in Umlauf brachte:

Herr Moritz sei er doch kein Narr
Und mach er ein so groß Geplarr
Von meinen Akteurs und meinen Aktricen
In seinen Vossischen Avisen
Laß er die Leute doch ruhig leben
Ich will ihm ja gerne ein Freibillet geben.[17]

Im Frühsommer 1785 beendete Moritz seine Tätigkeit als Zeitungsredakteur und zog mit seinem Schüler Karl Friedrich Klischnig in einen Garten in der Nähe des Spittelmarktes:

„In dem Gartenhause des Mathieuschen Garten verflossen uns die seeligsten Stunden des Lebens in den freundlichsten Ergießungen unsrer in so vielen Punkten gleichdenkenden Seelen.

Manche schöne mondhelle Nacht brachten wir im Garten zu, spatzierengehend oder im hohen Grase des Flüßchens gelagert, das denselben begräntze.

Leben und Wirksamkeit – Glück und Unglück – Schön und Edel – Daseyn – Vernichtung – Fortdauer – Resignation, das höchste Ziel der Philosophie – dies waren die Gegenstände unsers Nachdenkens.

Ganz darin versunken, überraschte uns oft der Morgen und nur der feuchte Thau trieb uns in unser Zimmer."[18]

So schildert Klischnig die Wohngemeinschaft, auf die Bezug genommen wurde, als man 1997 in der Kreuzberger Oranienstraße 55 ein sozialökologisches Zentrum auf den Namen Karl-Philipp-Moritz-Haus taufte.[19] Nach dem frühen Tod von Moritz veröffentlichte Klischnig seine Erinnerungen an die letzten Lebensjahre des geliebten Lehrers werbewirksam unter dem Titel *Erinnerungen aus den zehn letzten Lebensjahren meines Freundes Anton Reiser*, sozusagen als fünften und abschließenden Band des mittlerweile berühmten Romans.

Klischnig berichtet von ausgedehnten Wanderungen mit Moritz, die bis Leipzig, Weimar, Frankfurt am Main, Mannheim und Bamberg führten. Sie waren der Grund für das endgültige Zerwürfnis mit dessen Vorgesetztem Büsching. „Kein einziger Lehrer, maßet sich so wie er, das Recht an, zu beliebiger Zeit zu reisen", meldete Büsching am 8. August 1786 empört dem Berliner Magistrat. Dies sei dem „Charactre eines rechtschaffenen Mannes nicht gemäß" und deswegen sollte der Magistrat dem städtischen Angestellten Moritz eine beantragte Reise untersagen.[20] Daraufhin kündigte Moritz und reiste für zwei Jahre nach Italien, wo er Freundschaft mit Goethe schloss und zu einem Ideengeber der Weimarer Klassik wurde.

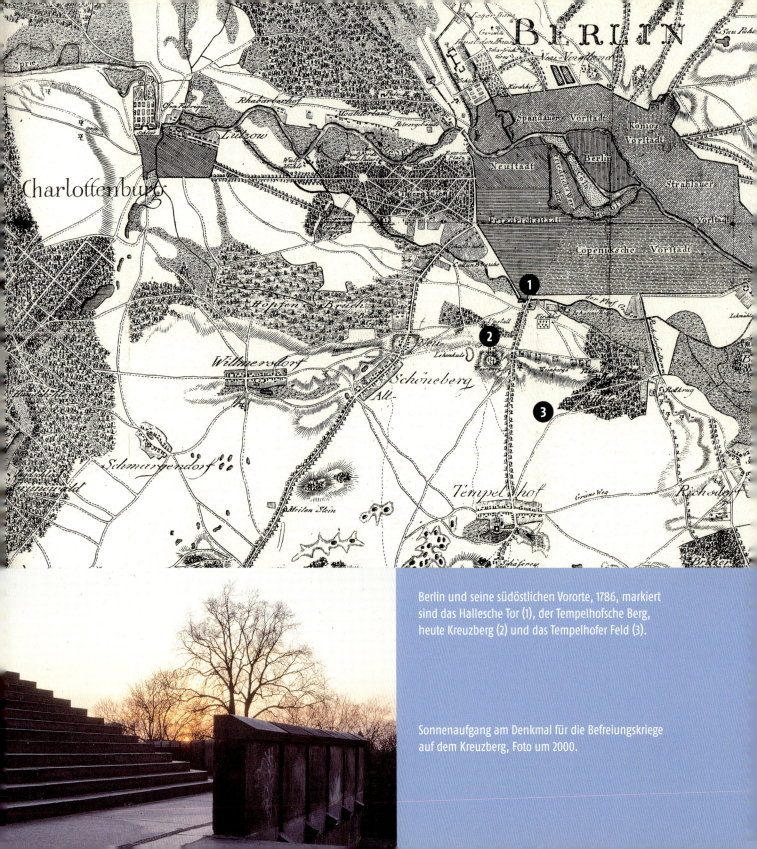

Berlin und seine südöstlichen Vororte, 1786, markiert sind das Hallesche Tor (1), der Tempelhofsche Berg, heute Kreuzberg (2) und das Tempelhofer Feld (3).

Sonnenaufgang am Denkmal für die Befreiungskriege auf dem Kreuzberg, Foto um 2000.

Sonnenaufgang

Wer im 18. Jahrhundert die Stadt durch das Hallesche Tor verließ, sah vor sich einen Höhenzug, damals die Tempelhofschen Berge genannt.[1] Wer heute am U-Bahnhof Hallesches Tor aussteigt, dem ist diese Aussicht durch die Amerika-Gedenkbibliothek und die übrige Bebauung verstellt. Der Höhenunterschied wird spürbar, wenn man sich zu Fuß, per Rad oder im Auto in Richtung Tempelhof bewegt. Im ansteigenden Gelände östlich des Mehringdamms trägt eine Straße den Namen Am Tempelhofer Berg, westlich schließt sich der Kreuzberg an, der früher auch als der Tempelhofer Berg bezeichnet wurde, denn er war die höchste natürliche Erhebung weit und breit. Den Namen Kreuzberg erhielt der Hügel 1821. Damals wurde das von Karl Friedrich Schinkel gestaltete Nationaldenkmal zum Andenken an die Befreiungskriege gegen Napoleon eingeweiht, den höchsten Punkt krönt seither ein Eisernes Kreuz. In der Kaiserzeit wurde das Denkmal auf einen gewaltigen gemauerten Sockel gehoben, in dessen Gewölben sich Fledermäuse wohlfühlen, und um das Monument der romantische Viktoriapark mit Wasserfall und Wolfsschlucht angelegt.

Der Blick vom Kreuzberg an einem Sommermorgen inspirierte Karl Philipp Moritz zu diesen Versen:

Sonnenaufgang über Berlin.
Auf dem Tempelhoffschen Berge, am 10. August 1780.

Die Sonne, die den goldumsäumten Fächer
Des Morgenroths entfalter hat,
Vergüldet nun mit ihrem Strahl die Dächer,
Und grüßt, mit Lächeln, unsre Königsstadt.

Aus grauer Dämmrung wälzen hohe Erker,
Besonnte Gipfel sich hervor,
Des blaugewölbten Tages Glanz wird stärker,
Und majestätisch steigt Berlin empor.

Mit seiner Häuser und Palläste Menge
Hat es die ganze Flur bedeckt:
Dort dehnt es sich in ungeheurer Länge
Und hat die weiten Arme ausgestreckt:

Von da, wo seiner Dächer helles Schimmern
Sich in des Waldes Grün verliert,
Bis an die Wiesen, deren sanftes Flimmern,
Im Sonnenglanz, die Morgenseite ziert.[2]

Nach dieser vierten Strophe weitet sich das Stimmungsbild zu einer Stadttopografie, die von der Königsmacht und dem Militär dominiert wird. Die Verse sind Teil eines Zyklus von sechs Gedichten in deutscher Sprache, die Karl Philipp Moritz „dem Könige von Preußen" gewidmet hat. Der Zyklus beginnt mit einem *Gemälde von Sanssouci. 1779*, es folgen ein Gedicht *An den May. 1779* und *Das Manöwer*. Der Dichter malt ein „prächtig Schauspiel" mit Gebrüll und Kanonenschlägen, so überwältigend, dass „jeder Sinn dem Hörenden vergeht". Wahrscheinlich hat Moritz die Anregung bei einer großen jährlichen Militärübung auf dem Tempelhofer Feld erhalten, also nicht weit von dem Schauplatz des lyrischen Sonnenaufgangs, der auf das Manövergedicht folgt.[3] Auch in die Stadttopografie ist das Motiv der paradierenden Soldaten eingewoben:

Blick vom Tempelhofer Berg auf Berlin, Radierung von Johann Georg Rosenberg, 1795.

Schon seh' ich hier Palläste an Pallästen
Die ihre stolzen Häupter blähn,
Und, wie an einer graden Schnur, in festen,
Geschlossnen Reihn, gleich unsern Kriegern, stehn.

Wie eine Stadt, erhebt in ihrer Mitte
Der Königssitz sein Haupt, und ragt
Hoch über sie, wie über eine Hütte
Das kleinste unsrer Felsenhäuser ragt.

Rund, um die Königsburg zu schmücken,
Im Kreis', erheben überall
Palläst' und Tempel sich vor meinen Blicken,
Und wie ein Fels das mächtge Arsenal.

Königsschloss und Zeughaus sind die einzigen Berliner
Sehenswürdigkeiten, die Moritz konkret benennt. Alles
Übrige zerfließt im Morgenlicht zu einer Stadtland-

schaft, deren Endlosigkeit einen erhabenen Eindruck
hinterlässt und ein romantisches Sehnen in dem aufgeklärten Dichter weckt:

Wie in dem Ofen goldne Feuergluthen,
Wie Tröpfchen, die der Morgen thaut,
So glänzt der ganze Strom, in dessen Fluthen
Der Städte Königinn ihr Antlitz schaut.

Nun strömt das Licht herab wie Flammenbäche,
Und alle Gipfel sind besonnt,
Unübersehbar ist die weite Fläche
Der Stadt, und reicht bis an den Horizont.

Und Thürme dämmern noch in weiter Ferne,
Und sind beinah dem Aug' entrückt,
Das dennoch, voll von süßer Sehnsucht, gerne
In diesen Dämmerschein hinüber blickt.

Bei diesem impressionistisch flirrenden Berlin-Gemälde bleibt es jedoch nicht. Im Zeitalter der Aufklärung nimmt das Gedicht eine Wendung ins Didaktische und Moralisierende:

Wer mit der Morgenröth' erwacht, den lohnet
Sie mit der Fülle jeder Lust,
Und Heiterkeit und süsser Friede wohnet
Dann einen ganzen Tag in seiner Brust.

Du aber, träger Schlummrer, o erröthe
Vor ihrem holden Angesicht,
Das dich so freundlichlächelnd weckt, und tödte
Die besten Stunden deines Lebens nicht!

Es folgt als fünftes Gedicht des Zyklus ein Hymnus auf *Die Sprache*. Dass Moritz die „süße Melodie" und den „reinen Silberklang"[4] der deutschen Sprache rühmt, ist als ein kulturpolitisches Statement zu lesen. Denn der Adressat des Gedichtzyklus, der preußische König, hatte zu eben jener Zeit seine berüchtigte Abhandlung *De la litterature allemande* in den Druck gegeben. Darin charakterisierte Friedrich II. das Deutsche als „weitschweifig, spröde und unmelodisch", es sei eine „halbbarbarische Sprache, die in ebenso viele Mundarten zerfällt, als Deutschland Provinzen hat". Daher sei „ein Schriftsteller auch bei der schönsten Begabung außerstande, diese rohe Sprache in vorzüglicher Weise zu handhaben".[5] Vor dieser Folie lesen sich die Moritz'schen Gedichte wie der selbstbewusste Versuch des dreiundzwanzigjährigen Gymnasiallehrers, den dreimal so alten Philosophen von Sanssouci eines Besseren zu belehren.[6] Ein (wie damals üblich) unterwürfiges Huldigungsgedicht an Friedrich II. beschließt den Gedichtzyklus. Moritz sandte das schmale Bändchen mit seinen Gedichten an den König, zusammen mit zwei Abhandlungen über den Berliner Dialekt, und er erhielt tatsächlich eine Antwort:

Hochgelahrter, Lieber, Getreuer!
Mahlten alle Deutsche Dichter, wie Ihr, in Euren mir zugefertigten Gedichten mit so viel Geschmak, und herrschte in ihren Schriften eben der Verstand und der Geist, welcher aus den beiden beigelegten Briefsammlungen hervorblikt: so würde ich bald meine landesväterlichen Wünsche erfüllet, und die deutschen Schriftsteller an Würde und Glanz, den auswärtigen den Rang streitig machen sehen. Eure drei Schriften eröfnen mir dazu eine angenehme Aussicht. Sie haben meinen völligen Beifall, und ich ermuntre Euch zu fernerer Vervollkommnung der vaterländischen Sprache, als Euer gnädiger König.
Berlin, den 21. Januar 1781. Friedrich[7]

Aus Friedrichs Abhandlung *De la litterature allemande* geht hervor, dass ihr Verfasser wenig Kenntnisse von seinem Gegenstand hatte. Was er von der deutschen Literatur gelten ließ, waren einige Fabeln von Christian Fürchtegott Gellert und das Drama *Der Postzug* des heute völlig vergessenen Autors Cornelius Hermann von Ayrenhoff. Der Name Lessing kommt hingegen nicht vor. Das deutsche Theater war dem königlichen Autor generell ein Gräuel: „Da sehen sie die abscheulichen Stücke von Shakespeare in deutscher Sprache aufführen, sehen alle Zuhörer vor Wonne dahinschmelzen beim Anhören dieser lächerlichen Farcen, die eines kanadischen Wilden würdig sind. […] Aber nun erscheint noch ein *Götz von Berlichingen* auf der Bühne, eine scheußliche Nachahmung der schlechten englischen Stücke, und das Publikum klatscht Beifall und verlangt mit Begeisterung die Wiederholung dieser abgeschmackten Plattheiten."[8]

Die französische Literatur, in der Friedrich sich zu Hause fühlte, blieb für ihn der unverrückbare Maßstab. So betrachtet, hatte die deutsche Literatur einen Rückstand von mehr als zweihundert Jahren aufzuholen.[9]

Denn „die vornehme Welt spricht Französisch, und die paar Schulfüchse und Professoren vermögen ihrer Muttersprache nicht die Glätte und die leichte Beweglichkeit zu geben, die sie nur in guter Gesellschaft erwerben kann".[10]

Der König unterschätzte die bürgerliche Aufklärung und ihr Publikum, registrierte allerdings, dass die deutsche Sprache zusehends an Bedeutung in den Wissenschaften gewann und sich ein Nationalbewusstsein herausbildete, das sich auf die gemeinsame Sprache gründete.[11] Daher schließt seine Kritik am jämmerlichen Zustand der deutschen Literatur mit einem Lichtschimmer am Horizont:

„Wir werden unsere Klassiker haben. Jeder wird sie lesen, um von ihnen zu lernen. Unsere Nachbarn werden Deutsch lernen. Die Höfe werden mit Vergnügen Deutsch sprechen, und es kann geschehen, dass unsere geschliffene und vervollkommnete Sprache sich dank unserer guten Schriftsteller von einem Ende Europas zum andren verbreitet. Diese schönen Tage unserer Literatur sind noch nicht gekommen, aber sie nahen. Ich künde sie Ihnen an, sie stehen dicht bevor. Ich werde sie nicht mehr sehen. Mein Alter raubt mir die Hoffnung darauf. Ich bin wie Moses: Ich sehe das gelobte Land von ferne, aber ich werde es nicht betreten."[12]

Als Friedrich II. 1786 starb, erwies sich rasch, dass er das gelobte Land der Aufklärung längst mitgeschaffen hatte. Sein Nachfolger Friedrich Wilhelm II. fühlte sich in der deutschen Sprache wohl und hatte sich im deutschsprachigen Theater schon immer glänzend amüsiert. Er erlöste die Doebbelinsche Truppe aus ihrem Hinterhofdasein in der Behrenstraße und verpflanzte sie mitten auf den Gendarmenmarkt in ein Komödienhaus, das Friedrich II. für französische Schauspieler hatte bauen lassen. Die Leitung des neuen Hauses übernahmen sehr bald der Aufklärungsphilosoph Johann Jakob Engel und der Dichter Karl Wilhelm Ramler, ein enger Freund und Berater Lessings. Mit dem Titel „Königlich Privilegiertes National-Theater" für das Haus am Gendarmenmarkt war das Deut-

sche als Literatursprache staatlich anerkannt. Engel und Ramler wurden zudem 1786 als neue Mitglieder in die Akademie der Wissenschaften aufgenommen, ebenso wie Immanuel Kant und Christoph Martin Wieland sowie etliche weitere Gelehrte aus dem Netzwerk bürgerlicher Aufklärung.

Eine im Todesjahr Friedrichs II. gestartete Reform der Akademie der Künste lockte auch Karl Philipp Moritz, der 1786 aus Berlin nach Italien abgereist war, wieder in die preußische Hauptstadt zurück. In Rom erreichte ihn der Vorschlag des neuen Kurators der Akademie der Künste, einen neu geschaffenen Lehrstuhl für die Theorie der schönen Künste, Altertumskunde und Mythologie in Berlin zu übernehmen. Damit er sich darauf vorbereiten konnte, wurde Moritz ein Stipendium von 200 Talern überwiesen.[13] Nach einem Zwischenaufenthalt in Weimar kam er im Februar 1789 wieder nach Berlin. Bis 1791 schrieb Moritz die Sitzungsprotokolle der Akademie der Künste, gab ihre Publikationen heraus, erledigte Korrespondenz, leitete die Bibliothek und hielt öffentliche Vorlesungen zur Kunsttheorie im Akademiegebäude Unter den Linden. Dort propagierte er das von ihm mitformulierte Prinzip der Kunstautonomie, wonach das Schöne seinen Zweck in sich selbst trage;[14] zugleich beschäftigte ihn intensiv die praktische Anwendung in Architektur und Handwerk. So protokollierte Moritz etwa die Begutachtung der Quadriga auf dem neuen Brandenburger Tor durch Akademiemitglieder oder er forschte nach passenden Vorlagen für die Gestaltung von Tassen der Königlichen Porzellanmanufaktur.[15] Das Schöne sollte keine elitäre Veranstaltung von Kunstliebhabern bleiben, es sollte den urbanen Alltag durchdringen, ohne bloß banalen Zwecken unterworfen zu sein.

Im Jahr 1791 wurde Moritz mit dem Titel eines Hofrats ausgezeichnet und auch in die Akademie der Wissenschaften aufgenommen. Dort stand er einer „Deputation zur Kultur der vaterländischen Sprache" vor, die Empfehlungen für den richtigen Sprachgebrauch erarbeitete.[16] Daneben unterrichtete er als Professor an der

Karl Philipp Moritz, Gemälde von Karl Franz Jacob Schumann, 1791.

Militärakademie in der Burgstraße angehende Offiziere in gutem deutschen Stil.

Am Haus Münzstraße 7–11 würdigt seit 1998 eine Gedenktafel Moritz als „Wegbereiter der modernen Psychologie" und „Mittler zwischen Aufklärung und Romantik". Im Alter von nur 36 Jahren ist Moritz, dessen Gesundheit schon lange durch eine Lungenkrankheit geschwächt war, am 26. Juni 1793 dort in seiner letzten Wohnung in der Neuen Münze gestorben.[17]

Seine Karriere im Berliner Kultur- und Wissenschaftsbetrieb nach dem Tod Friedrichs II. beweist die Anerkennung und den Einfluss, den die bürgerliche Aufklärung um diese Zeit gewonnen hatte. Die Stadtgesellschaft war durchlässig geworden für einen begabten Autodidakten wie Moritz und seine unkonventionellen Ideen. Er stand zwar im Ruf eines hypochondrischen Sonderlings und exzentrischen Außenseiters, aber seine „niedere" Herkunft und sein gebrochener Bildungsweg waren kein Karrierehindernis.

Für die nachwachsende Generation der Romantiker war dieser glamouröse Feuerkopf eine Offenbarung. „Welch ein großes Gemisch von glänzenden Irrthümern", konstatierte der junge Alexander von Humboldt nach dem Besuch einer Vorlesung von Moritz. Auch sein Bruder Wilhelm, Ludwig Tieck und dessen Freund Wilhelm Heinrich Wackenroder besuchten Vorlesungen von Moritz. Mit seiner Theorie der Kunstautonomie schlug er der Weimarer Klassik und Romantik eine Bresche und blieb zugleich Idealen der Aufklärung und der Empfindsamkeit treu.

Während seines ersten Berliner Aufenthalts vor der Italienreise verkehrte Moritz in der Spandauer Straße 68 bei Moses Mendelssohn, wo in jungen Jahren auch Lessing gewohnt hatte. Ein schönes Bild: Man las gemeinsam *Nathan den Weisen*, der alte Mendelssohn die Rolle des Nathan, der junge Moritz den Sultan Saladin oder den Tempelherrn.[18] Und Henriette Herz, die Begründerin des ersten weiblich geführten jüdischen Salons, hörte zu. Auch nach Mendelssohns Tod riss der Kontakt zur jüdischen Aufklärung nicht ab. Kurz vor seinem frühen Tod machte Moritz den umstrittenen jüdischen Philosophen Salomon Maimon zum Mitherausgeber des *Magazins für Erfahrungsseelenkunde* und regte diesen zum Schreiben einer Autobiografie an.

Aufklärung hieß ganz konkret, die Fesseln der Herkunft abzustreifen und als Person ein Menschenrecht auf Selbstverwirklichung geltend zu machen, das nicht mehr nur für die von Geburt an Privilegierten gelten sollte. Persönliche Emanzipation gelang durch Lektüre, Menschenbeobachtung, Selbstreflexion, freies Denken, Schreiben und Publizieren. In der Großstadt Berlin fanden Persönlichkeiten wie Mendelssohn, die Karschin oder Moritz einen geeigneten Resonanzraum. In dessen Vorrede zu Salomon Maimons Lebensgeschichte heißt es: „Dergleichen Beispiele aber sind lehrreich und wichtig, nicht nur wegen der besonderen Schicksale eines einzigen Menschen, sondern weil sie die Würde der menschlichen Natur ans Licht stellen und der sich emporarbeitenden Vernunft ein Zutrauen in ihre Kraft einflößen."[19]

Anmerkungen

Karte und Gedicht

1 Schleuen, Die Königliche Residenz, o. S.
2 Schleuen lebte von 1711 bis 1771 und hatte drei Söhne, die in seiner Werkstatt mitarbeiteten. Er stach auch Buchvignetten und Buchillustrationen nach Zeichnungen u. a. von Daniel Chodowiecki. Vgl. Ernst, Die Stadt Berlin in der Druckgrafik, Bd. 1, S. 678 ff. und Behse, Die Kupferstecher Schleuen, S. 73.
3 www.atlas-europa.de/t04/bevoelkerung/europ_staedte/ pdf/BevStaedte-Tabelle_dt.pdf.
4 Der Begriff „Spree-Athen" findet sich erstmals 1706 in einem Gedicht von Erdmann Wircker. Vgl. Hermsdorf, Literarisches Leben, S. 34.
5 Voltaire, Über den König von Preussen, S. 24.
6 Moore, Abriß des gesellschaftlichen Lebens, S. 344.
7 Vgl. Kant, Beantwortung der Frage: Was ist Aufklärung?, S. 492 f.
8 Vgl. Wiedemann, „Berliner Klassik", S. 17 ff., sowie die zahlreichen Publikation, die aus dem gleichnamigen DFG-Projekt der Berliner Akademie der Wissenschaften (2003–2013) hervorgegangen sind (www.berliner-klassik.de).

Spaziergänge

1 Vgl. Jacob Grimm und Wilhelm Grimm, Deutsches Wörterbuch, Bd. 16, Sp. 2019, Z. 60 ff, www.woerter-buchnetz.de/DWB?lemid=S33196.
2 Nicolai, Beschreibung der Königlichen Residenzstädte (1769), S. 398 f.
3 Da der Erstdruck nur acht Seiten umfasst, wird im Folgenden auf Einzelnachweise zu den drei Gedichten ver-

zichtet. Ein Faksimile des Erstdrucks hat 1921 die Berliner Gesellschaft der Bibliophilen herausgegeben, ein Digitalisat wurde 2017 publiziert, https://scholarsarchive.byu.edu/ cgi/viewcontent.cgi?article=1095&context=sophpm_ poetry. Eine detaillierte Gedichtanalyse und Einordnung in die Literatur spazieren gehender Frauen findet sich bei McFarland, Füße im Steigvers, S. 135 ff.
4 „Am rechten Ende des Lustgartens von der kleinen Pomeranzenbrücke bis an die Hundebrücke ist längs der Spree eine Allee von Kastanienbäumen, welche zum öffentlichen Spaziergange dienet." Nicolai, Beschreibung der Königlichen Residenzstädte (1786), Bd. 1, S. 77.
5 Vgl. ebd., Bd. 2, S. 942.
6 Vgl. ebd., Bd. 1, S. 71.
7 Nicolai, Beschreibung der Königlichen Residenzstädte (1769), S. 399.
8 Johann Georg Sulzer an Johann Jakob Bodmer, 20. September 1751, zit. n. Zande, Johann Georg Sulzer, S. 58.
9 Vgl. Kittelmann, „Sylvain und die Dryaden", S. 254 f.
10 Zande, Johann Georg Sulzer, S. 56.
11 Vgl. ebd., S. 62 ff. Das Anwesen am Weidendamm wurde von dem jüdischen Bankier Daniel Itzig erworben. Vgl. Nicolai, Beschreibung der Königlichen Residenzstädte (1786), Bd. 2, S. 934.
12 Anna Louisa Karsch an Johann Wilhelm Ludwig Gleim, 31. März 1779, zit. n. Karsch/Gleim, „Mein Bruder in Apoll", Bd. 2, S. 133.

Caroussel im Lustgarten

1 Vgl. Nicolai, Beschreibung der Königlichen Residenzstädte (1786), Bd. 1, S. 72–77.
2 Mit Bilderläuterungen abgedruckt bei Max Kirschstein, Lessing und Berlin, Tafel 3; hier reproduziert nach Ernst, Die Stadt Berlin in der Druckgrafik, Bd. 1, S. 684 f.
3 Vgl. Berthold, Lessings und Rilkes Karussell-Gedichte, S. 245–248.
4 Lessing, Sämtliche Schriften, Bd. 1, S. 43 f.

Ausgang des U-Bahnhofs Mohrenstraße mit Blick auf das Denkmal des Generalfeldmarschalls Fürst Leopolds I. von Anhalt-Dessau, Foto von 2022.

Schlossdruckerei und Schlosstheater

1 Moritz, Sechs deutsche Gedichte, S. 11.
2 Friedrich II., Werke, Bd. 1, S. 117 f. Im französischen Original lauten die beiden Schlüsselsätze: „Un prince est le premier serviteur et le premier magistrat de l'État […] Si le souverain a l'esprit éclairé et le cœur droit, il dirigera toutes ses dépenses à l'utilité du public et au plus grand avantage de ses peuples." (Friedrich II., Œuvres, Bd. 1, S. 142.)
3 Voltaire/Friedrich der Große, Briefwechsel, S. 263 f.
4 Vgl. Wahnrau, Berlin. Stadt der Theater, S. 55–58.
5 Nachricht von dem gegenwärtigen Zustande des Theaters in Berlin, in: Beyträge zur Historie und Aufnahme des Theaters. Erstes Stück (1750), S. 123–136, Zitate S. 124 und 126.
6 Vgl. Voltaire, Über den König von Preussen, S. 46–48.
7 Vgl. Kaiser, Die Bücher des Königs, S. 158, und Mackowsky, Häuser und Menschen, S. 114. Demnach installierte der Hofbuchdrucker Decker seine Pressen im Obergeschoss des Apothekenflügels.
8 Voltaire, Über den König von Preussen, S. 40.
9 Ebd., S. 32.
10 Voltaire, Brief an seine Nichte vom 26. Dezember 1750, zit. n. www.projekt-gutenberg.org/voltaire/philoauf/philo auf.html.
11 Vgl. Kaiser, Die Bücher des Königs, S. 191, und Krieger, Friedrich der Große und seine Bücher, S. 30.
12 Vgl. Voltaire/Friedrich der Große, Briefwechsel, S. 201, Brief vom 12. Juni 1740.
13 Zit. n. Friedrich II., Denkwürdigkeiten seines Lebens, Bd. 1, S. 239. Das französische Original des Stücks findet sich in den Œuvres de Frédéric le Grand, Bd. 14, S. 319 ff.

Opernhaus

1 Beyträge zur Historie und Aufnahme des Theaters. Erstes Stück (1750), S. 123–136, Zitat S. 131 f.
2 Vgl. Nicolai, Beschreibung der Königlichen Residenzstädte (1786), Bd. 2, S. 917 f.
3 Beyträge zur Historie und Aufnahme des Theaters. Erstes Stück (1750), S. 132.

4 Vgl. Terne, Friedrich II. von Preußen und die Hofoper, Abschnitt 8.
5 Vgl. Aurnhammer, Friedrichs II. „Montezuma" (1755), S. 164.

Beim Prinzen Heinrich

1 Vgl. Giersberg, Friedrich als Bauherr, S. 248.
2 Vgl. Engel, Das Forum Fridericianum, S. 61 ff., und Stiftung Preußische Schlösser und Gärten, Prinz Heinrich von Preußen, S. 265–279. Dort findet sich auch ein Beitrag zur Bibliothek des Prinzen (S. 237–264).
3 In Berlin stieß das Forumprojekt umgehend auf den Widerstand verschiedener Hausbesitzer, darunter auch bei Mitgliedern der königlichen Familie. Vgl. Engel, Das Forum Fridericianum, S. 63–65.
4 Vgl. Pressemeldung der Stiftung Preußische Schlösser und Gärten zur Ausstellung *Prinz Heinrich von Preußen. Ein Europäer in Rheinsberg*, die 2002 in Schloss Rheinsberg gezeigt wurde, www.spsg.de/presse-foto-film/pressearchiv/.
5 Friedrich II., Werke, Bd. 9, S. 146, französischer Originaltext in: Friedrich II., Œuvres, Bd. 11, S. 3.
6 Das Gegenmodell zum schalen Berliner Amüsement waren die handverlesenen Tafelrunden Friedrichs II., zu denen er Generäle und Gelehrte nach Potsdam zitierte. Darüber schrieb Voltaire, man hätte glauben können, „die sieben Weisen Griechenlands unterhielten sich im Bordell. Nirgends auf der Welt wurde je mit so viel Freiheit über den Aberglauben der Menschen gesprochen, und nie mit so viel Spott und Verachtung. Gott war ausgenommen; aber von denen, die in seinem Namen die Menschen getäuscht hatten, blieb keiner verschont." Voltaire, Über den König von Preußen, S. 30.
7 Zit. n. Detemple, Goethe/Berlin/Mai 1778, S. 55.
8 Goethe an Charlotte von Stein, 17./18. Mai 1778, zit. n. Victor, Goethe in Berlin, S. 38 f.
9 Ebd.
10 Goethe an Johann Heinrich Merck, 5. August 1778, zit. n. Victor, Goethe in Berlin, S. 40 f.

Bibliothek und Bücherverbrennung

1 Friedrich II. an Voltaire, 9. November 1777, zit. n. Hollender, „Denn eine Staatsbibliothek", S. 28.
2 Lessing an Johann Gottfried Lessing, 21. Dezember 1767, zit. n. ders., Sämtliche Schriften, Bd. 17, S. 240.
3 Vgl. Nicolai, Beschreibung der Königlichen Residenzstädte (1786), Bd. 1, S. 171.
4 Instruction für die Bibliothecarien bei der Königlichen Bibliotheque zu Berlin (1783), zit. n. Hollender, „Denn eine Staatsbibliothek", S. 30.
5 Vgl. Nicolai, Beschreibung der Königlichen Residenzstädte (1786), Bd. 2, S. 768.
6 In der einschlägigen Literatur wird oft gar kein Ort genannt, manchmal der Gendarmenmarkt, dazu passend heißt es, die Bücher hätten in Sichtweite einer Wohnung Voltaires in der Taubenstraße (später nummeriert Nr. 17 oder 20) gebrannt. Von den genannten Adressen aus hätte man einen Feuerschein auf dem Gendarmenmarkt gut wahrnehmen können, und entsprechend hat Adolph Menzel die Szene im 19. Jahrhundert gezeichnet. Andere Quellen schreiben, der Henker habe *Akakia* an verschiedenen Straßenecken verbrannt, z. B. Georg Brandes in einer 1923 erschienenen Biografie (www.projekt-gutenberg.org/brandes/voltair2/chap003.html).
7 Zit. n. Hildebrandt, Christlob Mylius, S. 41.
8 Vgl. Gothaischer Hofkalender auf das Jahr 1789, o. S.
9 Johann Erich Biester, Nachricht von dem projektirten Monument der vier Weltweisen in Berlin, in: *Berlinische Monatsschrift*, 23. Bd. (1794), S. 369–377. Einen Überblick über das Projekt gibt Cem Sengül, Das unsichtbare Denkmal, in: Arnold/Berghahn, Moses Mendelssohn, S. 159–168.

Kant Unter den Linden

1 Ramler, An die Stadt Berlin, zit. n. ders., Poetische Werke, S. 38.
2 Fontane, Gedichte, S. 333.
3 Ebd., S. 306 f.
4 Goethe, Dichtung und Wahrheit, S. 296.

5 Friedrich II. an seinen Bruder Heinrich, 1. September 1759, zit. n. Oster, Preußen, S. 130.
6 Vgl. Baum, Ein Heiligtum für Friedrich den Großen, S. 145 ff.
7 Braun, Langsamer knirschender Morgen, Epigramm Nr. 12, zit. n. Wolf, „Die Ehre hat mich nie gesucht", S. 292.
8 Friedrich II. an Christian Wolff, 23. Mai 1740, zit. n. Briefe Friedrichs des Großen, S. 164.
9 Kant, Idee zu einer allgemeinen Geschichte in weltbürgerlicher Absicht, in: *Berlinische Monatsschrift*, November 1784, H. 11, S. 385–411, Zitat S. 403.
10 Ebd., S. 407.
11 Vgl. Peter Weber, Kant und die „Berlinische Monatsschrift", in: Emundts, Immanuel Kant und die Berliner Aufklärung, S. 60–79.
12 Kant, Beantwortung der Frage: Was ist Aufklärung?, in: *Berlinische Monatsschrift*, Dezember 1784, H. 12, S. 492–494.

Tiergarten

1 https://bildhauerei-in-berlin.de/bildwerk/herkules-musagetes-6260/.
2 Vgl. Nicolai, Beschreibung der Königlichen Residenzstädte (1786), Bd. 1, S. 419 ff.
3 Zit. n. Wendland, Der Große Tiergarten in Berlin, S. 52.
4 Nicolai, Beschreibung der Königlichen Residenzstädte (1786), Bd. 2, S. 947.
5 Vgl. Wendland, Der Große Tiergarten in Berlin, S. 218. Nach der Aufhebung der Entlastungsstraße durch den Tiergarten wurde dieser verwahrloste Parkbereich um das Jahr 2009 in Anlehnung an die Knobelsdorff'sche Planung wiederhergestellt.
6 Vgl. ebd., S. 72.
7 Vgl. ebd., S. 48.
8 Nicolai, Das Leben und die Meinungen des Herrn Magister Sebaldus Nothanker, Bd. 2, S. 22 f.
9 Johann Kaspar Riesbeck, Briefe eines reisenden Franzosen über Deutschland an seinen Bruder zu Paris (1783/84), zit. n. Glatzer, Berliner Leben 1648–1806, S. 269.

10 Weitere Informationen auf https://bildhauerei-in-ber-lin.de/bildwerk/lessingdenkmal-4997/.

11 Vgl.https://bildhauerei-in-berlin.de/bildwerk/plastischer-schmuck-der-lessing-bruecke/ sowie https://berlinge-schichte.de/lexikon/mitte/l/lessinghaus.htm.

Exerzierplatz

1 Moore, Abriß des gesellschaftlichen Lebens, S. 328 f.
2 Bräker, Lebensgeschichte, S. 138 f.
3 Moore, Abriß des gesellschaftlichen Lebens, S. 327.
4 Klöden, Jugenderinnerungen, S. 18 f. und 26.
5 Bräker, Lebensgeschichte, S. 131.
6 König, Versuch einer historischen Schilderung, Theil 5, Bd. 1, S. 219 f.
7 Karl Wilhelm Ramler, Auf ein Geschütz. Berlin, den 3. October 1760. (Als von der Russischen Artillerie eine Kugel aus einer ungewöhnlichen Ferne bis mitten in die Stadt getrieben wurde.), zit. n. ders., Poetische Werke, S. 48.
8 König, Versuch einer historischen Schilderung, Theil 5, Bd. 1, S. 220.
9 Ebd., S. 227.

Schönhausen

1 Zit. n. Finkemeier/Röllig, Vom ‚petit palais‘ zum Gäste-haus, S. 73 f.
2 Zit. n. Adlersfeld-Ballestrem, Elisabeth Christine, Kö-nigin von Preußen, S. 109.
3 Moore, Abriß des gesellschaftlichen Lebens, S. 339 f.
4 Vgl. die Biografie von Ludwig Spehr in der *Allgemeinen Deutschen Biographie* von 1877, www.deutsche-Bio-graphie.de/pnd119120674.html sowie Katalogtitel der Staatsbibliothek zu Berlin.
5 Vgl. Detemple, Goethe/Berlin/Mai 1778, S. 87–89.
6 Karsch/Gleim, „Mein Bruder in Apoll“, Bd. 1, S. 362.
7 Vgl. ebd., Bd. 2, S. 387 f. sowie Anna Louisa Karsch an Johann Ludwig Wilhelm Gleim, 8. November 1761, in: Karsch, O mir entwischt nicht, S. 196 f.
8 Karsch, Gedichte, Ebd., S. 57 f.

9 Vgl. Böttig, Marcus Élieser Bloch, www.uni-potsdam. de/de/haskala/haskala-in-biographien/bloch.
10 Vgl. Paepke, Ein jüdischer Untertan des Preußenkönigs Friedrich II., S. 84.
11 Dieses Work-in-progress startete 1782 unter dem Titel *Oekonomische Naturgeschichte der Fische vorzüglich derer in den Preussischen Staaten*, ab dem vierten Band hieß das Sammelwerk *Naturgeschichte der ausländischen Fische*, ab dem siebenten Band *Allgemeine Naturgeschichte der Fische*.
12 Bloch, Oeconomische Naturgeschichte der Fische Deutschlands, Erster Theil, S. 90–92. Hier auch das nächste Zitat.

Spandauer Straße 68

1 Es gab neben der großen Synagoge in der Rosenstraße auch eine kleinere Privatsynagoge im jüdischen Lehr-haus, die Mendelssohn lieber besucht haben soll. Vgl. Lackmann, Das Glück der Mendelssohns, S. 34.
2 Vgl. zur Geschichte der Tafel Goebel, Spandauer Straße 68 (2017), S. 48–52.
3 Vgl. ebd., S. 40 f.
4 1692 bis 1695 wurde das alte Rathaus um einen ba-rocken Anbau an der Spandauer Straße erweitert, die Räume im Erdgeschoss waren an verschiedene Gewer-betreibende vermietet, darunter einen Buchhändler. Vgl. Krausnick, Das Berliner Rathaus, S. 16.
5 Gotthold Ephraim Lessing an Johann Gottfried Lessing, 2. November 1750, zit. n. ders., Sämtliche Schriften, Bd. 17, S. 22 f.
6 Vgl. Becker u. a., Friedrich Nicolai, S. 17. Die Angaben über den Zeitraum differieren. Nach Hermsdorf, Lite-rarisches Leben in Berlin, S. 66, befand sich das Haus in der Mitte des 18. Jahrhunderts vorübergehend im Besitz der Familie Nicolai. Der Sohn habe 1752 bis 1757 dort gewohnt; dagegen heißt es in einem neueren Gutachten, Nicolai habe „ab 1758“ in der Spandauer Straße 68 gelebt (Goebel, Spandauer Straße 68 (2014), S. 6). Der Nicolai-Experte Rainer Falk ordnet die Adresse der Zeit zu, in der Nicolai „ohne berufliche Verpflichtungen“ gelebt habe, also vor Übernahme der Verlagsleitung im Jahr 1758. Vgl. Falk, „Sie hören nicht auf …“, S. 79.

7   Seit 1750 auf vierzig Häuser, seit 1763 auf siebzig Häuser; erheblich größer war die Zahl der jüdischen Familien, die Nicolai 1786 auf vierhundert bis fünfhundert schätzte. Vgl. Nicolai, Beschreibung der Königlichen Residenzstädte (1786), Bd. 1, S. 258.

8   Vgl. Goebel, Spandauer Straße 68 (2014), S. 6 f.

9   Vgl. Schoeps, Das Erbe der Mendelssohns, S. 48. Noch 1779 lehnte es Friedrich II. ab, das Schutzprivileg auf Mendelssohns Frau und Kinder auszudehnen. Nach seinem Tod billigte Friedrich Wilhelm II. der Familie Mendelssohn ein dauerhaftes Aufenthaltsrecht zu.

10 Mendelssohn an Issak Iselin, 30. Mai 1762, zit. n. Fick, Lessing-Handbuch, S. 490.

11 Zit. n. Schoeps, Das Erbe der Mendelssohns, S. 35.

12 Vgl. ebd., S. 34.

13 Vgl. Christoph Schulte, Haskala in wenigen Worten, zit. n. haskala.net. Das online-Lexikon zur jüdischen Aufklärung, www.uni-potsdam.de/de/haskala/haskala-in-wenigen-worten.

14 Berghahn u. a., Jüdische und christliche Intellektuelle in Berlin um 1800, S. 7.

15 Friedrich Nicolai an Georg Christoph Lichtenberg, 29. Oktober 1782, gedruckt in: *Göttingisches Magazin der Wissenschaften und Litteratur* 3 (1783), 3. St., S. 396.

16 Henriette Herz in Erinnerungen, Briefen und Zeugnissen, S. 65.

17 Lackmann, Das Glück der Mendelssohns, S. 50.

18 Moses Mendelssohn an Johann Georg Zimmermann, 1. September 1784, zit. n. Bertz/Lackmann, „Wir träumten …“, S. 5.

19 Moses Mendelssohn an Johann Albert Reimarus, 1. September 1785, zit. n. Bertz/Lackmann, „Wir träumten …“, S. 33.

20 Mendelssohn, Ueber die Frage: was heißt aufklären?, zit. n. Arnold/Berghahn, Moses Mendelssohn, S. 78.

21 Vgl. Nicolai, Beschreibung der Königlichen Residenzstädte (1786), Bd. 1, S. 259.

Krieg und Liebe

1   Das Denkmal von Fritz Cremer auf dem Bertolt-Brecht-Platz wurde zum 90. Geburtstag des Dramatikers am 10. Februar 1988 eingeweiht, das Relief und die Skulptur eines Arbeiters von Werner Stötzer bereits am 21. Oktober 1961 anlässlich des 300. Geburtstages der Staatsbibliothek.

2   Vgl. Lessing, Minna von Barnhelm, S. 46. Minna trifft demnach am 22. August 1763 ein, die Handlung beginnt am Morgen danach.

3   Ebd., S. 140. Zu den Gründen der Wirtschaftskrise vgl. Tausch, Sieben Jahre Krieg, S. 114 f.

4   Vgl. Conrad, Der Lohn der edlen Tat: das Herz einer Sächsin, in: *Der Tagesspiegel* vom 17. April 2001, und Fick, Lessing-Handbuch, S. 263. Demnach ging es Friedrich II. insbesondere um die Rettung des Berliner Kaufmanns Gotzkowsky, der während des Krieges in Sachsen Kontributionsleistungen vorgestreckt hatte und dadurch in Zahlungsschwierigkeiten geraten war.

5   Lessing, Minna von Barnhelm, S. 42.

6   Vgl. Tausch, Sieben Jahre Krieg, S. 118–120.

7   Lessing, Minna von Barnhelm, S. 11.

8   Ebd., S. 38.

9   „Ueber die exakte Polizey lachte man von Herzen.“ Karl Lessing an Gotthold Ephraim Lessing, 22. März 1768, zit. n. Wahnrau, Berlin. Stadt der Theater, S. 104.

10 Vgl. Lessing, Minna von Barnhelm, S. 46.

11 Vgl. Nicolai, Beschreibung der Königlichen Residenzstädte (1786), Bd. 2, S. 966. Seit 1699 existierte an der Stelle ein Logierhaus, die Hausnummer änderte sich 1860 von 16 in 12.

12 Vgl. Düttmann, „… der König von Portugal …“, S. 186 f.

13 Zit. n. Wolf, „Die Ehre hat mich nie gesucht“, S. 67.

14 Vgl. Lessing, Minna von Barnhelm, S. 68.

15 So wie in Amélie Niermeyers Inszenierung am Deutschen Theater Berlin in der Spielzeit 1998/99 mit Nina Hoss in der Hauptrolle; im Programmheft schreibt die Regisseurin von den „wachsenden Disharmonien in den Beziehungen der Liebenden – beide wollen, wie Matthias Claudius sagte, ‚mit Gewalt glücklich machen und nicht glücklich gemacht sein‘.“

16 Lessing, Minna von Barnhelm, S. 171.

17 Ebd., S. 192.

18 Vgl. Karl Lessing an Gotthold Ephraim Lessing, 22. März 1768, zit. n. Wahnrau, Berlin. Stadt der Theater, S. 102–104.

19 Karsch/Gleim, „Mein Bruder in Apoll", Bd. 1, S. 306. Insgesamt sahen rund 7 000 Zuschauerinnen und Zuschauer die Inszenierung in zehn Aufführungen. Vgl. Hahn, Schauplatz der Moderne, S. 390.

Doebbelins Hof-Theater

1 Zit. n. Wahnrau, Berlin. Stadt der Theater, S. 98. Dort ohne Quellenangabe; das Zitat ist 1828 nachweisbar bei Schulz, Kurze Geschichte des Berliner Theaters, S. 114.
2 Vgl. ebd., S. 94 f. Das Theater für ca. 1 000 Personen stand an der Ecke zwischen Kleiner Präsidenten- und Oranienburger Straße.
3 Plümicke, Entwurf einer Theatergeschichte von Berlin, S. 252 f.
4 Zit. n. Wahnrau, Stadt der Theater, S. 98.
5 Vgl. ebd., S. 121–123.
6 Vgl. Bienert, Schiller in Berlin, S. 9–17.
7 Vgl. „Wer mag in Berlin noch ein Schüler Apolls seyn?", in: Friedel, Briefe über die Galanterien von Berlin, S. 12 f.

Lessinghaus

1 Zu Lessings Zeiten lautete die Adresse: Nikolaikirchhof, eine Nummer hatte das Haus nicht. Ab 1800 war es die Nr. 10, seit 1986 trägt der Ort die Adresse Nikolaikirchplatz 7.
2 Vgl. J. Feuder, Das Lessing-Haus in Berlin, in: *Mittheilungen des Vereins für die Geschichte Berlins*, Nr. 6 (1902), S. 62–64.
3 Vgl. Behse, Die Kupferstecher Schleuen, eine alte Berliner Familie!, in: *Zeitschrift des Vereins für die Geschichte Berlins*, Jg. 59 (1942), S. 73–75.
4 Vgl. Merbach, Zwanzig Jahre Lessing-Museum, S. 87–89, und Fratzke, Das Berliner Lessing-Museum, S. 166.
5 Vgl. Protokoll der Hauptversammlung der Gesellschaft zur Erhaltung des Lessinghauses in Berlin vom 7. März 1910, Landesarchiv Berlin, A Pr. Br. Rep. 030-05, Nr. 122.

6 Vgl. *Allgemeine Zeitschrift des Judentums* vom 3. April 1914, S. 163, abrufbar unter www.gedenktafeln-in-berlin.de/gedenktafeln/detail/gotthold-ephraim-lessing/295.
7 Die Tafel hing noch 1948 an der Kaufhausruine, vgl. Foto im Landesarchiv Berlin, F Rep. 290 (02) Nr. 026818.
8 Vgl. Stahn, Das Nikolaiviertel, S. 42.
9 Lessing an Johann David Michaelis, 16. Oktober 1754, zit. n. ders., Sämtliche Schriften, Bd. 17, S. 40 f.
10 Karl Wilhelm Ramler an Johann Wilhelm Ludwig Gleim, 25. Juli 1755, zit. n. Ramler/Gleim, Briefwechsel, Bd. 2, S. 205.
11 In einem Brief an den Bruder Karl vom 22. Dezember 1766 bat Lessing, das Quartier bei Schleuen zum Jahresende 1766 zu kündigen und Post fortan in den Gasthof „Zum Schwarzen Adler" in der Poststraße 30 zu schicken. Vgl. Lessing, Sämtliche Schriften, Bd. 17, S. 226.
12 Lessing an Johann Wilhelm Ludwig Gleim, 1. Februar 1767, zit. n. ders., Sämtliche Schriften, Bd. 17, S. 227 f.

Poesie und Geldgeschäfte

1 Vgl. Krüger, Das Ephraim-Palais in Berlin, S. 11–24.
2 Zu Lessings Aufgaben und Lebensstil in dieser Zeit vgl. Tausch, Sieben Jahre Krieg, S. 84–99.
3 Lessing an Moses Mendelssohn, 7. Dezember 1760, zit. n. ders., Sämtliche Schriften, Bd. 17, S. 181.
4 Zu den 140 Millionen Talern, die Preußen der Siebenjährige Krieg gekostet haben soll, trug die Münzverschlechterung über 30 Millionen bei. Vgl. Kluge/Bannicke, Für 8 Groschen ist's genug, S. 28, und Tausch, Sieben Jahre Krieg, S. 97 f.
5 Zit. n. Bisky, Unser König, S. 212 f.
6 Vgl. Krüger, Das Ephraim-Palais, S. 36–38.
7 Vgl. ebd., S. 43. Das Haus wurde von Ephraims Nachkommen noch bis 1823 bewohnt und dann verkauft.
8 Das Palais stand der NS-Stadtplanung im Weg und wurde 1936 abgetragen. Die geretteten Fassadenteile lagerten nach Kriegsende in Westberlin. Dort war geplant, das Ephraimpalais bis zum Jahr 1984 als Erweiterung des Berlin-Museums in Kreuzberg wieder-

aufzubauen. Als dieses Vorhaben an der Finanzierung scheiterte, wurden die Originalteile 1983 an Ostberlin übergeben. Zur 750-Jahr-Feier im Jahr 1987 konnte das wiedererrichtete Ephraim-Palais am stark verbreiterten Mühlendamm, Ecke Poststraße, eingeweiht werden und wird heute vom Stadtmuseum mit wechselnden Ausstellungen bespielt.

9   Friedrich II., Épitre contre messieurs éconifleurs, en grec philocopros, in: ders., Œuvres, Bd. 13, S. 22–25.

10   Friedrich II., Werke, Bd. 10, 206 f.

11   Karsch/Gleim, Briefwechsel, Bd. 2, S. 333. Zuvor hatte Gleim sie ermahnt, nicht so viele Verse über unbedeutende Dinge zu verfassen, aus Sorge, das könne die betagte und kränkliche Dichterin überanstrengen. Was diese entrüstet zurückwies: „Ich muß, ich darff dir widersprechen / Zehntausend Verße werden mir / Noch diesen Kopf nicht schwächen / Der voll Gedanken ist von dir." Ebd., S. 330.

12   Karsch, O, mir entwischt nicht, S. 155.

13   Nicolai, Beschreibung der Königlichen Residenzstädte (1786), Bd. 1, S. 156.

14   Die Königliche Bank ging 1847 in der Preußischen Bank auf, diese wiederum 1876 in der Reichsbank. Bis zum Ende des Zweiten Weltkrieges blieb die Staatsbank ihrem Standort auf dem Friedrichswerder treu.

15   Von den Gebäuden dieses Bankkomplexes ist lediglich der zwischen 1770 und 1780 errichtete sogenannte Kleine Jägerhof (Niederwallstraße 39, heute marokkanische Botschaft) erhalten. Vgl. Denkmaldatenbank des Landesdenkmalamtes, Objektnr. 09095931 (Königliches Jägergebäude, Teil der Hausvogtei. Jägerstraße 39).

16   Die Informationstafel steht in der Nähe der Einmündung der Kurstraße in die Französische Straße, an der Seite des nach der Wiedervereinigung neu errichteten Kopfbaus für das Auswärtige Amt.

17   Vgl. Casanova, Geschichte meines Lebens, Bd. 10, S. 66 ff. Casanova schreibt, er sei 1764 im Gasthof „Zur Stadt Paris" in der Brüderstraße abgestiegen (S. 64), nach anderen Quellen muss es sich aber um den Gasthof „Zu den drei Lilien" in der Poststraße gehandelt haben (S. 364), wo er James Boswell begegnete.

18   Ebd., S. 79.

19   Nicolai, Beschreibung der Königlichen Residenzstädte (1769), S. 426, sowie Ausgabe von 1786, Bd. 2, S. 979 f.

20   Im „Grävenschen Hause an der Jägerbrücke", laut Adreß-Kalender der Königlich Preußischen Haupt- und Residenz-Städte […] auf das Jahr 1788, S. 244.

21   Vgl. Nicolai, Das Leben und die Meinungen des Herrn Magister Sebaldus Nothanker, Bd. 3, S. 151.

An der Stechbahn

1   Nicolai, Das Leben und die Meinungen des Herrn Magister Sebaldus Nothanker, Bd. 1, Vorrede, o. S.

2   Ebd., Bd. 2, S. 71.

3   Später im Roman entwirft Nicolai eine religiöse Topografie der Stadt. Er legt sie einem Herrn F. in den Mund, der wie Sebaldus ein aus seinem Amt verjagter Prediger ist. Demnach ist die Aufklärung an der Masse der Einwohner spurlos vorbeigegangen: „Diese sind, in Absicht auf Religionsgesinnungen, noch beynahe eben das, was sie vor vierzig Jahren waren." In allen Gegenden der Stadt gebe es Leute, „denen man es anmerkt, daß sie niemals weder Orthodoxie noch Heterodoxie untersucht haben, bey denen es hingegen festgesetzt bleibt, daß alles darinn bleiben soll, wie es war". Ebd., Bd. 2, S. 75 und 77 f.

4   Ebd., Bd. 2, S. 41.

5   Nicolai, Beschreibung der Königlichen Residenzstädte (1786), Bd. 1, S. 80. Vgl. Arnold/Arnold, Schloßfreiheit, S. 26–30.

6   Nicolai, Das Leben und die Meinungen, Bd. 2, S. 41 f.

7   Vgl. ebd., Bd. 2, S. 30.

8   Vgl. Selwyn, Everyday Life, S. 132 f. Demnach residierte der 1713 von Nicolais Vater übernommene Verlag von 1715 bis 1757 in der Heiligegeiststraße, 1757 bis 1763 in der Brüderstraße, ab 1763 bis in die frühen 1780er-Jahre an der Stechbahn. Dann zog er vorübergehend ins Audibertsche Haus an der Schloßfreiheit und 1788 ins umgebaute Haus Brüderstraße 13.

9   Nicolai, Briefe über den itzigen Zustand der schönen Wissenschaften in Deutschland, 17. Brief, S. 186.

10   Nicolai, Vorläufige Nachricht, in: *Bibliothek der schönen Wissenschaften und der freyen Künste*, Bd. 1 (1757), S. 7.

11 *Briefe, die neueste Litteratur betreffend*, Erster Teil (1759), S. 1.

12 Vgl. Becker u. a., Friedrich Nicolai, S. 120.

13 Vgl. Neue Allgemeine deutsche Bibliothek, Bd. 105 (1806), S. XXVIf.

14 Vgl. Falk, „Sie hören nicht auf", S. 151–159. Mendelssohn soll Nicolai zu der Werther-Parodie angestachelt haben und auch Lessing sich mit dem Gedanken getragen haben, auf Goethes Buch mit kritischen Briefen zu reagieren. Vgl. ebd., S. 158.

15 Zit. n. Schiller, Sämtliche Werke, Bd. 1, S. 277 und 272.

16 Nicolai, Beschreibung der Königlichen Residenzstädte (1786), Bd. 1, Vorrede, o. S.

17 Vgl. Friedel, Zur Geschichte der Nicolaischen Buchhandlung, S. 21 f., sowie Falk, „Sie hören nicht auf", S. 79. Der Kaufvertrag wurde am 11. Juni 1787 geschlossen, die Übergabe zum 1. April 1788 vereinbart, was die abweichenden Datierungen in der Literatur erklärt.

Nicolaihaus und Lessing-Museum

1 Die Tafel wurde 1994 an der Fassade angebracht und befindet sich jetzt im Eingangsbereich des Hauses.

2 Vgl. Elsner, Zum 250. Todestag von Johann Peter Süßmilch, S. 12, und Selwyn, Everyday Life, S. 191.

3 Vgl. Elsner, Zum 250. Todestag, S. 15 f.

4 Vgl. Karsch/Gleim, „Mein Bruder in Apoll", Bd. 2, S. 294. Bereits von Dezember 1762 bis März 1764 wohnte die Autorin im alten Konsistorium in der Brüderstraße 1, Ecke Schloßplatz. Vgl. ebd., S. 583. Das Konsistorium tagte dort bis zum Umzug ins Collegienhaus an der Lindenstraße im Jahr 1735.

5 Vgl. Nicolai, Beschreibung der Königlichen Residenzstädte (1786), Bd. 2, S. 966.

6 Vgl. Mackowsky, Häuser und Menschen im alten Berlin, S. 105–119. Decker war auch als Verleger tätig, so für die Karschin, Lavater, Pestalozzi und Iffland.

7 Vgl. ebd., S. 113.

8 Goethe an Anna Louisa Karsch, 11. September 1776, zit. n. ders., Werke, IV. Abt., Bd. 3, S. 105.

9 In Briefen aus dem Jahr 1759 schrieb Karl Wilhelm Ramler, er sei dort regelmäßig mit Lessing anzutreffen und trinke auf die Gesundheit des befreundeten Dichters Gleim. Vgl. Ramler an Johann Wilhelm Ludwig Gleim am 11. April 1759 und 12. Mai 1759, zit. n. Dennert, Eine Baumannshöhle in Berlin, o. S.

10 Das Lokal musste dem Erweiterungsbau des Kaufhauses Rudolph Hertzog weichen, der seit 1909 vis-à-vis dem Nicolaihaus steht; der „Lessingstuhl" fand danach dort einen Ehrenplatz im Lessing-Museum. Vgl. Dennert, Eine Baumannshöhle in Berlin, o. S.

11 Das Haus wurde 1770 vom preußischen Staat konfisziert und 1773 versteigert. Vgl. Ebert/Hecker, Das Nicolaihaus, S. 17. Die 1996 gestiftete Gedenktafel bezieht sich auf das Jahr 1773.

12 „So reiste nicht leicht ein fremder Gelehrter durch Berlin, ohne Nicolai zu besuchen. Einige ließen sich bei ihm persönlich melden, andre begnügten sich, um die kostbare Zeit des vielbeschäftigten Mannes nicht zu sehr in Anspruch zu nehmen, ihre Karten in der Buchhandlung, welche zu ebner Erde eingerichtet war, abzugeben. Ein Gehülfe der Buchhandlung hatte das Nebenamt, darüber ordentliche Listen anzufertigen, welche Freitags dem Principale vorgelegt wurden; er strich diejenigen Personen an, die am Sonnabende eingeladen werden sollten, und fast alle Sonntage versammelte ein glänzender Mittagstisch die alten und neuen Gäste." Parthey, Jugenderinnerungen, Bd. 1, S. 36.

13 Vgl. ebd., S. 108 f. Genauer lokalisieren lässt sich das Anwesen mit Hilfe des Berliner Adressbuches von 1801 am Grünen Weg, Ecke Rosengasse, ungefähr an der heutigen Einmündung der Singerstraße in die Lichtenberger Straße.

14 Das Haus Brüderstraße befand sich noch bis 1948 im Besitz der Partheyschen Erben. Vgl. Ebert/Hecker, Das Nicolaihaus, S. 12 f. und 67–72.

15 Zur Ausstattung vgl. Fratzke, Das Berliner Lessing-Museum, S. 168 f.

16 Merbach, Zwanzig Jahre Lessing-Museum, S. 96. Überliefert ist eine Rede zum 60. Geburtstag von Arno Holz, der am 26. April 1923 im Lessing-Museum begangen wurde. Vgl. Alfred Richard Meyer: Weniger feierliche denn wesentliche Worte zum 60. Geburtstag von Arno Holz, Berlin 1923.

17 Gerhard Falk an das Berliner Polizeipräsidium, 20. Dezember 1921, Landesarchiv Berlin A Pr. Br. Rep. 030-05, Nr. 2917. Die Akte dokumentiert auch die Lage des Theatersaals im ersten Obergeschoss und den Ausbau der Beleuchtungsanlagen.

18 In den 1920er-Jahren gehörte Berlins Oberbürgermeister Gustav Böß zum Vorstand der Gesellschaft zur Erhaltung des Lessing-Museums, in einem Ehrenbeirat saßen neben vierzig Professoren auch Reichsaußenminister Gustav Stresemann und der Maler Max Liebermann. Vgl. Fratzke, Das Berliner Lessing-Museum, S. 166 f.

19 Heinrich Spiero: Muss Lessing umziehen?, in: *Deutsche Allgemeine Zeitung*, undatierter Artikel in der Zeitungsausschnittsammlung der Zentral- und Landesbibliothek Berlin (März 1933).

20 Vgl. Anonym: Das Lessing-Museum siedelt ins Ephraim-Palais über, in: *Deutsche Allgemeine Zeitung* vom 30. Dezember 1932.

21 Vgl. Balihar, Vor dem Vergessen, S. 32 ff., und Dokumente zur Übernahme von Büchern durch die Berliner Stadtbibliothek im Landesarchiv Berlin, A Rep. 021-03, Nr. 352.

Die gebaute Ringparabel

1 Mendelssohn, Jerusalem, S. 140 f.
2 Lessing, Nathan, S. 125.
3 Ebd., S. 126.
4 Ebd., S. 157.
5 Mendelssohn, Morgenstunden, 15. Vorlesung, S. 272 f.
6 Die Initiative zu dem Projekt ging von der evangelischen Gemeinde St. Petri-St. Marien aus, die vor der Frage stand, was sie mit der Wüstenei am Ort der 1964 abgeräumten Kirchenruine anfangen sollte. Die Jüdische Gemeinde Berlin, ein Rabbinerseminar aus Potsdam und eine muslimische Initiative folgten der Einladung, einen gemeinsamen Ort für das Gebet und den interreligiösen Dialog zu schaffen. 2011 einigten sich die Beteiligten auf eine Charta mit Regeln für das künftige Zusammenwirken und schrieben einen Architekturwettbewerb aus.
7 Zit. n. „Religionen haben eine Friedenskraft", in: *Der Tagesspiegel* vom 26. Mai 2021.
8 „Da lauf ich nun bey allen schmutzgen Mohren / Herum, und frage, wer ihm borgen will", Lessing, Nathan, S. 95.
9 „Und Kinder brauchen Liebe, / Wärs eines wilden Thieres Lieb' auch nur, / in solchen Jahren mehr, als Christenthum. / Zum Christenthume hats noch immer Zeit." Ebd., S. 185.

Feenhütte

1 Friedrich II., Werke, Bd. 9, S. 279 ff. *L'École du monde* wurde am 16. und 18. März 1748, am 2. und 5. November 1749 und am 25. Juni 1750 aufgeführt. Gedruckt wurde das Stück erstmals 1788 in den *Œuvres posthumes du roi de Prusse*.
2 Moore, Abriß des gesellschaftlichen Lebens, S. 346.
3 Friedel, Briefe über die Galanterien von Berlin, S. 270.
4 Vgl. ebd., S. 279.
5 Vgl. ebd., S. 282.
6 Ebd., S. 287.
7 Vgl. ebd., S. 271.
8 Einen Überblick über die Schilderung und Klassifizierung von Berliner Bordellen in der Reiseliteratur des späten 18. Jahrhunderts gibt Claudia Albert, „Preußen entartete", zur Schuwitz: S. 179 ff.
9 Vgl. Schurig, Das galante Preußen, S. 134–136.
10 Leben der Madame Schuwitz von ihr selbst aufgesezt, Cythere [= Berlin] 1792, unpag. Vorrede [S. 1].
11 Ebd., S. 76–84.
12 Zu Schuwitz' Zeiten gab es noch keine Hausnummern, später erhielten die Häuser zwischen Kronen- und Mohrenstraße die Adressen Friedrichstraße 62–65 und 185–190. Die bis heute gültige Nummer 63 ergibt sich aus einem Vergleich der beiden Ausgaben von Neander von Petersheidens erstem Berliner Adressbuch, das erstmals 1799 und berichtigt 1801 erschien. In der Ausgabe von 1799 ist unter der Adresse Friedrichstraße „Schubitz Erben" eingetragen (S. 30), in der berichtigten Ausgabe von 1801 trägt dieses Grundstück die bis heute gültige Nummer 63 (S. 36). Dank für den Hinweis an Josefine Kitzbichler von der BBAW, Projekt Libertinismus. Die Bauakte des Hauses der Schuwitz ist verloren.

13 Bescheid betreffend die wegen der Weibspersonen aus der Schubitzischen Wirtschaft vorgefallenen öffentlichen Unordnungen, zit. n. Schurig, Das galante Preussen, S. 156–158.

14 Anonym, Neuestes Gemälde von Berlin (1798), zit. n. Schurig, Das galante Preussen, S. 247.

15 Vgl. den Podcast Die Hure zu B★★★: Madame Schuwitz in der Friedrichstraße. Hörparcours Salon Sophie Charlotte 2021, lisa.gerda-henkel-stiftung.de/sophie_charlotte_2103.

16 Standrede am Grabe der Madame Schuwitz, zit. n. Schurig, Das galante Preussen, S. 164–166.

17 Wilhelm von Humboldt an Karl Gustav von Brinckmann, 9. November 1790, zit. n. ders., Briefe 1781–1791, S. 346 f.

Ein Haus für Sappho

1 Von 1778 bis 1951 war die Straße ein Teil der Neuen Friedrichstraße, dann bis 1978 Teil der Littenstraße, danach bis 2000 ein Abschnitt der Burgstraße. Bereits 1764/65 hatte die Dichterin eine Wohnung am Hackeschen Markt. Vgl. Karsch/Gleim, „Mein Bruder in Apoll", Bd. 2, S. 583.

2 Vgl. ebd., Bd. 2, S. 297. Im Jahr 2003 war die Anbringung einer Gedenktafel für die Karschin am Haus Neue Promenade 5 geplant, zu der es jedoch nicht kam. Es wäre die falsche Adresse gewesen. Für die korrekte Lokalisierung an der ehemaligen Neuen Promenade 1 haben der Autor und Annett Gröschner 2022 zahlreiche Beschreibungen, Dokumente und Fotos zusammengetragen, die hier nur teilweise ausgebreitet werden können; siehe dazu auch Gröschner, „Die Spazier-Gaenge von Berlin".

3 Karsch/Gleim, „Mein Bruder in Apoll", Bd. 2, S. 293 f.

4 Nicolai, Beschreibung der Königlichen Residenzstädte (1786), Bd. 3, Anhang, S. 10. Mit der Ortsangabe Neukölln war nicht das heutige Neukölln gemeint, sondern eine Stadterweiterung des alten Cölln in der Gegend der heutigen Wallstraße und des Märkischen Ufers. Auf Höhe der früheren Waisenbrücke entstand 1749 die erste Berliner Zuckersiederei. Daher hieß dieser Abschnitt der Wallstraße auch Syrupsgasse. Später wurde die Fabrik zum Hospital mit der Adresse Wallstraße 55. Daraus lässt sich schließen, dass die Karschin um 1786 ganz in der Nähe des heutigen Märkischen Museums gewohnt haben muss, entweder in der Wallstraße oder am heutigen Märkischen Ufer.

5 Karsch/Gleim, „Mein Bruder in Apoll", Bd. 1, S. 5.

6 Johann Samuel Patzke an Friedrich Nicolai, 14. Januar 1761, zit. n. Naumann-Beyer, Die Dichterin Anna Louisa Karsch, S. 70.

7 Karsch/Gleim, „Mein Bruder in Apoll", Bd. 1, S. 5.

8 Karsch, Auserlesene Gedichte, S. VII–IX.

9 Ebd., S. XXIV.

10 Vgl. Wappler, Editionspraxis im 18. Jahrhundert, S. 60. Eine Subskribentenliste ist in der Erstausgabe des Gedichtbandes abgedruckt.

11 Vgl. Karsch/Gleim, „Mein Bruder in Apoll", Bd. 2, S. 437.

12 Ebd., Bd. 1, S. 153.

13 Johann Gottfried Herder, Sappho und Karschin, zit. n. Karsch, O mir entwischt nicht, S. 249.

14 Goethe an Anna Louisa Karsch, 17. bis 28. August 1775, in: Werke, IV. Abt., Bd. 2, S. 282.

15 Karsch/Gleim, „Mein Bruder in Apoll", Bd. 2, S. 184 f. Das alte Konsistorium befand sich in der Brüderstraße. Vgl. ebd., S. 583 ff. Ab 1764 wohnte die Karschin demnach am Hackeschen Markt und in der Nähe von Schloss Monbijou, ab 1779 am Gendarmenmarkt, ab 1783 in der Gegend des Mühlendamms und der Fischerbrücke, 1785 in der Oberwallstraße, 1786 wieder in der Brüderstraße und 1788 wieder in der Oberwallstraße, ab 1789 im eigenen Haus am Hackeschen Markt. Nicht alle Wohnadressen sind bekannt und die genannten hatten noch keine heute üblichen Hausnummern.

16 Vgl. ebd., Bd. 2, S. 185.

17 Karsch, O mir entwischt nicht, S. 294.

18 Ebd., S. 295. Vgl. außerdem das Gedicht über den Bauplatz an der Fischerbrücke, das die Autorin 1785 an Herzog Friedrich August von Braunschweig richtete, ebd. S. 295–297.

19 Vgl. Karsch/Gleim, „Mein Bruder in Apoll", Bd. 2, S. 297.

20 Karsch, 25. April 1789, zit. n. Schaffers, Auf überlebtes Elend, S. 90.

21 Vgl. die detaillierte Beschreibung bei Chézy, Unvergessenes, S. 76 f.

22 Karsch, 23. April 1790, zit. n. Schaffers, Auf überlebtes Elend, S. 91.

23 Ebd.

24 An die Königl. Hof-Bauadministration wegen ein paar geschenkter eiserner Spahröfen, in: Karsch, Gedichte, S. 188–190.

25 Karsch, Quittung an Friedrichs Schatten, zit. n. Staupe, Anna Louisa Karsch, S. 48, auch in: Weigert, Der Hackesche Markt, S. 123.

26 Vgl. Zweynert, Welche Vermögen sind vererbbar?, S. 412.

27 Chézy, Unvergessenes, S. 77.

28 Vgl. Karsch/Gleim, „Mein Bruder in Apoll", Bd. 2, S. 583.

29 Vgl. Krause, 300 Jahre Sophienkirche, S. 146–151.

30 Vgl. Wappler, Editionspraxis im 18. Jahrhundert, S. 60.

31 Karsch, Auserlesene Gedichte, S. 350.

32 Karsch/Gleim, „Mein Bruder in Apoll", Bd. 1, S. 306 f. Dazu passt Georg Forsters Charakteristik in einem Brief an Friedrich Heinrich Jacobi, 23. April 1779: „Ramler, die Ziererei, die Eigenliebe, die Eitelkeit in Person", zit. n. Victor, Goethe in Berlin, S. 43.

Podewils und Pressefreiheit

1 Schiller, Werke, Bd. 5, S. 828 und 826.

2 Friedrich II., Œuvres, Bd. 10, S. 176.

3 Friedrich II., Werke, Bd. 9, S. 87.

4 Zit. n. de Mendelssohn, Zeitungsstadt Berlin, S. 50.

5 Vgl. Anonym: Zur Geschichte der Censur unter Friedrich dem Großen, in: *Allgemeine preußische Staats-Zeitung* vom 30. Januar 1819, S. 3 f., und Mehring, Die Lessing-Legende, S. 70–83.

6 Vgl. de Mendelssohn, Zeitungsstadt Berlin, S. 58.

7 Vgl. Anonym, Zur Geschichte der Censur unter Friedrich dem Großen, in: *Allgemeine preußische Staats-Zeitung* vom 30. Januar 1819, S. 3 f.

8 Lessing an Johann Gottfried Lessing, 8. Februar 1751, zit. n. ders., Sämtliche Schriften, Bd. 17, S. 24.

9 Lessing an Johann Ludwig Wilhelm Gleim, 16. Dezember 1758, Gleimhaus Halberstadt, Hs. A 2623 (Lessing 10).

10 Lessing an Friedrich Nicolai, 25. August 1796, zit. n. ders., Sämtliche Schriften, Bd. 17, S. 289.

Klosterstraße

1 Zit. n. Haspel, Parochialkirche, S. 236.

2 Vgl. ebd., S. 199.

3 Vgl. Bienert, Das Kammergericht in Berlin, S. 35 f.

4 Die vier Buchstaben JHWH bezeichnen den Namen Gottes. Der Turmaufsatz aus dem Jahr 1715 wurde im Zweiten Weltkrieg zerstört und fehlte bis 2016.

5 Nicolai, Beschreibung der Königlichen Residenzstädte (1769), S. 31.

6 Vgl. Badstübner-Gröger, Karl Philipp Moritz in Berlin, S. 263 f. Moritz wohnte demnach zunächst vor dem Königstor im Trosselschen Haus, also in der Gegend des heutigen Alexanderplatzes, dann in der Klosterstraße im Haus eines Maurermeisters Leitner, 1781 im Lautherschen Hause in derselben Straße.

7 Büsching, Eigene Lebensgeschichte, S. 552.

8 Ebd., S. 568.

9 Ebd., S. 570.

10 In der Literatur heißt es, das Gymnasium habe bereits um 1770 einen Neubau erhalten, bei Nicolai ist 1786 jedoch nur von einer Erweiterung der Wohnung des Direktors zu diesem Zeitpunkt die Rede. Vgl. Nicolai, Beschreibung der Königlichen Residenzstädte (1786), Bd. 1, S. 17, und Heider, Der Fleiß im Lernen, S. 9.

11 Moritz, Unterhaltungen mit meinen Schülern, Bd. 1, S. 118.

12 Moritz, Vorschlag zu einem Magazin der Erfahrungs-Seelenkunde, zit. n. ders., Dichtungen und Schriften zur Erfahrungsseelenkunde, S. 793 f.

13 Moritz, Zur Seelenzeichenkunde, in: *Gnothi sauton oder Magazin zur Erfahrungsseelenkunde*, Bd. 1, St. 1, Berlin 1783, S. 107 und 109.

14 Vgl. Klischnig, Mein Freund Anton Reiser, S. 69 f. und 203 f. (Kommentar).

15 Moritz, Ideal einer vollkommnen Zeitung, S. 8 und 12 f.

16 Ebd., S. 4 und 7.

17 Zit. n. Fambach, Schiller und sein Kreis, S. 32. Zur Auseinandersetzung von Moritz mit Berliner Aufführungen Schillerscher Stücke vgl. auch Bienert, Schiller in Berlin, S. 13–17.

18 Klischnig, Mein Freund Anton Reiser, S. 73.

19 Vgl. Anneliese Klingenberg, Moritz' Berliner Zeit, Rede zur Eröffnung des Karl-Philipp-Moritz-Hauses in Berlin am 20. Oktober 1997. Klingenberg datiert den Umzug in den Mathieuschen Garten auf das Jahr 1783, was aber den Angaben bei Klischnig widerspricht. Im Berliner Adressbuch von 1801 ist das Anwesen des Gärtners Mathieu unter Grünstraße 3 auffindbar (heute zur Grünstraße 2 gehörig). Nach Angaben von Nicolai hielt Moritz dort bis 1786 Privatvorlesungen. Vgl. Nicolai, Beschreibung der Königlichen Residenzstädte (1786), Bd. 2, S. 727. Der Moritzplatz in der Nähe des Kreuzberger Karl-Philipp-Moritz-Hauses ist nicht nach dem Autor, sondern nach einem Prinzen des Hauses Oranien benannt.

20 Zit. n. Klischnig, Mein Freund Anton Reiser (Kommentar), S. 229.

Sonnenaufgang

1 Vgl. Nicolai, Beschreibung der Königlichen Residenzstädte (1786), Bd. 1, S. 207 f.

2 Moritz, Sechs deutsche Gedichte, S. 11 f. Hier auch die im Folgenden zitierten Strophen des Gedichts.

3 „Zwischen den Tempelhoffschen Bergen und dem Dorfe Tempelhof ist der Platz, wo jährlich die Musterung der in und um Berlin liegenden Regimenter gehalten wird." Nicolai, Beschreibung der Königlichen Residenzstädte (1786), Bd. 1, S. 208.

4 Moritz, Sechs deutsche Gedichte, S. 14.

5 Friedrich II., Werke, Bd. 8, S. 75 und 82.

6 Friedrichs Abhandlung *De la litterature allemande* erschien 1780, die *Sechs Gedichte* von Moritz lagen im Januar 1781 vor, sie sind zum Teil auf die Jahre 1779 und 1780 datiert. Daher ist nicht klar, inwieweit es sich bei der Publikation von Moritz um eine direkte Reaktion auf die Veröffentlichung des Königs handelt oder ob sie primär darauf zielte, die eigenen Karrierechancen in Berlin zu erhöhen. Unzweifelhaft ist die Adressierung der Gedichte an den König, die noch dadurch unterstrichen wird, dass Moritz sie nicht in Frakturschrift, sondern in der Antiqua drucken ließ, die dem frankophilen König geläufiger war.

7 Zit. n. Moritz, Dichtungen und Schriften zur Erfahrungsseelenkunde, S. 916.

8 Friedrich II., Werke, Bd. 8, S. 88.

9 „Unsere biedren Germanen stehen erst im Morgenrot der Bildung", schrieb der König an Voltaire. Die Deutschen befänden sich auf einem Niveau, wie es Frankreich unter Franz I., also gut zweihundert Jahre zuvor, erreicht habe. Friedrich II. an Voltaire, 8. September 1775, zit. n. Friedrich II., Werke, Bd. 8, S. 310.

10 Friedrich II. an Voltaire, 24. Juli 1775, zit. n. ebd., S. 309.

11 „Der Nationalruhm macht sich geltend." Ebd., S. 98.

12 Ebd., S. 99.

13 Vgl. Akademie der Künste, „Die Kunst hat nie …", S. 84 f.

14 Vgl. Karl Philipp Moritz, Versuch einer Vereinigung aller schönen Künste und Wissenschaften unter dem Begriff des in sich Vollendeten, in: *Berlinische Monatsschrift*, Bd. 1, Nr. 5 (März 1785) S. 225–236.

15 Vor dem Guss der Quadriga wurden Gemälde in Originalgröße auf dem Tor aufgestellt. Das Protokoll vom 30. Oktober 1789 ist zitiert bei Klingenberg, Moritz' Berliner Zeit, o. S. Zur Alltagsästhetik von Moritz vgl. Iwan-Michelangelo D'Aprile, „Das Alltägliche individualisieren". Karl Philipp Moritz' urbanes Ästhetikprogramm, in: Tintemann/Wingertszahn, Karl Philipp Moritz in Berlin 1789–1793, S. 141–157.

16 Vgl. Klischnig, Mein Freund Anton Reiser, S. 134.

17 Das Münzgebäude wurde 1752 errichtet, die Straße erhielt den Namen 1770. Das Haus stand auf den Grundstücken gegenüber der Einmündung der heutigen Almstadtstraße (heute Nr. 7–11). Das Grab von Moritz ist nicht erhalten. Beigesetzt war Moritz auf dem nur bis 1848 genutzten St. Georgenfriedhof an der Frankfurter Straße und Weberstraße, auf dem die 1855 geweihte Markuskirche errichtet wurde (heutige Lage nordwestlich des Strausberger Platzes).

18 Vgl. Klischnig, Mein Freund Anton Reiser, S. 65.

19 Moritz, Vorbericht des Herausgebers, in: Maimon, Lebensgeschichte, Bd. 1, o. S.

Literaturverzeichnis

Zeitgenössische Quellen

Allgemeine Deutsche Bibliothek, Berlin und Stettin 1765–1806.

Berlinische Monatsschrift, Berlin 1783–1796.

Beyträge zur Historie und Aufnahme des Theaters, Stuttgart 1750.

Bibliothek der schönen Wissenschaften und der freyen Künste, Berlin 1757–1765.

Bloch, Marcus Élieser: Oeconomische Naturgeschichte der Fische Deutschlands, Erster Theil, Berlin 1782.

Bräker, Ulrich: Lebensgeschichte und Natürliche Ebentheuer des Armen Mannes im Tockenburg, Zürich 1789.

Briefe, die neueste Litteratur betreffend, Berlin 1759–1765.

Brunold, Friedrich: Literarische Erinnerungen, Zürich/Leipzig 1875.

Büsching, Anton Friedrich: Eigene Lebensgeschichte in vier Stücken, Halle (Saale) 1789.

Casanova, Giacomo: Geschichte meines Lebens, Bd. 10, Frankfurt a. M./Berlin 1985.

Friedel, Johann: Briefe über die Galanterien von Berlin, auf einer Reise gesammlet von einem österreichischen Offizier, o. O. [Gotha] 1782.

Friedrich II. von Preußen: Die Werke Friedrichs des Großen in deutscher Übersetzung, hg. v. Gustav Berthold Volz, 10 Bde., Berlin 1912.

Friedrich II. von Preußen: Friedrich der Große. Denkwürdigkeiten seines Lebens, hg. v. Franz Eyssenhardt, 2 Bde., Leipzig 1886.

Friedrich II. von Preußen: Friedrichs des Zweiten bei seinen Lebzeiten gedruckte Werke, 5 Bde., Berlin 1790.

Friedrich II. von Preußen: Œuvres de Frédéric le Grand, 30 Bde., hg. v. Johann D. E. Preuss, Berlin 1846–1856.

Gedike, Friedrich: Über Berlin. Briefe „Von einem Fremden" in der Berlinischen Monatsschrift 1783–1785. Kulturpädagogische Reflexionen aus der Sicht der „Berliner Aufklärung", hg. v. Harald Scholtz, Berlin 1987.

Gleim, Johann Wilhelm Ludwig/Karl Wilhelm Ramler: Briefwechsel, hg. v. Carl Schüddekopf, Tübingen 1907.

Goeckingh, L. F. G.: Friedrich Nicolais Leben und kritischer Nachlaß, Berlin 1820.

Goethe, Johann Wolfgang: Werke, hg. im Auftrage der Großherzogin Sophie von Sachsen, Weimar 1887–1919.

Goethe, Johann Wolfgang: Dichtung und Wahrheit, in: ders., Werke (Hamburger Ausgabe), Bd. 9, hg. v. Erich Trunz, 8. Aufl., München 1978.

Gothaischer Hofkalender auf das Jahr 1789, Gotha 1788.

Göttingisches Magazin der Wissenschaften und Litteratur, Göttingen 1780–1785.

Henriette Herz in Erinnerungen, Briefen und Zeugnissen, hg. v. Rainer Schmitz, Leipzig/Weimar 1984.

Humboldt, Wilhelm von: Briefe, Bd. 1 (1781–1791), hg. v. Philip Mattson, Berlin 2014.

Kant, Immanuel: Beantwortung der Frage: Was ist Aufklärung?, in: *Berlinische Monatsschrift*, Nr. 12, Dezember 1784, S. 481–494.

Kant, Immanuel: Über die Buchmacherey. Zwey Briefe an Herrn Friedrich Nicolai, Königsberg 1798.

Karsch, Anna Louisa, Die Spazier-Gaenge von Berlin. Faksimile der Ausgabe von 1761, hg. v. der Gesellschaft der Bibliophilen, Berlin 1921.

Karsch, Anna Louisa: Auserlesene Gedichte, Berlin 1764.

Karsch, Anna Louisa: Gedichte, hg. v. Caroline Louise von Klencke, Berlin 1792.

Karsch, Anna Louisa: O mir entwischt nicht was die Menschen fühlen. Gedichte und Briefe, hg. v. Gerhard Wolf, Frankfurt a. M. 1982.

Karsch, Anna Louisa/Johann Wilhelm Ludwig Gleim: „Mein Bruder in Apoll", Briefwechsel 1761–1791, hg. v. Regina Nörtemann und Ute Pott, 2 Bde., Göttingen 1996.

Klöden, Karl Friedrich von: Jugenderinnerungen, hg. v. Max Jähns, Leipzig 1874.

Klischnig, Karl Friedrich: Erinnerungen aus den zehn letzten Lebensjahren meines Freundes Anton Reiser als ein Beitrag zur Lebensgeschichte des Herrn Hofrath Moritz, Berlin 1794.

Klischnig, Karl Friedrich: Mein Freund Anton Reiser. Aus dem Leben des Karl Philipp Moritz, hg. v. Heide Hollmer und Kirsten Erwentraut, Berlin 1993.

König, Anton Balthasar: Versuch einer Historischen Schilderung der Hauptveränderungen, der Religion, Sitten, Gewohnheiten, Künste, Wissenschaften [et]c. der Residenzstadt Berlin seit den ältesten Zeiten, bis zum Jahre 1786, Bd. 3, Berlin 1800.

Lessing, Gotthold Ephraim: Minna von Barnhelm oder das Soldatenglück, Berlin 1767.

Lessing, Gotthold Ephraim: Nathan der Weise, Berlin 1779.

Lessing, Gotthold Ephraim: Sämtliche Schriften, hg. v. Karl Lachmann und Franz Muncker, 3. Aufl., Stuttgart/Berlin/Leipzig, 1886–1924.

Magazin zur Erfahrungsseelenkunde, Berlin 1783–1793.

Maimon, Salomon: Lebensgeschichte, hg. v. Karl Philipp Moritz, Berlin 1792.

Mendelssohn, Moses: Jerusalem oder über religiöse Macht und Judentum, Berlin 1783.

Mendelssohn, Moses: Morgenstunden oder Vorlesungen über das Dasein Gottes, Berlin 1785.

Moore, John: Abriß des gesellschaftlichen Lebens und der Sitten in Frankreich, der Schweiz und Deutschland, Leipzig 1779.

Moritz, Karl Philipp: Unterhaltungen mit meinen Schülern, Berlin 1780.

Moritz, Karl Philipp: Sechs deutsche Gedichte, dem Könige von Preussen gewidmet, 2. Aufl., Berlin 1781.

Moritz, Karl Philipp: Ideal einer vollkommnen Zeitung, Berlin 1784.

Moritz, Karl Philipp: Dichtungen und Schriften zur Erfahrungsseelenkunde, hg. v. Heide Hollmer und Albert Meier, Frankfurt a. M. 2006.

Moritz, Karl Philipp: Zur Seelenzeichenkunde, in: *Magazin zur Erfahrungsseelenkunde*, Bd. 1, St. 1, Berlin 1783.

Mylius, Christlob: Vermischte Schriften, hg. v. Gotthold Ephraim Lessing, Berlin 1954.

Neander [= Joachim Friedrich Neander von Petersheiden]: Anschauliche Tabellen von der gesammten Residenz-Stadt Berlin, Berlin 1799.

Neander von Petersheiden, Joachim Friedrich: Neue Anschauliche Tabellen von der gesammten Residenz-Stadt Berlin, Berlin 1801.

Nicolai, Friedrich: Vorläufige Nachricht, welche anfänglich besonders herausgekommen, in: *Bibliothek der schönen Wissenschaften und der freyen Künste*, Bd. 1 (1757), S. 1–16.

Nicolai, Friedrich: Briefe über den itzigen Zustand der schönen Wissenschaften in Deutschland, Berlin 1755, S. 1–16.

Nicolai, Friedrich: Beschreibung der Königlichen Residenzstädte Berlin und Potsdam und aller daselbst befindlicher Merkwürdigkeiten, 1. Aufl., Berlin 1769.

Nicolai, Friedrich: Beschreibung der Königlichen Residenzstädte Berlin und Potsdam aller daselbst befindlicher Merkwürdigkeiten und der umliegenden Gegend, 3. Aufl., 3 Bde., Berlin 1786.

Nicolai, Friedrich: Das Leben und die Meinungen des Herrn Magister Sebaldus Nothanker, 3 Bde., Berlin 1773–1776.

Plümicke, Carl Martin: Entwurf einer Theatergeschichte von Berlin, Berlin 1781.

Ramler, Karl Wilhelm: Poetische Werke, Berlin 1800.

Schiller, Friedrich: Sämtliche Werke, hg. v. Peter-André Alt u. a., München/Wien 2004.

Schleuen, Johann David: Die Königliche Residenz Berlin (Stadtplan), Berlin 1757.

Schulz, Friedrich: Kurze Geschichte des Berliner Theaters, in: Berliner Theater-Almanach auf das Jahr 1828, hg. v. Moritz Gottlieb Saphir, Berlin 1828, S. 113–168.

Seyfried, Heinrich Wilhelm (unter dem Pseudonym: Tlantlaquatlapatli): Chronik von Berlin oder Berlinsche Merkwürdigkeiten, Berlin 1789.

Sulzer, Johann Georg: Allgemeine Theorie der schönen Künste, 2. Aufl., 4 Bde., Leipzig 1778/79.

Sulzer, Johann Georg: Lebensbeschreibung, von ihm selbst aufgesetzt, hg. v. Friedrich Nicolai, Berlin/Stettin 1809.

Voltaire: Über den König von Preußen (frz.: Mémoires pour servir à la vie de M. de Voltaire, écrits par lui-même), hg. v. Anneliese Botond, Frankfurt a. M. 1967.

Voltaire/Friedrich der Große, Briefwechsel, hg. v. Hans Pleschinski, München 2004.

Weitere zitierte Literatur

Adlersfeld-Ballestrem, Eufemia von: Elisabeth Christine, Königin von Preußen, Herzogin von Braunschweig-Lüneburg. Das Lebensbild einer Verkannten, Berlin 1908.

Akademie der Künste/Hochschule der Künste Berlin (Hg.): „Die Kunst hat nie ein Mensch allein besessen" (Katalog), Berlin 1996.

Albert, Claudia: „Preußen entartete". Prostitution und Bordellwesen im Spiegel der Berlin-Reiseberichte des späten 18. Jahrhunderts, in: Alexander Košenina/Ursula Goldenbaum (Hg.): Berliner Aufklärung, Kulturwissenschaftliche Studien, Bd. 1, Hannover 1999, S. 173–194.

Arnold, Dietmar/Ingmar Arnold: Schloßfreiheit. Vor den Toren des Stadtschlosses, Berlin 1998.

Arnold, Heinz Ludwig/Cord-Friedrich Berghahn (Hg.): Moses Mendelssohn (Sonderband Text + Kritik V/11), München 2011.

Aurnhammer, Achim: Friedrichs II. „Montezuma" (1755): Ein aztekischer „Anti-Machiavell", in: Achim Aurnhammer/Barbara Korte (Hg.): Fremde Helden auf europäischen Bühnen, Würzburg 2017, S. 145–164.

Bach, Ansgar: Casanova in Berlin und Potsdam. Seine Affären und die Begegnung mit Friedrich, Berlin 2019.

Badstübner-Gröger, Sibylle: Karl Philipp Moritz in Berlin – Bemerkungen zu seinen Wohnungen und zu seinen Äußerungen über die Stadt, in: Martin Fontius/Anneliese Klingenberg (Hg.): Karl Philipp Moritz und das 18. Jahrhundert, Tübingen 1995, S. 261–276.

Balihar, Lisa: Vor dem Vergessen – eine kulturwissenschaftliche Untersuchung zum Lessing-Museum in Berlin, München 2011.

Baum, Constanze: Ein Heiligtum für Friedrich den Großen. Johann Gottfried Schadows frühe Denkmalentwürfe aus Rom, in: Alexander Košenina/Ursula Goldenbaum (Hg.): Berliner Aufklärung, Kulturwissenschaftliche Studien, Bd. 6, Hannover 2017, S. 145–160.

Becker, Peter Jörg u. a. (Hg.): Friedrich Nicolai: Leben und Werk (Ausstellungskatalog), Berlin 1983.

Behse, Fritz: Die Kupferstecher Schleuen, eine alte Berliner Familie!, in: *Mitteilungen des Vereins für die Geschichte Berlins*, Jg. 59 (1942), S. 73–75.

Bender, Klaus: Vossische Zeitung (1617–1934), in: Heinz-Dietrich Fischer (Hg.): Deutsche Zeitungen des 17. bis 20. Jahrhunderts, Pullach 1972, S. 25–40.

Berghahn, Cord-Friedrich u. a. (Hg.): Jüdische und christliche Intellektuelle in Berlin um 1800, Hannover 2021.

Berthold, Helmut: Lessings und Rilkes Karussell-Gedichte, in: *Blätter der Rilke-Gesellschaft* 30 (2010), S. 245–260.

Bertz, Inka/Thomas Lackmann (Hg.): „Wir träumten von nichts als Aufklärung". Moses Mendelssohn (Ausstellungskatalog), Köln 2022.

Bienert, Michael: Schiller in Berlin oder Das rege Leben einer großen Stadt, Marbach a. N. 2004.

Bienert, Michael: Das Kammergericht in Berlin. Orte – Prozesse – Ereignisse, Berlin 2018.

Bisky, Jens (Hg.): Unser König. Friedrich der Große und seine Zeit – ein Lesebuch, Berlin 2011.

Braun, Volker: Langsamer knirschender Morgen. Gedichte, Halle (Saale) 1987.

Bruyn, Günter de: Als Poesie gut. Schicksale aus Berlins Kunstepoche (1786 bis 1807), Frankfurt a. M. 2006.

Busch, Werner: Das „Denkmal des unsterblichen Autors": ein „étrange monument", in: Michael Hesse (Hg.): Studien zu Renaissance und Barock, Frankfurt a. M. 1986, S. 221–240.

Chatzoudis, Georgios: Die Hure zu B★★★: Madame Schuwitz in der Friedrichstraße (Podcast, 2021), https://lisa.gerda-henkel-stiftung.de/sophie_charlotte_2103.

Chézy, Helmina von: Unvergessenes. Denkwürdigkeiten aus dem Leben, Bd. 1, Leipzig 1858.

Dennert, Friedrich: Eine Baumannshöhle in Berlin, in: *Berlinische Blätter für Geschichte und Heimatkunde*, Jg. 1, Nr. 16 v. 30. November 1934, zit. n. www.diegeschichteberlins.de/geschichteberlins/berlin-abc/stichworteag/667-baumannshoehle.html.

Detemple, Siegfried: Goethe/Berlin/Mai 1778. Sechs Tage durch die preußische Residenzstadt, Berlin 2001.

Düttmann, Renate: „… der König von Portugal … im Hotel de Rôme …" Berliner Gasthöfe des 18. und 19. Jahrhunderts, in: Berliner Festspiele GmbH (Hg.): Die Reise nach Berlin, Berlin 1987, S. 180–191.

Ebert, Marlies/Uwe Hecker: Das Nicolaihaus, 2. Aufl., Bonn 2016.

Elsner, Eckart: Zum 250. Todestag von Johann Peter Süßmilch. Über den Berliner Aufklärer, hg. v. der Deutschen Gesellschaft für Demographie, Wiesbaden 2017.

Emundts, Dina (Hg.): Immanuel Kant und die Berliner Aufklärung, Wiesbaden 2000.

Engel, Martin: Das Forum Fridericianum und die monumentalen Residenzpläne des 18. Jahrhunderts, Diss., Basel 2001, https://refubium.fu-berlin.de/bitstream/handle/fub188/11880/diss_engel.pdf.

Ernst, Gernot/Ute Laur-Ernst: Die Stadt Berlin in der Druckgrafik 1570–1870, 2 Bde., Berlin 2009.

Falk, Rainer: „Sie hören nicht auf, sich um unsre Litteratur, und ihre Freunde, verdient zu machen!" Friedrich Nicolai (1733–1811), Halle (Saale) 2012.

Fambach, Oscar (Hg.): Schiller und sein Kreis in der Kritik ihrer Zeit, Berlin 1957.

Festschrift zur Zweihundert-Jahr-Feier der Nicolaischen Buchhandlung Borstell & Reimarus, Berlin 1913.

Feuder, J[oseph]: Das Lessing-Haus in Berlin, in: *Mittheilungen des Vereins für die Geschichte Berlins*, Nr. 6 (1902), S. 62–64.

Fick, Monika: Lessing-Handbuch. Leben – Werk – Wirkung, 4. Aufl., Stuttgart 2016.

Finkemeier, Dirk u. a.: Vom ‚petit palais' zum Gästehaus. Die Geschichte von Schloß und Park Schönhausen, Berlin 1998.

Fontane, Theodor: Gedichte, Stuttgart/Berlin 1905.

Fratzke, Dieter: Das Berliner Lessing-Museum (1908–1936) – ein Ort geistig-kulturellen Lebens, in: Wolfgang Albrecht/Richard E. Schade (Hg.): Mit Lessing zur Moderne. Soziokulturelle Wirkungen des Aufklärers um 1900, Kamenz 2004, S. 165–175.

Freydank, Ruth: Theater in Berlin. Von den Anfängen bis 1945, Berlin 1988.

Friedel, Ernst: Zur Geschichte der Nicolaischen Buchhandlung und des Hauses Brüderstraße 13 in Berlin, Berlin 1891.

Friedrich Nicolai, 1733–1811. Die Verlagswerke eines preußischen Buchhändlers der Aufklärung, 1759–1811, bearbeitet von Paul Raabe, Berlin 1983.

Giersberg, Hans-Joachim: Friedrich als Bauherr. Studien zur Architektur des 18. Jahrhunderts in Berlin und Potsdam, Berlin 1986.

Glatzer, Ruth (Hg.): Berliner Leben 1648–1806. Erinnerungen und Berichte, Berlin 1956.

Goebel, Benedikt: Spandauer Straße 68. Moses Mendelssohns Haus in der Berliner Altstadt (Gutachten), Berlin 2014.

Goebel, Benedikt: Spandauer Straße 68: Moses Mendelssohns Haus in der Berliner Altstadt und die Geschichte der Erinnerung an diesen Ort, in: *Mendelssohn-Studien*, Bd. 20 (2017), S. 37–58.

Gröschner, Annett: „Die Spazier-Gaenge von Berlin". Anna Louisa Karsch (1722–1791), (= Frankfurter Buntbücher, 71), Frankfurt (Oder)/Berlin 2022.

Hahn, Matthias: Schauplatz der Moderne. Berlin um 1800 – ein topographischer Wegweiser, Hannover 2009.

Haspel, Jörg (Hg.): Parochialkirche in Berlin. Sakralbau, Kirchhof, Gruft, Petersberg 2016.

Heider, Martin: „Der Fleiß im Lernen belohnt sich selber" – Karl Philipp Moritz als Lehrer am Berlinischen Gymnasium zum Grauen Kloster. 1778–1786, in: Yvonne Pauly (Hg.): Karl Philipp Moritz an der Schule, Oldenburg 2006, S. 7–9.

Hermsdorf, Klaus: Literarisches Leben in Berlin. Aufklärer und Romantiker, Berlin 1987.

Hildebrandt, Dieter: Christlob Mylius. Ein Genie des Ärgernisses, Berlin 1981.

Hoffmann-Axthelm, Dieter/Ludovica Scarpa: Berliner Mauern und Durchbrüche, Berlin 1987.

Hollender, Martin (Hg.): „Denn eine Staatsbibliothek ist, bitte sehr! kein Vergnügungsetablissemang." Die Berliner Staatsbibliothek in der schönen Literatur, in Memoiren, Briefen und Bekenntnissen namhafter Zeitgenossen aus fünf Jahrhunderten, Berlin 2008.

Jasper, Willi: Lessing. Biographie, Berlin 2006.

Kaiser, Wolfgang J. (Hg.): Die Bücher des Königs. Friedrich der Große, Schriftsteller und Liebhaber von Büchern und Bibliotheken, Berlin 2011.

Kittelmann, Jana: „Sylvain und Dryaden gehen doch über die Musen." Botanisches und gartenbauliches Wissen im (Brief-)Werk Johann Georg Sulzers, in: Elisabeth Décultot u. a. (Hg.): Johann Georg Sulzer – Aufklärung im Umbruch, Berlin/Boston 2018, S. 252–285.

Klingenberg, Anneliese: Moritz' Berliner Zeit. Rede zur Eröffnung des Karl-Philipp-Moritz-Hauses in Berlin am 20. Oktober 1997, www.bbaw/forschung/moritz/forum/L_Kling1.html (Abruf am 16. Juli 2013).

Klingenberg, Anneliese: Rede zur Enthüllung der Gedenktafel für Karl Philipp Moritz am Haus Münzstraße 7, www.bbaw/forschung/moritz/forum/L_Kling2.html (Abruf am 16. Juli 2013).

Kluge, Bernd/Elke Bannicke: Für 8 Groschen ist's genug. Friedrich der Große in seinen Münzen und Medaillen, Berlin 2012.

Knobloch, Eduard: Das große Spargesetz der Natur: Zur Tragikomödie zwischen Euler, Voltaire und Maupertuis, in: *DMV-Mitteilungen* 3 (1995), S. 14–20.

Krause, Clemens (Hg.): 300 Jahre Sophienkirche in Berlin, Petersberg 2013.

Krausnick, Heinrich Wilhelm: Das Berliner Rathaus. Denkschrift zur Grundsteinlegung für das neue Rathaus am 11. Juni 1861, Berlin 1861.

Krieger, Bogdan: Friedrich der Große und seine Bücher, Leipzig 1914.

Krüger, Rolf-Herbert: Das Ephraim-Palais in Berlin, Berlin 1989.

Lackmann, Thomas: Das Glück der Mendelssohns. Geschichte einer deutschen Familie, Berlin 2005.

Lorenz, Detlef: Künstlerspuren in Berlin vom Barock bis heute, Berlin 2002.

McFarland, Rob: Füße im Steigvers mit weiblichem Ausgang: Anna Louise Karsch's Poem Cycle „Die Spaziergänge von Berlin" and the Pre-History of the Flaneuse, in: *Lessing Yearbook* XXXVI (2006), S. 135–160.

Mackowsky, Hans: Häuser und Menschen im alten Berlin, Berlin 1923.

Mehring, Franz: Die Lessing-Legende, Frankfurt a. M. u. a. 1972.

Meiners, Antonia (Hg.): Berlin und Potsdam zur Zeit Friedrichs des Großen, Berlin 2011.

Mendelssohn, Peter de: Zeitungsstadt Berlin, Berlin 1959 [erweiterte Neuausgabe, Berlin 2017].

Merbach, Paul Alfred: Zwanzig Jahre Berliner Lessing-Museum, in: Josef Jellinek/Paul Alfred Merbach (Hg.): Lessing-Buch, Berlin 1926, S. 87–103.

Michaelis, Rainer: Friedrich der Große im Spiegel der Werke des Daniel Nikolaus Chodowiecki (2009), www.perspectivia.net/publikationen/friedrich300-colloquien/friedrich-groesse/michaelis_chodowiecki.

Möller, Horst: Aufklärung in Preußen. Der Verleger, Publizist und Geschichtsschreiber Friedrich Nicolai, Berlin 1974.

Möller, Horst: Residenz der Aufklärung, in: Wolfgang Ribbe (Hg.): Schloß und Schloßbezirk in der Mitte Berlins, Berlin 2005, S. 89–95.

Müller, Lothar (Hg.): Das Karl Philipp Moritz-ABC, Frankfurt a. M. 2006.

Naumann-Beyer, Waltraud: „Ein Thier, was Verse macht" Die Dichterin Anna Louisa Karsch und ihre Berliner Kritiker, in: Alexander Košenina/Ursula Goldenbaum (Hg.): Berliner Aufklärung. Kulturwissenschaftliche Studien, Bd. 6, Hannover 2017, S. 61–79.

Naumann-Beyer, Waltraud: Anna Louisa Karsch in Berlin, in: *Mitteilungen des Vereins für die Geschichte Berlins*, Jg. 115 (2019), H. 2, S. 421–426.

Oster, Uwe A.: Preußen. Geschichte eines Königreichs, München 2011.

Paepke, Hans Joachim: Ein jüdischer Untertan des Preußenkönigs Friedrich II. studiert die Fischfauna der Welt, in: Ferdinand Damaschun u. a. (Hg.): Klasse, Ordnung, Art – 200 Jahre Museum für Naturkunde Berlin, Berlin 2010, S. 84–87.

Parthey, Gustav: Jugenderinnerungen, Berlin 1871.

Pott, Ute: Das Bildnis der Dichterin Anna Louisa Karsch von der Hand des Malers Karl Christian Kehrer, in: Alexander Košenina/Ursula Goldenbaum (Hg.): Berliner Aufklärung. Kulturwissenschaftliche Studien, Bd. 6, Hannover 2017, S. 7–9.

Schaffers, Ute: Auf überlebtes Elend blick ich nieder. Anna Louisa Karsch – Literarisierung eines Lebens in Selbst- und Fremdzeugnissen, Berlin 1997.

Schlaffer, Heinz: Die kurze Geschichte der deutschen Literatur, München/Wien 2002.

Schoeps, Julius H.: Das Erbe der Mendelssohns. Biographie einer Familie, Frankfurt a. M. 2016.

Schulte, Christoph: Haskala in wenigen Worten, www.uni-potsdam.de/de/haskala/haskala-in-wenigen-worten.

Schurig, Artur (Hg.): Das galante Preußen gegen Ende des 18. Jahrhunderts, Berlin/Leipzig 1910.

Selwyn, Pamela E.: Everyday Life in the German Book Trade. Friedrich Nicolai as Bookseller and Publisher in the Age of Enlightenment, Pennsylvania 2000.

Sichelschmidt, Gustav: Lessing in Berlin, Berlin 1979.

Stahn, Günther: Das Nikolaiviertel, 2. Aufl., Berlin 1985.

Staupe, Gisela (Hg.): Anna Louisa Karsch (1722–1791). Dichterin für Liebe, Brot und Vaterland (Ausstellungskatalog), Wiesbaden 1991.

Stiftung Preußische Schlösser und Gärten Berlin-Brandenburg (Hg.): Prinz Heinrich von Preußen. Ein Europäer in Rheinsberg (Ausstellungskatalog), München/Berlin 2002.

Tausch, Christian: Sieben Jahre Krieg. Gotthold Ephraim Lessing zwischen 1756 und 1763 (Ausstellungskatalog), Kamenz 2014.

Terne, Claudia: Friedrich II. von Preußen und die Hofoper (2012), https://perspectivia.net/servlets/MCRFileNodeServlet/ploneimport_derivate_00000044/Terne_Hofoper.doc.pdf.

Tintemann, Ute/Christof Wingertszahn (Hg.): Karl Philipp Moritz in Berlin 1789–1793, Hannover 2005.

Victor, Walther: Goethe in Berlin, 5. Aufl., Berlin/Weimar 1983.

Wahnrau, Gerhard: Berlin. Stadt der Theater, Berlin 1957.

Wappler, Gerlinde: Editionspraxis im 18. Jahrhundert. Die verlegerischen Bemühungen im Gleimkreis im Zusammenhang mit Anna Louisa Karsch, in: Anke Bennholdt-Thomsen und Anita Runge (Hg.): Anna Louisa Karsch (1722–1791). Von schlesischer Kunst und Berliner „Natur", Göttingen 1992, S. 57–65.

Weigert, Dieter: Der Hackesche Markt. Kulturgeschichte eines Berliner Platzes, Berlin 1997.

Wendland, Folkwin: Der Große Tiergarten in Berlin, Berlin 1993.

Wiedemann, Conrad: Ein Denkmal für Lessing und Mendelssohn, in: Heinz Ludwig Arnold und Cord-Friedrich Berghahn (Hg.): Moses Mendelssohn (Edition Text + Kritik, Sonderband V/11), München 2011, S. 169–179.

Wiedemann, Conrad: „Berliner Klassik" – eine kulturtopographische Recherche, in: Cord-Friedrich Berghahn/Conrad Wiedemann (Hg.): Berlin 1800. Deutsche Großstadtkultur in der klassischen Epoche, Hannover 2019, S. 19–53.

Windt, Franziska: Die Königin und ihr Schloss – Elisabeth Christine in Schloss Schönhausen, in: *zeitenblicke* 7 (2008), Nr. 1, www.zeitenblicke.de/2008/1/windt/index_html.

Winkler, Willi: Karl Philipp Moritz, Reinbek b. Hamburg 2006.

Wolf, Gerhard (Hg.), „Die Ehre hat mich nie gesucht." Lessing in Berlin, Frankfurt a. M. 1986.

Zande, Johan van der: Johann Georg Sulzer – Spaziergänge im Berliner Tuskulum, in: Alexander Košenina/Ursula Goldenbaum (Hg.): Berliner Aufklärung. Kulturwissenschaftliche Studien, Bd. 1, Hannover 1999, S. 41–68.

Zweynert, Charlotte: Welche Vermögen sind vererbbar? Testieren und Ressourcen transferieren in einer Literatinnenfamilie um 1800 (2021), www.vr-elibrary.de/doi/pdf/10.7788/hian.2021.29.3.400.

Bildnachweis

Alamy Stock Photo: Schutzumschlag (Vorderseite), 20 o. (The Picture Art Collection)

Berlin Mitte Archiv: 115 (Inv.-Nr. AK-4849)

Michael Bienert (Archiv): 8 o., 13, 16 l., 16 r., 32 u., 33, 34, 42 o., 50, 53, 54 l., 59 o., 59 u., 74, 97, 108 l., 108 r., 122, 123, 130 o.

Michael Bienert (Foto): Schutzumschlag (Rückseite), 2, 11, 14 u., 15 u., 17 u., 20 u., 26 u. l., 26 u. r., 28 o., 32 o., 36, 41 u., 42 u., 43, 46, 47 l., 47 r., 52, 54 r., 55, 58, 63 r., 64, 72, 73, 77 u., 85, 86 u., 88 u., 94 u., 98 u., 103, 112 u. r., 119, 120 o., 124 u., 126 r., 130 u., 136

Leon Buchholz: Schutzumschlag (hintere Klappe)

Deutsches Textarchiv: 70 (Zentral- und Landesbibliothek, Berlin), 78 (Herzog August Bibliothek Wolfenbüttel, CC BY-SA)

Gleimhaus – Museum der deutschen Aufklärung: 68 o. l. (Gottfried Hempel/Inv.-Nr. A 002), 68 o. m. (Gottfried Hempel/Inv.-Nr. A 019), 112 l. (Inv.-Nr. A 085), 135 (Inv.-Nr. A 117)

Google Books: 127

Herzog August Bibliothek Wolfenbüttel: 80 l. (Inv.-Nr. A 4998, CC BY-SA)

House of One: 104 (© Kuehn Malvezzi/Davide Abbonacci)

The Israel Museum, Jerusalem: 61 l. (Foto Michael Bienert)

Landesarchiv Berlin: 76 (F Rep. 290 (01) Nr. II04219), 114 (Histomap Berlin/Julius Straube, Übersichtsplan von Berlin, 1910)

Library of Congress, Washington: 100

Los Angeles County Museum of Modern Art: 79, 80 r.

Lukas Verlag: 14 o., 18, 63 l., 77 o., 132

Mitteilungen des Vereins für die Geschichte Berlins, Nr. 6 (1902): 8 u. l., 82 u.

National Gallery of Arts, Washington: Schutzumschlag (vordere Klappe), 45, 107 l., 107 r.

Pinterest: 112 o. r. (Alexandru Petre)

Staatliche Museen zu Berlin, Nationalgalerie: 68 u. l. (Johann Heinrich Tischbein d. Ä./Andres Kilger, CC BY-NC-SA 4.0)

Stadtmuseum Berlin: 68 u. m. (Anton Graff/Inv.-Nr. GEM 77/6), 94 o. (Inv.-Nr. GE 2004/206 VF), 99 (VII 60/ 513 x)

Staats- und Universitätsbibliothek Hamburg: 60 (CC BY-SA 4.0)

Universitätsbibliothek Heidelberg: 61 r. (CC Public Domain Mark 1.0)

Wikimedia Commons: 8 u. r., 22, 23, 29, 30, 39 (Ostpreußisches Landesmuseum mit Deutschbaltischer Abteilung, Lüneburg/Andreas Vieth), 40 (Kartensammlung Moll), 41 o., 48/49 (Sächsische Landesbibliothek/ Staats- und Universitätsbibliothek Dresden), 51, 56, 68 l. (Anton Graff/Kunstbesitz der Universität Leipzig), 83 (Okin, CC BY-SA 3.0), 87 (Eckhardju, CC BY-SA 4.0), 89, 120 u.

Yale University Libraries: 31 (William A. Speck Collection of Goetheana, Art Storage 1955.27.2)

Zentral- und Landesbibliothek, Berlin: 5, 6/7, 12, 15 o., 17 o., 25, 26 o., 28 u., 62, 65, 66, 82 o., 86 o., 88 o., 91, 92 o., 92 u., 98 o., 102, 116, 117, 124 o., 126 l., 128

Personenregister

Dank

„Schließlich muß ich noch erinnern, daß die Spaziergänge, welche zu einigen Betrachtungen die erste Veranlassung gaben, nicht erdichtet, sondern wirklich in verschiedene Gegenden um Berlin, von mir und meinen Schülern, gemacht sind", betonte Karl Philipp Moritz 1780 in seinem Buch *Unterhaltungen mit meinen Schülern.* So verhält es sich auch mit diesen Ausflügen ins Berlin jener Zeit. Den ersten Spaziergang zum Thema Aufklärung hat Ralph Hoppe im Jahr 2012 anlässlich des 300. Geburtstages Friedrichs II. gemeinsam mit mir konzipiert und durchgeführt. Dabei ging es darum, den Blick auf die bürgerlichen Zeitgenossen des großen Königs zu lenken. Die Kolleginnen und von Kollegen von Statt-Reisen Berlin haben dieses Vorhaben unterstützt.

2013 bat das damals von Ulla Vogel geleitete Literaturforum im Brecht-Haus um einen Karl-Philipp-Moritz-Spaziergang. In der Zwischenzeit bin ich mit vielen Schülergruppen von der Klosterstraße aus losgewandert, wo Moritz im Berlinischen Gymnasium unterrichtet hat. In der Klosterstraße bekam die Parochialkirche mittlerweile ihre Turmspitze und ihr Glockenspiel zurück, an der Brüderstraße wurde das Nicolaihaus saniert, an der Spandauer Straße eine Gedenktafel für Moses Mendelssohn ins Straßenpflaster eingelassen, am Schloßplatz die barocke Schlossfassade wiederaufgebaut. Der Dank des Stadtführers gilt allen, die mithelfen, dass ein verschollenes Berlin in diesem schwierigen Gelände sichtbarer wird.

Wichtige Hinweise bei der Recherche verdanke ich Constanze Baum, Rainer Falk, Benedikt Goebel, Annett Gröschner, Josefine Kitzbichler, Thomas Lackmann, Lutz Mauersberger, Ute Pott und Conrad Wiedemann.

Der Verlag dankt Frank Böttcher/Lukas Verlag für die unkomplizierte Bereitstellung von Abbildungsvorlagen.

Gefördert durch ein Autorenstipendium der Akademie der Künste aus Mitteln der Beauftragten der Bundesregierung für Kultur und Medien im Rahmen des Programms NEUSTART KULTUR.

AKADEMIE DER KÜNSTE